TOMO I

Queridísimas Hijas

REFLEXIONES SOBRE POLÍTICA DEL CARIBE HISPÁNICO Y MEMORIAS DE MI NIÑEZ

Fabio Valenzuela Sosa

Fabio Valenzuela Sosa
QUERIDÍSIMAS HIJAS

Copyright © 2014 por Fabio Valenzuela Sosa.

Número de Control de la Biblioteca del Congreso de EE. UU.:		2013923561
ISBN:	Tapa Dura	978-1-4633-7575-1
	Tapa Blanda	978-1-4633-7574-4
	Libro Electrónico	978-1-4633-7573-7

Este libro fue impreso en los Estados Unidos de América.

Fecha de revisión: 02/04/2014

Para realizar pedidos de este libro, contacte con:
Palibrio LLC
1663 Liberty Drive
Suite 200
Bloomington, IN 47403
Gratis desde EE. UU. al 877.407.5847
Gratis desde México al 01.800.288.2243
Gratis desde España al 900.866.949
Desde otro país al +1.812.671.9757
Fax: 01.812.355.1576
ventas@palibrio.com
523056

Dedicatorias

A mi madre Consuelo Mercedes Sosa Hernández viuda Valenzuela.
A mi esposa Teresa Luisa Carrión Cassidy de Valenzuela.
A mis Queridísimas Hijas
Consuelo Helena y Fabiola Teresa Valenzuela Carrión.

A la memoria de mi padre José Vetilio Valenzuela Bautista, y en ella a todas
las ramas del robusto árbol familiar sustentado en su simiente generosa,
especialmente a Margarita, María, Vetilio, Rudescindo, Rafael, Santiago y Gervasia
Valenzuela Sosa, quienes compartieron conmigo la suerte de ser testigos
y beneficiarios de una viudez de leyenda.

Queridísimas

Queridísimas

Fabio Valenzuela Sosa

Hijas

Hijas

Contenido

Queridísimas Hijas

Flora Valenzuela Sosa

Nota Biográfica del Autor

Fabio Valenzuela Sosa nació en San José de los Llanos, pueblito del Este dominicano en 1952; meses después de nacido, fue trasladado por sus padres a San Juan de la Maguana, pueblito del Sur de su país, donde vivió hasta que completó sus estudios secundarios.

Entre los diez y siete y los cuarenta y dos años, mayormente residiendo en Santo Domingo de Guzmán, capital dominicana, Fabio desarrolló una extensa carrera académica que lo llevó a obtener una Licenciatura en Física en la Universidad Autónoma de Santo Domingo, una Maestría en Física en la Universidad de Puerto Rico, Río Piedras; un Fellowship en Física Médica en la Universidad de Wisconsin, Madison; una Maestría en Ciencia Política en la Universidad Nacional Pedro Henríquez Ureña (UNPHU), Santo Domingo; y un Doctorado en Medicina en el Instituto Tecnológico de Santo Domingo.

Fabio fue catedrático de Física durante veinte años en la UNPHU, donde fue Director del Departamento de Física de la Facultad de Ciencias entre 1990 y 1996, y catedrático en el Departamento de Ciencia Política; en el ámbito político partidario, fue militante del Partido de la Liberación Dominicana entre 1978 y 1996, desempeñando las funciones de Vicesecretario de Asuntos Profesionales entre 1991 y 1996.

Fabio ha residido permanentemente en Estados Unidos desde 1996, cuando comenzó una Residencia de cinco años en Radio Oncología que concluyó en el 2001 en el Centro de Ciencias de la Salud de la Universidad de Texas en San Antonio; desde que completó su especialidad, ha ejercido como Médico Radio Oncólogo en Clínicas y Hospitales en los estados de Texas, Iowa, New York y Wisconsin.

Queridisimas Hijas es el primer aporte bibliográfico de Fabio Valenzuela Sosa. En este epistolario a sus dos hijas, el autor hace reflexiones sobre la evolución política del Caribe Hispánico y plasma en blanco y negro las memorias de su niñez.

Queridísimas

Queridísimas

Fabio Valenzuela Sosa

Hijas

Hijas

El Perfil del Autor Visto por un Antropólogo

Difícilmente el grupo podrá olvidar a Fabio Valenzuela Sosa. Difícilmente un profesor podrá dejar de recordar a Valenzuela Sosa. Es que Fabio es, a mi juicio, una persona fuera de serie, un estudiante brillante, trabajador, participante, agradablemente molesto para cualquier profesor que se mueva dentro de la línea crítica de la enseñanza moderna.

Claro de mente, decidido, recio de carácter, con gran capacidad de trabajo, Fabio está abierto a cualquier posición que contraste sus ideas con tal de que se presenten evidencias, argumentos, fundamentación. Cuando interviene parece iracundo, rudo, aun violento, y no es más que la pasión por la verdad, el deseo imperioso de refinar conceptos. El mismo lo explica: "Esa es mi forma de decir las cosas. O las digo así o no las digo. Por eso mismo tengo a veces roces aun con mis amigos".

Con su cara larga, reforzada su longitudidad por la barba que se ha ido espesando con el paso de la Maestría, de ojos grandes que o enfocan directamente o caen oblicuos buscando tierra cuando discute enardecido o discurre arañando las entretelas mentales, Fabio Valenzuela Sosa parece un "Hombre de la Mancha" que avanza ilusionado, con entusiasmo, contra gigantes reales, queriendo enderezar entuertos, iluminado por la ciencia y montado en su juventud, seguridad y buen deseo.

Reverendo Doctor Euribíades Concepción Reynoso (Doctor en Antropología y Teología, Director de la Maestría en Ciencia Política de la Universidad Nacional Pedro Henríquez Ureña. Tomado de la obra A LA VERA DE LOS NICHOS, Colección Quinto Centenario, Santo Domingo, 1992, p 201-202)

Queridísimas Hijas

Fabio Valenzuela Sosa

A Manera de Prólogo

Mezclar agua y aceite hubiera sido más fácil que lograr que Rafael Bonelly y Joaquín Balaguer desempeñaran sus altas funciones sin fricciones en el seno del Consejo de Estado que nació al despuntar el año 1962. Desde su primera reunión con los consejeros, Balaguer se convenció de que no tenía la menor oportunidad de ser un genuino presidente de la República a menos que convirtiera al Consejo en un organismo decorativo. Sucedía que de siete miembros, Balaguer contaba con la fidelidad de solo uno. La de él mismo.

Fabio Valenzuela Sosa declara que "la táctica de los "americanos" fue apoyar públicamente a Balaguer mientras lo presionaban a que renunciara, de manera que Bonelly pasara a presidir el Consejo de Estado. "Sin embargo, contrariando las expectativas del Vecino Mayor, el supuesto Muñequito de Papel se aferró al poder hasta que se convenció, como declarara a la prensa internacional después de escapar de Santo Domingo, que "más vale un Presidente fugitivo que uno muerto".

Las consideraciones están contenidas en "Queridísimas Hijas (Reflexiones sobre política del Caribe Hispánico y Memorias de mi Niñez)", un libro que el destacado físico, politólogo, doctor en medicina y catedrático universitario escribió en Estados Unidos, donde reside desde 1996 y ejerce la radiooncología.

El consagrado científico e investigador no solo analiza acontecimientos trascendentes de la política dominicana reciente sino de la vida desconocida de San Juan de la Maguana, donde lo llevaron meses después de nacido en San José de los Llanos, en 1952. De esa comarca son reveladores los relacionados con monseñor Tomás F. Reilly, "enemigo de Trujillo", quien pese a la persecución en su contra, "bravo como una de las águilas calvas de Massachusetts, se mantenía desafiante en San Juan....".

Aunque el vigoroso autor cursó múltiples grados de la física – licenciatura, maestría, fellowship-, las ciencias políticas que estudió en la UNPHU y de las cuales fue profesor, son su delirio. Lo confiesa en el prólogo dirigido a su prole: "Les advierto que no encontrarán en mis escritos el rigor de un historiador sino la pasión de un enamorado de la política como ciencia y como arte".

Pero el cautivante ejemplar es historia aun en el recuento familiar que narra los destinos de José Vetilio Valenzuela Bautista, el mejor abogado sanjuanero, y Consuelo Mercedes Sosa Hernández que, viuda a los 37 años, sin trabajo, profesión, ni más fortuna material que una de las casas más amplias del pueblo, sin terminar ni pintar, "solo con la ayuda indispensable de Dios", logró hacer profesionales a sus ocho hijos: Margarita, María, Vetilio, Rudescindo, Rafael, Santiago, Gervasia y Fabio.

"Queridísimas Hijas" es sociología, geografía, tratado de política internacional que se adentra en la lucha de los cubanos por salir del corsé dictatorial de Machado y el devenir de esa antilla hasta el presente; la Segunda Guerra Mundial, colonización de Puerto Rico, batallas independentistas de Albizu Campos, la matanza de Ponce en 1937, el ascenso y las acciones de Muñoz Marín, la Gran Depresión del 1929, tensiones entre Estados Unidos y el Caribe, la Unión Soviética como segunda potencia mundial, entre otros.

Los acontecimientos contemporáneos nacionales se inician con el primer presidente títere del trujillato "cuyo nombre no viene al caso mencionar para evitar el sonrojo de los dominicanos que llevan ese apellido".

La alusión a la enemistad entre Balaguer y Bonelly aparece en el capítulo titulado "El Desquite de Bonelly" que concluye: "La elección de Bonelly llevó al mundo entero la noticia de que el trujillismo había sido sacado por fin del Palacio Nacional....".
Con singular dominio de la gramática, estilo ameno, lenguaje sencillo, Valenzuela Sosa narra e interpreta actuaciones de Juan Bosch, Viriato Fiallo y los cívicos, Manolo Tavárez, el 14 de Junio (1J4) y la actitud de los norteamericanos hacia ellos, la tirantez entre las dirigencias catorcista y cívica, las trampas de la UCN al PRD y hechos trascendentes ocurridos tras el ajusticiamiento de Trujillo.

Destaca el favoritismo de los norteamericanos hacia los cívicos y expone los "defectos" que para ellos tenía Juan Bosch. Explica también por qué Washington descartó de antemano al 1J4 . Pero sin importar ese apoyo, al dominicano "lo empujaban cada vez más en dirección del Profesor y a tomar distancia de los Siete Látigos que ofrecía Viriato Fiallo a un pueblo que había sido Trujillista para satisfacer su instinto de sobrevivencia...". Analiza crímenes y figuras de la tiranía y dedica más de un capítulo al obispo Reilly a quien conoció en la Escuela Parroquial de los curas Redentoristas donde vivió "eventos traumatizantes" por el acoso del régimen a esos religiosos. "Todavía están fijas en mi memoria las figuras del padre Miguelito, padre Luis, padre Gerardo, padre Tomás y padre Clemente vestidos por primera vez de civil porque el gobierno trujillista acababa de prohibirles usar su hábito en las calles, anunciando con cara sombría que se tenían que despedir de nosotros...".

Narra el asalto a la casa curial y a la residencia del obispo por turbas de calieses. "Recuerdo ver a las hordas trujillistas cerca de mi casa emborrachándose con vino robado de la sacristía de la iglesia". El calvario de las hermanas dominicas de Michigan, el asilo de Reilly en el colegio Santo Domingo y el día que el SIM lo fue a buscar para matarlo. "Reilly funcionaba como un contacto de gran utilidad entre el gobierno de los Estados Unidos y sectores de la sociedad dominicana que serían de gran importancia luego de que la tiranía fuera descabezada", afirma.

Al sacerdote "lo metieron como si fuera un saco de papas" en un carrito del SIM la madrugada del 31 de mayo de 1961, "descalzo y en pijama" en medio del llanto y los gritos de las monjas e internas horrorizadas. En el Palacio lo llevaron a un salón en medio del cual, sobre una mesa, "reposaba el cuerpo sangrante" del Jefe. "Monseñor se paró impertérrito frente al cadáver de Trujillo y haciendo la señal de la cruz le impartió su bendición".

Consigna cómo y por qué Balaguer salvó la vida del purpurado y relata el recibimiento de los sanjuaneros cuando el obispo regresó a su diócesis. En la misa dejó a varios fieles católicos "con la lengua afuera mientras esperaban que les colocara la hostia consagrada", porque lo habían difamado. "Al momento de negarles la Comunión, dijo a uno que estaba arrodillado al lado mío: "Tienes que confesar tus pecados antes de comulgar", mientras le cerraba la boca".

Fabio Valenzuela Sosa, quien está casado con Teresa Luisa Carrión Cassidy, redactó sus vivencias en forma epistolar a sus hijas Consuelo Helena y Fabiola Teresa, quienes le pidieron que escribiera su biografía para los nietos.
(Escrito por Ángela Peña en la revista cultural "Areíto" del periódico "Hoy" en Santo Domingo el 28 de julio de 2013).

Queridísimas Hijas

Fabio Valenzuela Sosa

A Manera de Introducción

Saint Paul, MN, EE UU
27 de enero 2012

Queridísimas Consuelo Helena
y Fabiola Teresa:

Hace unos diez años, cuando atravesaba el punto de inflexión existencial de mis cincuenta, ustedes, mis únicas dos hijas, me pidieron que pusiera en blanco y negro los detalles de mi biografía que considerara relevantes para los nietos que yo pudiera tener en el futuro estando vivo o muerto. Argumentaban ustedes que esos eventuales nietos pudieran hacerles preguntas que sus madres no estarían en condiciones de responder con propiedad; por eso consideraban como una obligación mía el ayudarlas a resolver por adelantado ese problema escribiendo un opúsculo autobiográfico.

Ya convertido en sexagenario, el gusanillo del remordimiento ha logrado taladrar la tranquilidad de los pocos momentos libres que me deja el ejercicio de la radio oncología, acusándome, juzgándome y declarándome culpable de que mis eventuales nietos desconozcan quien fue su abuelo materno. Consciente de que cualquier cambio en mi memoria que se produzca en el futuro será deficitario, me he convencido de que si voy a complacer su petición ya añeja tengo que comenzar ahora mismo y me he puesto como tarea inmediata iniciar un flujo epistolar de un solo sentido del que ustedes serán receptoras únicas para llenar ese hueco existencial que considero muy importante.

17

El mayor problema que tenía para complacerlas era mi natural tendencia a no hablar de mis cosas ni siquiera con mis amigos más cercanos. Creo, sinceramente, que soy un personaje con una biografía muy aburrida que va a encontrar muy pocos lectores entusiastas excepto, probablemente, mis familiares más cercanos. Además, siempre he creído que una autobiografía es un proyecto del cual el escritor siempre sale mal parado. No es verdad que un autobiógrafo va a revelar los detalles más íntimos de sus gozos y amarguras. El ego, a menos que el autobiógrafo sufra de alguna patología mental o afectiva, siempre se impondrá, haciendo que el protagonista quede como el niño bueno de la película y el resto del mundo como los que agredieron al pobre niño bueno. Para mi buena suerte, he encontrado una manera de resolver ese problema que les detallo a continuación.

He llegado a la convicción de que la mejor manera de conocer a un ser humano es conocer lo que piensa de los acontecimientos que han ocurrido mientras éste ha vivido y de los que han pasado antes de que naciera. Las ideas de un individuo son las huellas digitales de su alma. Quien logra poner en blanco y negro sus puntos de vista sobre la historia de su país y del resto del mundo, está suministrando esas huellas digitales a sus lectores, las que no coincidirán enteramente con las de ningún otro individuo. Eso permitiría que mis nietos, si es que alguna vez nacen, puedan tener en sus manos documentos que les permitan disecar el alma de su abuelo materno. En contados casos les contaré sobre hechos de los que fui protagonista, siempre tratando de minimizar la presencia de la palabra YO.

Espero que comprendan mi tardanza en atender su petición de hace diez años. A partir de hoy comenzarán a recibir con relativa regularidad cartas dirigidas a ustedes donde trataré temas que considero de importancia para la formación tanto de mis hijas como de eventuales nietos.

El primer tópico que voy a tratarles en mis cartas es la historia política del Caribe Hispánico, triángulo escaleno geográfico con vértices en La Habana, Santo Domingo de Guzmán y San Juan de Puerto Rico, a partir de la llamada Gran Depresión del 1929. Les advierto que no encontrarán en mis escritos el rigor de un historiador sino la pasión de un enamorado de la Política como ciencia y como arte. Les contaré primero del Caribe Hispánico porque los tres tuvimos la suerte de nacer en esa zona del mundo, y a ella estaremos atados afectiva y materialmente mientras tengamos vida y a ella algún día irán a dar mis huesos o cenizas no importa donde yo muera.

Les contaré de Política primero porque los tres, lo mismo que su mamá, a quien conocí en un aula de Política, estudiamos esa disciplina a nivel universitario; es decir, que la Política ha sido parte esencial del proceso que permitió que nuestra familia existiera y ese es un dato que cualquier hijo de ustedes que quiera saber de su familia debe conocer. Cuando me canse de escribirles sobre Política y Sociedad, les escribiré de otros temas, como Ciencia y Religión, que también me apasionan, aunque estoy consciente de que a ustedes no les interesan en la misma medida. Este será el precio que pagarán por haberme pedido que les escriba sobre mi vida.

Les sugiero que adviertan a los no destinatarios que puedan leer estas cartas que no se dediquen a buscar inexactitudes y errores en ellas, porque se van a cansar de encontrarlos. El propósito de mis escritos no es educar a desconocidos en cuanto a su temática, sino permitir que mis futuros nietos conozcan la manera en que pienso sobre esos temas. Y resulta que yo pienso como yo quiero pensar e interpretaré a mi manera los hechos que les iré exponiendo, no a la manera del lector. No será esta colección de cartas una exposición científica sobre lo tratado, sino la interpretación muy personal del autor de hechos históricos esencialmente controversiales. Porque controversial fue la historia de nuestro país y hasta el nombre que la mayoría le asigna, como verán en una próxima misiva.

Que Dios las bendiga siempre.

Papi (para Consuelo Helena)

Papá (para Fabiola Teresa)

Queridísimas Hijas

Fabio Valenzuela Sosa

Cachucha, País, Nación, Estado y Pueblo

Minneapolis, MN, EE UU
29 de enero 2012

Queridísimas Hijas:

Antes de comenzar una conversación es conveniente que los participantes se aseguren de que hay consenso en cuanto al significado de las palabras a usarse en ella.

Recuerdo como si hubiera ocurrido hoy un momento gracioso y embarazoso que pasamos la noche de Nochebuena del año 2002, cuando vivíamos en los alrededores de Albany, la capital del estado de New York. Después de compartir la "bandera dominicana" de Nochebuena, que incluye puerco asado, pavo horneado y pasteles en hoja, nos sentamos a beber unos digestivos y a compartir en familia con un hermano y una hermana míos que habían venido a acompañarnos para la ocasión, y con una amiga suramericana que habíamos encontrado en nuestro peregrinar por el mapa estadounidense. Mi hermano le dijo con mucha naturalidad a nuestra hermana: "Fulana, pásame la cachucha, por favor". Nuestra amiga se paró de su asiento evidentemente sorprendida por la petición de mi hermano, y abandonó la conversación con la excusa de que se sentía "mal". Yo diagnostiqué al instante lo que había sucedido. La semántica suramericana y la dominicana habían interactuado en disonancia.

Resulta que cachucha en la variante dominicana del castellano es una gorra que se usa para cubrir la cabeza por cualquier razón. En la variante del castellano que usa la amiga, cachucha es un sinónimo de vulva, uno de los componentes de los genitales externos de las mujeres. Cuando la amiga fue informada, tras preguntar alarmada a mi esposa la razón por la cual mi hermano le pedía a mi hermana "la cachucha", su risa de guacamayo devolvió la distensión al ambiente de la Nochebuena y la fiesta siguió hasta que la Navidad llegó cargada de regalos y buenos deseos.

Los conceptos de País, Nación, Estado y Pueblo, que se usan como sinónimos en medio de discusiones políticas, hay que definirlos antes de comenzar la discusión, para que ésta no se convierta en una Babel. Eso trataré de hacer en lo que resta de esta carta.

El término País se usa en mis reflexiones para connotar un territorio claramente delimitado, sin importar que en ese territorio habite o no un pueblo determinado. Al país pertenecen los ríos, los lagos, las montañas, los animales que lo habitan, los árboles que ocupan parte de su superficie, las minas que pueda tener y las costas que lo limitan, incluyendo playas y acantilados.

El término Nación lo uso para connotar un grupo humano que se identifica a sí mismo como diferente al resto de la humanidad, caracterizado en la mayoría de los casos por identidades en los ámbitos religioso, artístico y de otro tipo que conforman una cultura propia. La naciones en la mayoría de los casos se identifican con un territorio, pero pueden sobrevivir miles de años sin disfrutar de uno. El botón de muestra de esta afirmación es la nación judía, regada en Diáspora por todo el orbe durante casi mil novecientos años, que pudo preservar una cultura distinguible de cualquier otra sin tener un país o territorio en qué asentarse hasta poco después de concluir la Segunda Guerra Mundial.

El término Estado connotará en mis cartas al conjunto de instituciones que poseen la autoridad para establecer las normas de una sociedad con soberanía interna y externa sobre un territorio o país determinado. El concepto de Estado Nacional, de factura relativamente reciente, surgió en 1648, a raíz de la firma del Tratado de Westfalia que puso fin a la Guerra de los Treinta Años que asoló a una buena parte de Europa como consecuencia del enfrentamiento entre protestantes y católicos y fue definido en dicho tratado como teniendo "un territorio claramente definido, una población constante no necesariamente fija y un gobierno propio". Finalmente, con el término Pueblo connotaré a los habitantes sometidos a la soberanía interna y externa de un Estado.

Después de aclarar las connotaciones que voy a dar a los términos Cachucha, País, Nación, Estado y Pueblo, trataré de aplicarlos para determinar el nombre del sitio en que nació Juan Pablo Duarte, fundador de la República Dominicana, hace ya casi dos siglos. En mi humilde opinión, Duarte, el Padre de la Patria Dominicana, nació en la ciudad de Santo Domingo de Guzmán, la más grande de un país llamado Santo Domingo por sus pobladores por más de un siglo antes de él nacer. Y yo creo que ustedes, mis hijas, nacieron en ese mismo país, Santo Domingo, ciento setenta y pico de años más tarde. Ese país ocupa casi las dos terceras partes de la isla que el Almirante que descubrió América, para los europeos porque los nativos la descubrían al nacer, bautizó como La Isla Española, que luego cartógrafos y geógrafos llamaron indistintamente Española o La Española, y que acabó llamándose Isla de Santo Domingo, siendo dividida como producto de la debilidad de España como metrópolis colonial en un Saint Domingue (Francés) y un Santo Domingo (Español) donde Duarte vio por primera vez la luz del mundo en 1813.

Cuando Duarte y los Trinitarios fundaron la República Dominicana en 1844 no fundaron a un País, ni a una Nación, que ya existían; el País desde que el mundo fue mundo y la Nación en un proceso que tomó varios siglos a partir de la llegada de los europeos al Nuevo Mundo. Según la mayoría de los entendidos, para comienzos de siglo XVIII ya existía una nación, la nación dominicana, residiendo en los dos tercios orientales de la Isla de Santo Domingo. Lo que Duarte y los Trinitarios fundaron fue un Estado llamado República Dominicana que ejerce hasta el día de hoy soberanía sobre el país que se llamaba en la época en que nacieron los Trinitarios, y que yo seguiré llamando mientras viva y tenga uso de razón, Santo Domingo.

Entendería perfectamente a quien alegue que la presente discusión es bizantina, sin importancia práctica. Ese alegato lo entiendo pero no lo justifico, a no ser que use el pesimismo de Aristóteles cuando admitía que la virtud nunca es colectiva. Desde ese punto de vista tendríamos que dejar que la ignorancia prevaleciera sobre toda la sociedad, incluso sobre los que creemos tener dominio de temas de cierto nivel intelectual. Además, la atipicidad toponímica que los dominicanos hemos creado al llamar República Dominicana a nuestro País, haciendo mal uso del nombre del Estado propuesto por Duarte, nos deja en ridículo frente al concierto de naciones que comparten con nosotros el mundo del siglo XXI. Para demostrar esta afirmación las invito a pasear el mapa americano.

Comenzamos el paseo por Alaska, país convertido en parte de los Estados Unidos por razones geopolíticas. Nos movemos hacia el Sur y atravesamos a Canadá, Estados Unidos, México, Guatemala, Honduras, Belice, El Salvador, Costa Rica, Panamá, Colombia, Ecuador, Perú, Chile, Argentina, y volvemos hacia el Norte atravesando Uruguay, Brasil, Guyana y Venezuela para encontrarnos en las riberas del Mar Caribe donde hay un semillero de países que incluyen a Cuba, Haití, "República Dominicana", Jamaica y Puerto Rico, entre muchos otros.

Observen que entre todos los países mencionados solamente hay dos que tienen un adjetivo en su nombre: Estados Unidos y "República Dominicana". Hay otro, Argentina, que ha logrado sustantivar el adjetivo del cual originalmente procede. Argentino significa en castellano "de la plata", o "plateado". Algo anda mal cuando llamamos a un país "República Dominicana". Las invito a pensar que España es un país que estuvo gobernado por diferentes tipos de Estado durante el siglo XX. Recuerden que antes de la Guerra Civil de los años 1930 y pico existió la República Española y que ésta dio paso al actual Reino de España. ¿Cambiaron los españoles de país cuando el Estado que la gobernaba cambió? Claro que no. Ese país siguió siendo, y seguirá siendo hasta que el mundo exista, España, no importa que vuelva a ser República en el futuro. Siguiendo esa lógica, en mis cartas llamaré al País donde ustedes y yo nacimos Santo Domingo, a la Nación que vive en él nación dominicana, donde vive un Pueblo cuyos integrantes tenemos el orgullo de llamarnos dominicanos y estamos gobernados por un Estado denominado República Dominicana.

Espero que después de leer estas líneas estemos en "la misma página" cuando hablemos de Cachucha, País, Nación, Estado y Pueblo.

Que Dios las bendiga.

Papi

Un Despojo Toponímico Injustificado

Milwaukee, WI, EE UU
3 de febrero 2012

Queridísimas Hijas:

Una de las figuras históricas más maltratadas de cualquier época fue, sin dudas, el Almirante genovés comisionado por los Reyes Católicos de España para encontrar una ruta hacia Asia viajando hacia el Oeste desde Europa. Ese Almirante, sin proponérselo, descubrió para Europa un nuevo Continente que con el paso del tiempo iba a ser asiento de la potencia económica y militar más grande de la historia, Estados Unidos de América, y de países enormes como Brasil y Canadá.

Resultó ser que el Almirante no sólo fue engañado por los que debieron ser sus protectores después de su gran Descubrimiento, sino que fue perseguido inmisericordemente por ellos, muriendo en medio de una miseria material y política que contrastaba con las riquezas inmensas que había facilitado a sus socios españoles. Pero el colmo de la injusticia hacia el Almirante fue que a la hora de nombrar al Continente que había cambiado al mapamundi en 1492 su nombre fue ignorado y en su lugar fue honrado Américo Vespucio, un cartógrafo y navegante italiano que simplemente recorrió una buena parte de la costa Este del Nuevo Continente refinando su perfil en los mapas de la época. La justificación de esta tremenda injusticia fue que los cartógrafos de comienzos del siglo XVI decidieron a una sola voz honrar a un colega e ignorar al Gran Almirante; y como ha sucedido con tantas otras injusticias a través de la historia del hombre, la inercia se encargó de hacer permanente un término toponímico que nunca debió haber existido.

Las potencias europeas que primero explotaron al Nuevo Continente fueron España y Portugal, a las cuales siguieron Inglaterra y Francia. Por eso los idiomas predominantes en América en el día de hoy son el Español, el Inglés, el Portugués y el Francés. Hoy en día América está parcelada en unas cuantas docenas de estados, de los cuales el más poderoso económica, política, militar y culturalmente se llama Estados Unidos de

América. Al territorio de esa nación me trasladé por razones profesionales para residir permanentemente en el año 1996.

La más grande de las sorpresas que recibí en mi nuevo país de residencia fue que tendría que inventar un nuevo continente para describir el sitio donde nací. Porque, hasta donde llega el nivel de inteligencia geográfica de los habitantes de Estados Unidos, ellos son los únicos "americanos". Si le pides a cien estadounidenses que te digan el nombre de su país, cien te responden que su país se llama "América". Y ahí fue que comenzó a frustrarse un individuo como yo, quien desde los cinco años sabe que la gran mayoría de la población del planeta Tierra se concentra en cinco continentes: Africa, América, Asia, Europa y Oceanía.

Ciertamente es común cuando usamos el lenguaje de manera casual que sustituyamos el todo por la parte, como cuando decimos que un ganadero tiene cien cabezas de ganado queriendo decir que además de las cabezas también posee las patas, los rabos y todos los órganos que caracterizan a una res normal, pero sustituir a la parte (Estados Unidos) por el todo (América) es no solamente un acto de ignorancia sino de suprema altanería y arrogancia. Porque esa sustitución deja sin continente a todo el que ha nacido en un país americano fuera de los Estados Unidos. Y resulta que unos 620 millones de seres humanos, más de las dos terceras partes de los 950 que viven en América, no residen en los Estados Unidos, de acuerdo a datos computados por las Naciones Unidas fechados en el año 2011.

Lo peor del caso es que no solamente los estadounidenses se creen que ellos son los únicos "americanos", sino que muchos americanos nacidos fuera de Estados Unidos de América también cometen esa estupidez. Cuando voy de vacaciones a Santo Domingo encuentro frecuentemente personas que me comentan, tratando de halagarme, que ya yo "parezco americano". En todas las ocasiones en que he sido objeto de esa observación ignorante he respondido que yo nací en el solar primado de América, donde con casi total seguridad reposan las cenizas del Almirante que la descubrió. Por cierto, ese Almirante nunca pisó terreno que hoy pertenezca a Estados Unidos, con la excepción de la isla que él llamó San Juan, que hoy es conocida como Puerto Rico y es uno de los pocos países del mundo considerados como colonia en pleno siglo XXI.

Para tratar de justificar lo injustificable, algunos "americanos", que en realidad deberían ser llamados estadounidenses, alegan que yo no nací en América, sino en Suramérica, o en Hispanoamérica, o en Centroamérica. O sea que Suramérica, Centroamérica o Hispanoamérica estarían, para ese grupo de ignorantes, fuera de América. Es decir que la porción Sur o Central de algo no estaría dentro de ese algo. Evidentemente que algo anda mal en la lógica etnocentrista de esos aspirantes a homo sapiens.

La única explicación del despojo que sufre la mayoría de los americanos de su gentilicio es el predominio político, económico, militar y cultural de los Estados Unidos de América sobre el resto de los países americanos. Esta condición de estado dominante en América y su influencia a nivel mundial, han logrado someter culturalmente a las dos terceras partes de los americanos que no han nacido en los Estados Unidos, al punto de que ellos mismos no se reconocen como americanos. Y yo me pregunto: ¿Si una persona que nace en Cabo Verde es africana, una que nace en Bélgica o las Islas Baleares es europea, y una que nace en Vietnam o Taiwan es asiática, por qué diablos alguien que nace en Santo Domingo no es americano?

Es importante hacer conciencia sobre el despojo toponímico que afecta a la mayor parte de la población americana. Por más pobre que sea uno de mis vecinos, yo no tengo derecho a negar su existencia, ni a negar que tenga una identidad ganada en base a una historia centenaria. Como dijera Benito Juárez, entre los hombres como entre las naciones el derecho al respeto ajeno es la paz. Y nunca habrá verdadera paz mientras se niegue a los países débiles el derecho de identificarse con su continente. Una paz basada en el miedo hacia el más fuerte, no en el respeto mutuo entre pueblos vecinos, siempre será frágil e hipócrita, y nunca servirá para promover la convivencia amigable entre esos pueblos.

Finalizo esta reflexión dando testimonio de que el pueblo estadounidense, al cual mucha gente llama impropiamente pueblo "americano", es uno compuesto por personas en su gran mayoría bondadosas quienes, aunque no tienen un nivel alto de cultura política, están en su gran mayoría abiertos a perfeccionar sus conocimientos de geografía e historia mundial. Si los millones de personas nacidas en diferentes países americanos nos negamos a dejarnos arrastrar por la inercia cómoda de aceptar ser despojados de nuestra condición de genuinos americanos, sin prefijos innecesarios como las de "centro", "sur" e "hispano" americanos, u otras falsas o inexactas etiquetas que limitan la americanidad de más de 600 millones de personas, poco a poco, la verdad de esa americanidad compartida por varias docenas de naciones esparcidas en el inmenso espacio comprendido entre Alaska y Tierra de Fuego resplandeciera definitivamente. Y esa verdad, como dice uno de los evangelistas, nos hiciera libres.

Que Dios las bendiga.

Papá

Destinos Divergentes de dos Joyas Españolas

Minneapolis, MN, EE UU.
28 de enero 2012.

Queridísimas Hijas:

España fue perdiendo las joyas más preciadas de su corona a medida que su atraso económico limitó su capacidad para administrar un imperio en el que en un momento del Siglo XVI nunca se ponía el sol. Ese imperio se mantuvo vigente hasta que Cuba y Puerto Rico, los últimos territorios del continente americano en mantenerse bajo la soberanía española, cayeron en poder de los Estados Unidos en 1898, cuando una "guerra" entre España y los Estados Unidos terminó con la cesión de Cuba, Puerto Rico, Las Filipinas y Guam al gran coloso norteño.

En realidad lo que hubo entre España y Estados Unidos fue una tragicomedia orquestada desde territorio estadounidense, que inició con el hundimiento del Maine, un barco de la marina estadounidense surto en el puerto de La Habana, que sirvió como excusa para que el gobierno estadounidense declarara una "guerra" en la que España, simplemente, salió huyendo de sus 4 colonias arriba mencionadas que fueron dejadas en manos del imperio que dominaría al mundo durante el siglo XX.

Concentrémonos en los casos de Puerto Rico y Cuba; para los fines de estas reflexiones Las Filipinas y Guam están en otro planeta. Comenzaremos por Puerto Rico, donde el proceso colonial fluyó con la agilidad y alegría de un pitirre boricua.

Para 1898, cuando se firmó el Acuerdo de París que selló el final de la "guerra" entre España y Estados Unidos, el corazón de los puertorriqueños no latía al ritmo del independentismo. Por eso acogieron a su nuevo amo, mayoritariamente, con ánimo servil. Ese ánimo hizo que Eugenio María de Hostos, el ideólogo por excelencia del independentismo puertorriqueño, al ver cómo sus compatriotas ignoraban sus llamados fervientes a organizarse bajo un estado independiente, se trasladara hasta su muerte al vecino Santo Domingo. La nueva colonia se organizó con mínimos tropiezos, hasta llegar en el decenio de los 1950 a una situación de relativa autonomía administrativa que le permitió elegir un Gobernador colonial, Luis Muñoz Marín, que introdujo a los puertorriqueños a la modernidad. Esa autonomía relativa se mantiene en pleno siglo XXI, cuando Puerto Rico ostenta el dudoso privilegio de ser una de las pocas colonias del planeta Tierra.

La colonización de Cuba probó ser mucho mas difícil, ya que los cubanos durante más de medio siglo habían derramado sangre, sudor y lágrimas por su independencia. Lo más que lograron los estadounidenses en sus planes colonialistas fue introducir una Enmienda en la primera Constitución cubana, la Enmienda Platt, que les daba poder para intervenir militar y económicamente en los asuntos cubanos sin consultar con el gobierno de la Antilla Mayor, además de arrendar por cien años por unos cuantos miles de dólares por año un área considerable de territorio mambí donde todavía hoy funciona la base militar de Guantánamo.

Los cubanos fueron construyendo sus instituciones políticas de tropiezo en tropiezo, con frecuentes cambios de gobierno, casi siempre promovidos desde Estados Unidos. Aún en medio de esas limitaciones de soberanía, Cuba se desarrolló, en todos los sentidos, enormemente durante la primera parte del siglo XX. En los inicios de la segunda parte de ese siglo, después de casi 3 períodos de gobierno bajo una de las Constituciones más avanzadas del mundo, el sistema político cubano hizo crisis cuando Fulgencio Batista, el primer presidente elegido bajo esa Constitución en 1940 y quien había sido uno de los presidentes más democráticos de la corta historia cubana como estado independiente, derrocó al gobierno de Carlos Prío, cuando se veía venir la victoria de un partido de ideas verdaderamente nacionalistas. Ese golpe de Estado desató en Cuba el proceso revolucionario más importante en la historia de América Latina. Un proceso que condicionó la evolución política del Estado de la más antigua colonia española en el Nuevo Continente, Santo Domingo, donde ustedes y yo nacimos.

Por eso, antes de exponerles los hechos más sobresalientes de la historia dominicana moderna, tengo que relatarles con cierto detalle el proceso que desembocó con la toma del poder político del primer y único experimento triunfante del comunismo como forma de gobierno en el continente americano. Un día de estos continuaré, si Dios quiere, con este soliloquio epistolar que espero no las canse, porque material para contar hay de sobra.

Que Dios las bendiga.

Papá

Un Bello y Complicado Archipiélago

Milwaukee, WI, EE UU
4 de febrero 2012

Queridísimas Hijas:

La entrada al Golfo de México está custodiada por un abanico formado por unos cuantos cientos de islas conocido como el Archipiélago de las Antillas. Entre estas islas sobresalen cuatro, situadas a poca distancia una de otra, que por su tamaño son conocidas como Antillas Mayores: Cuba, La Española, Jamaica y Puerto Rico. A lo largo y ancho de un área de muchos miles de kilómetros cuadrados que cubren el espacio limitado hacia el Norte por las Islas Bahamas, hacia el Sur por la costa norte de Suramérica, hacia el Este por la isla Barbados y hacia el Oeste por el extremo oeste de Cuba, se encuentran las playas más bellas, y una de las zonas más importantes, desde el punto de vista geopolítico, del mundo. Tan importante, que Juan Bosch calificó al Mar Caribe, que baña la mayoría de las playas antillanas, como Frontera Imperial.

Una simple inspección del mapa antillano nos permite apreciar lo acertado del juicio del gran Profesor dominicano. Moviéndonos de norte a sur y de oeste a este, a partir del estrecho de La Florida, nos encontramos con Cuba, llamada la Antilla Mayor por superar en extensión a la suma de La Española, Jamaica y Puerto Rico. Cuba fue colonia española hasta finales del siglo XIX, y estuvo bajo la tiranía comercial de Inglaterra por más de un siglo antes de su independencia; todavía en pleno siglo XXI Cuba exhibe un emplazamiento colonial en su extremo este, la base militar estadounidense de Guantánamo.

Si nos movemos al sur franco de la cabeza del Caimán (así llaman los cubanos a su mapa), situada en la provincia de Santiago de Cuba, nos encontraremos con Jamaica, colonia española desde el Descubrimiento, hasta que Inglaterra se la robó cuando estuvo segura de que España no podía defenderla. Esa situación colonial perduró hasta el decenio de los 1960 en que Jamaica consiguió su independencia política, aunque sigue siendo miembro en pleno siglo XXI de la Mancomunidad Británica.

Moviéndonos al este franco desde Jamaica, nos tropezamos con la primera de las Antillas Mayores colonizada por el Gran Almirante, quien la llamó La Española. El deterioro del Imperio Español contribuyó a que la isla en cuestión perdiera su nombre occidental original, mutándolo al de Isla de Santo Domingo. El predominio del idioma inglés en la geografía mundial ha permitido que esa bella isla, donde ustedes y yo nacimos, figure en muchos mapas con el nombre impropio de "Hispaniola", un nombre que espero desaparezca cuando el respeto a los hechos históricos predomine algún día en el mundo. Esa isla, la de Santo Domingo, es asiento hoy de dos estados soberanos: La República de Haití que domina alrededor de la tercera parte del territorio y la República Dominicana que domina alrededor de las dos terceras partes. El caso de la isla de Santo Domingo es único en el mundo. Las invito a buscar alguna otra isla, grande o pequeña, en la que convivan dos estados soberanos. Si la encuentran, por favor, me lo hacen saber.

Los haitianos hablan creole, tienen al fútbol como deporte nacional y en su gran mayoría practican el Vudú; los dominicanos hablamos castellano, tenemos al beisbol como deporte nacional y somos mayoritariamente cristianos. Señas de identidad estas, por cierto, que son el producto, del lado haitiano de la explotación intensiva de la Francia colonial, contrapuesta con el anémico imperio español que predominó sobre los dominicanos hasta que los haitianos nos sometieron por veintidós años, tras los cuales el sueño independentista de Duarte comenzó a dar señales de vida.

Por último, si nos movemos hacia el este de la isla de Santo Domingo, llegamos a Puerto Rico, colonia española hasta que una "guerra" entre España y Estados Unidos la convirtió en la colonia estadounidense que todavía es hoy día.

El mapa de las Antillas Menores, por su parte, es una ensalada de excolonias inglesas, como Bahamas, Trinidad y Tobago, Dominica y Barbados, entre otras; excolonias francesas como Guadalupe y Martinica, hoy pertenecientes a la Mancomunidad Francesa; excolonias holandesas como Curazao y Aruba, y alguna colonia danesa como una parte de las Islas Vírgenes.

En síntesis, las Antillas, desde que fueron descubiertas y colonizadas por las potencias europeas hace ya más de cinco siglos, fueron el escenario donde compitieron esas potencias en una lucha sin cuartel para determinar cuál de ellas despojaba con más efectividad a esas tierras de sus riquezas. Todo eso, claro está, en nombre de alcanzar el altruista objetivo de "civilizar" a esos pueblos y contribuir a su "desarrollo". Fue en medio de ese semillero de colonias y excolonias que ustedes y su padre nacieron. Y fue en esa área privilegiada de la geografía americana, particularmente en Santo Domingo y Cuba, que se produjeron hechos que marcaron mi vida y la de millones de caribeños más a finales de los 1950 y comienzos de los 1960. Empezaré a contarles esos hechos un día de estos.

Que Dios las bendiga.

Papá

Queridísimas Hijas

Fabio Valenzuela Sosa

Constructor y Destructor de la
Democracia Cubana

La Vitrina Democrática Antillana

Milwaukee, WI, EE UU
5 de febrero 2012

Queridísimas Hijas:

La Gran Depresión de 1929 encontró a Cuba luchando por salir del corsé dictatorial a que estaba sometida por el Presidente Gerardo Machado, uno de los generales más jóvenes de la guerra de independencia cubana, quien fue elegido libremente en 1925 y decidió mantenerse en el poder por medio de maniobras fraudulentas cuando se cumplió el mandato que el Soberano cubano le había concedido. La lucha de los cubanos por salir de Machado, que duró unos cinco años, terminó en 1933, cuando el rechazo generalizado de la sociedad cubana hizo que el dictador se mudara a la Florida hasta su muerte. Dos líderes sobresalieron en el proceso de mandar a Machado a descansar a la Florida, Ramón Grau San Martín y Fulgencio Batista.

La caída de Machado fue seguida de gobiernos más o menos efímeros, una consecuencia natural de la debilidad de la clase dominante en Cuba, que en esa época no se había organizado como clase gobernante. El proceso de avance institucional, sin embargo, se fue consolidando, hasta el punto de que en el año 1939 se convocó a elecciones libres y democráticas para formar una Asamblea Constituyente que diera a la luz una Constitución que pusiera a Cuba políticamente a tono con los avances materiales que había experimentado desde la proclamación de su independencia mediatizada a principios del siglo XX.

La Asamblea Constituyente cubana, que comenzó sus trabajos en los meses finales del 1939 y los concluyó a finales del 1940, fue uno de los acontecimientos más importantes en el plano constitucional, no solamente en el continente americano sino a nivel mundial.

Esta Asamblea, constituida por setenta y pico de miembros pertenecientes a un abanico ideológico que iba desde los partidos ultraconservadores hasta el Partido Socialista que congregaba a la élite comunista cubana, realizó lo que se pudiera catalogar en justicia como una proeza constitucional.

Los cubanos se dieron en 1940 el lujo de construir un entramado constitucional que todavía en el siglo XXI se considera como avanzado. De hecho, muy pocos países disfrutan en estos momentos de constituciones tan garantistas y equilibradas como la cubana de 1940. La igualdad de la mujer, la libertad religiosa, las garantías individuales de todo tipo, parecían colocar a Cuba en camino a un desarrollo democrático representativo sin paralelo en el ámbito latinoamericano.

Como para demostrar que se merecían la Constitución que estaban estrenando, los cubanos eligieron libremente a un nuevo presidente de la República un par de meses antes de proclamar formalmente su nueva carta magna. El nuevo presidente cubano resultó ser Fulgencio Batista, el líder militar más importante de Cuba en ese momento. Con estos auspicios halagadores los cubanos comenzaron a mostrarse al mundo como la vitrina democrática antillana en plena guerra europea, que se convertiría en Segunda Guerra Mundial al año siguiente cuando Japón, aliado de Alemania, atacó por sorpresa a la entonces colonia estadounidense de Hawai destruyendo gran parte de su poderío naval. El gobierno de Fulgencio Batista que comenzó en 1940 fue considerado casi a unanimidad como ejemplo de régimen democrático dentro y fuera de Cuba, y tuvo el apoyo de la mayoría de los sindicatos cubanos y de buena parte de los industriales y comerciantes nativos y extranjeros, que aprovecharon la paz social promovida por la amplia base de sustentación política del gobierno batistiano. En plena Segunda Guerra Mundial Cuba emergió como un paraíso democrático en medio de un archipiélago repleto de colonias y unos cuantos países, supuestamente independientes, como Santo Domingo, dirigidos por tiranos que hubieran provocado envidia por su crueldad a los capataces de regímenes esclavistas de la Edad Antigua.

Tras cuatro años de progreso bajo la batuta de Fulgencio Batista se celebraron elecciones generales en 1944, en las que resultó elegido el candidato del principal partido de oposición, el Partido Revolucionario Cubano Auténtico (PRCA), Ramón Grau San Martín, quien había sido Presidente provisional durante el período de inestabilidad institucional que siguió al derrocamiento del dictador Machado en 1933. A los incrédulos que todavía dudaban que la democracia representativa pudiera tener vigencia en un país antillano, los cubanos le presentaban la prueba irrefutable de estabilidad institucional: la elección del líder de la oposición como presidente de la República sin ningún tipo de sobresaltos o contratiempos.

" El Viejo ", como se conocía popularmente al presidente Grau, respetó las libertades públicas, pero comenzó a dar tan pronto se instaló señales de permisividad con los corruptos que le acompañaban en el gobierno. La economía continuó creciendo a un ritmo mayor que el de los países vecinos, pero el bienestar se fue concentrando cada vez más en menos manos. La corrupción de funcionarios se hizo cada vez más escandalosa, lo cual provocó la salida de algunos dirigentes del partido de gobierno. Uno en particular, Eduardo Chibás, se proyectó como un futuro aspirante a la Presidencia con posibilidades de llegar al Poder fundando el Partido Popular Cubano, conocido también como Partido Ortodoxo.

Mientras esto ocurría, Batista se mudaba a Estados Unidos a disfrutar de unos millones que nunca exhibió siendo presidente de la República. El gusano de la inconformidad comenzaba a crecer en el seno de las masas cubanas, que comenzaban a convencerse de que los políticos que ellos consideraron serios antes de llegar al Poder, se habían convertido en émulos de Machado en cuanto a la corrupción, aunque respetando las formalidades de la democracia .

Las elecciones del 1948 fueron ganadas en buena lid por el partido de Grau, que llevó como candidato a uno de sus Ministros más populares, Carlos Prío Socarrás. Grau, débil de carácter y consentidor de sus amigos corruptos pero honrado en lo personal, se retiró a su hogar por un tiempo cuando Prío asumió el Poder, y eventualmente entablaría una lucha grupal con éste por el control del PRCA, que lo llevaría a representar roles lamentables en la vida democrática cubana, como les contaré en un tiempito. Recuerdo que la única vez que he estado en Cuba, pasé frente a la casa donde residió "El Viejo" hasta su muerte ya bien entrado el período comunista que todavía vive Cuba. Lo que vi fue una casa solariega donde no pudo haber mucho lujo situada en las afueras de La Habana. De Grau me hablaron con respeto fidelistas y antifidelistas, que sólo lamentaban que hubiera sido tan permisivo con la corrupción de sus amigos durante su gobierno, y que se hubiera prestado a hacerle el juego durante los 1950 a un par de farsas electorales.

La victoria de 1948 fue interpretada por Carlos Prío y el resto de los dirigentes del PRCA como el pistoletazo que comienza una carrera desenfrenada hacia el desorden y la corrupción en todos los sentidos. La corrupción de tiempos de Grau se quedó chiquitica frente a la del "team" de Prío. Cuba en general, y La Habana en particular, se convirtieron en el paraíso de corruptos de todo tipo, encabezados por la Mafia estadounidense. Esa corrupción alejó al partido gobernante cada vez más de la simpatía popular y sirvió como caldo de cultivo ideal para el crecimiento del Partido Ortodoxo de Eduardo Chibás, quien se proyectaba a un año y pico de las elecciones programadas para 1952 como claro ganador. Hasta que Chibás demostró trágicamente que por la boca muere el pez.

Chibás fue entrampado por congresistas que le dieron información "fidedigna" de un esquema de corrupción encabezado por el Ministro de Educación del gobierno de Prío. El hombre que se proyectaba como el próximo presidente de la República se precipitó, sin tener pruebas en sus manos, a denunciar el supuesto entramado de corrupción. Al día siguiente de la denuncia, los medios de prensa afectos al Gobierno comenzaron a pedirle a Chibás las pruebas de su denuncia. El presidente del Partido Ortodoxo, viendo su credibilidad perdida y su proyecto presidencial al garete, tomó una decisión que dividió la historia cubana en un antes y un después.

Eduardo Chibás anunció que iba a presentar durante su programa semanal de radio, el más escuchado de Cuba, las pruebas incontrovertibles de su denuncia. En lugar de hacer lo prometido, Chibás se dio un tiro en la ingle, en un intento aparentemente suicida. El suicidio pareció inicialmente haber fracasado, pero la salud de Chibás se fue deteriorando poco a poco, muriendo al cabo de unos diez días, dejando cubierta por una niebla de sospecha la posible participación del gobierno de Prío en el desenlace fatal.

La muerte de Eduardo Chibás provocó un verdadero terremoto político en la sociedad cubana. A su sepelio asistieron centenares de miles de personas que denunciaron a viva voz la corrupción del sistema democrático cubano. Entre los que despidieron el cadáver de Chibás en el cementerio de La Habana se destacó por su oratoria electrizante un joven abogado de unos veintiséis años presidente de la juventud del Partido Ortodoxo llamado Fidel Castro. Por una de esas ironías que se presentan frecuentemente en la historia latinoamericana, la caída de un hombre grande sirvió como estribo para que otro gran líder llenara su vacío. Y en qué forma lo hizo; todavía sesenta años después de la trágica muerte de Chibás, el bendito sustituto anda dando "carpeta" en la política cubana y es un actor de primera fila en la lucha ideológica a nivel mundial del segundo decenio del siglo XXI.

Que Dios las bendiga.

Papá

Queridísimas

Queridísimas

Fabio Valenzuela Sosa

Hijas

Hijas

Vergüenza contra Dinero

Le Arrebatan la Victoria a Chibás en su Tumba

Milwaukee, WI, EE UU
5 de febrero 2012

Queridísimas Hijas:

Era lógico esperar que después de la trágica y sorpresiva muerte de Eduardo Chibás su Partido del Pueblo Cubano (PPC) se debilitara como opción victoriosa de cara a las elecciones generales programadas para mediados del año 1952. Pero resulta que los pueblos, lo mismo que los enamorados, no exhiben un comportamiento racional ante las sorpresas que les depara el destino. Los cubanos, particularmente los estudiantes, obreros y campesinos, estaban realmente hartos de la corrupción encabezada por los individuos que en 1933 al derrocar al dictador Machado se presentaron como puros y honestos. Y como los cubanos decentes ya no contaban con Chibás, se lanzaron como un solo hombre a favor de la causa de su partido. Para mantener viva la imagen de Chibás, el PPC lanzó como candidato a la Presidencia a un pariente cercano del gran líder, quien se encontraba a las puertas de una victoria electoral contundente faltando unos tres meses para las elecciones de 1952. Y ahí fue que los supuestos padres de la democracia cubana la mataron para siempre, como les contaré a continuación.

Además del PPC, en las elecciones competían el Partido Revolucionario Cubano Auténtico y un partido sin muchas raíces populares que presentaba como candidato presidencial a Fulgencio Batista, quien tras casi dos períodos de gobierno en un exilio voluntario en los Estados Unidos, pretendía aprovechar el descrédito de Carlos Prío y su camarilla para volver a empinarse en la presidencia de Cuba. Pero la presencia a última hora de Batista fue prácticamente ignorada por un pueblo que quería llevar el ideario de Chibás a la presidencia vía un pariente cercano, para darle a los muchachos del PPC (Ortodoxo) la oportunidad de que reencausaran el tren democrático que la gente de Batista, y, sobre todo, del PRCA habían descarrilado penosamente.

Pero los planes del PPC para llegar al Poder por la vía democrática encontraron el valladar insalvable de una conspiración de las clases dominantes en combinación con el estamento militar y el gobierno de Estados Unidos que, como ustedes saben, ponía y quitaba gobiernos antojadizamente en lo que denominaba su "patio trasero". Así fue que en marzo del 1952 cuarteles militares se sublevaron contra el presidente Prío y proclamaron a su exjefe Fulgencio Batista como presidente de Cuba.

La reacción de las clases dominantes cubanas fue de alivio. La bendición desde Washington despejó el camino para que Batista consiguiera a la mala el poder que él sabía no iba a conseguir en unas elecciones limpias. Hubo intentos de resistir el golpe de Estado entre los estudiantes universitarios y los obreros. De hecho, el presidente Prío prometió a esos sectores darles armas para que defendieran la Constitución; pero a última hora, aconsejado por "La Embajada", hizo sus maletas y salió huyendo como gallina asustada de su país, al que negaba con su inactividad cobarde la posibilidad de sacar a flote el proyecto democrático que se hundía.

En síntesis, en marzo del 1952 los mismos que abrieron la oportunidad en 1933 de instalar en Cuba el sistema democrático representativo, las clases dominantes, los estamentos militares y el gobierno de los Estados Unidos, cerraron para siempre la ventana del sol democrático en la tierra de Martí. Porque el espíritu de Eduardo Chibás, a quien le robaron las elecciones cuando se aprestaba a celebrar un seguro triunfo desde su tumba en el cementerio de La Habana, no se iba a quedar tranquilo hasta que los que corrompieron la democracia cubana pagaran caro por sus culpas. En cuestión de un año y pico ese espíritu iba a dar señales de que estaba vivito y coleando, como les contaré próximamente.

Que Dios las bendiga.

Papá

De un Pájaro las dos Alas

Saint Paul, MN, EE UU
11 de febrero 2012

Queridísimas Hijas:

Doña Lola Rodríguez de Tió, la más destacada poeta puertorriqueña del siglo XIX, resumió su patriotismo visceral en una de las metáforas más brillantes que se haya escrito en cualquier idioma. Según Doña Lola, "Cuba y Puerto Rico son de un pájaro las dos alas". Lamentablemente, la dura realidad de los hechos iba a demostrar que el pájaro antillano que la imaginación fecunda de la gran poeta boricua parió, si en alguna ocasión tuvo 2 alas, perdió la más pequeña el 25 de julio de 1898, cuando las tropas invasoras estadounidenses ocuparon la totalidad de Puerto Rico sin encontrar ninguna resistencia. En esas circunstancias, Santo Domingo tuvo que relevar a Puerto Rico y conformar con Cuba un pájaro independentista que en medio de grandes dificultades pudo levantar vuelo, aunque no llegara a alcanzar alturas que le permitieran acceder a la soberanía plena.

De hecho, la lucha independentista cubana fue encabezada militarmente por un dominicano de pura cepa, el Generalísimo Máximo Gómez, quien fue reclutado personalmente por José Martí, Padre de la Patria cubano. La segunda figura militar de ese proceso, el General Antonio Maceo, conocido por los cubanos como El Titán de Bronce, nació del vientre cibaeño de Mariana Grajales. Estos son sólo dos botones que muestran que los pueblos dominicano y cubano, a la hora de avanzar en la dirección libertaria, lo hicieron de la mano. Y esa cooperación entre pueblos hermanos se mantuvo durante todo el siglo XX, por encima de las diferencias ideológicas que indudablemente existieron entre los gobiernos cubano y dominicano de distintas épocas.

Les he contado en unas cuantas cartas cómo los cubanos salieron de una dictadura a comienzos de los 1930 y emprendieron un proyecto democrático que culminó en 1940 con la proclamación de una de las Constituciones más avanzadas del continente americano. Y también les conté cómo los mismos que promovieron ese proyecto democrático lo hundieron en 1952 cuando un golpe de Estado interrumpió la normalidad institucional. Ahora comenzaré a contarles por cuales rutas andábamos los dominicanos para esos tiempos.

Mientras los cubanos apostaban a la democracia representativa, los dominicanos tropezaron con un tremendo dictador que los sometió como si fueran sus vasallos sin respetar en lo más mínimo a nada ni a nadie. Aunque el proceso de instalación del dictador dominicano, llamado Rafael Trujillo, fue mucho más complicado que lo que yo pueda explicarles en esta carta, intentaré hacer un resumen que les dé una idea aproximada del ascenso al poder de la figura histórica más importante del siglo XX dominicano.

Trujillo fue uno de los dominicanos que se enroló en una policía colonial formada por el ejército estadounidense que había ocupado militarmente la parte oriental de Isla de Santo Domingo en 1916 para "organizarla". Un año antes había hecho lo mismo con Haití, el país que ocupa el tercio occidental de la Isla de Santo Domingo.

Desde que ingresó a la Policía Nacional Dominicana (PND), llamada despectivamente Pobre Negritos Dominicanos por los criollos que rechazaban mayoritariamente la intervención militar estadounidense, Trujillo demostró disciplina, inteligencia y crueldad muy singulares. Estas cualidades le sirvieron para ascender en los rangos de la PND, de la cual llegó a ocupar el puesto de Jefe durante el gobierno que dejaron instalado las tropas estadounidenses de ocupación al concluir el proceso de "organización" que se habían propuesto. Ese gobierno, encabezado por Horacio Vásquez, un político simpático y popular, pero corrupto hasta el tuétano, a la hora de organizar elecciones en el plazo reglamentario que se vencía en el año 1928, cometió la torpeza de prolongarse en el poder por dos años más. Y ahí se abrió la puerta que permitió la entrada al poder absoluto de Rafael Trujillo en el 1930.

Trujillo no disimuló en ningún momento sus intenciones. Puso a un lado a Horacio Vásquez como se quita del medio a un mueble viejo ya inservible y comenzó a exterminar a todo el que en su opinión omnisciente se le opusiera. Esto provocó la desbandada de las cabezas mejor amuebladas del país, que escaparon al extranjero, muchas de ellas hacia Cuba, dejando al nuevo dueño de Santo Domingo, con el apoyo del gobierno estadounidense, su maestro, en dominio total de la pobre sociedad dominicana. Los intelectuales y profesionales que escaparon del régimen opresivo de Trujillo, buscaron refugio, naturalmente, en Cuba, que para esa época estaba viviendo, como ya les he dicho, su primavera democrática. Les contaré próximamente detalles importantes de ese grupo de refugiados dominicanos.

Que Dios las bendiga.

Papá

Queridísimas

Queridísimas

Fabio Valenzuela Sosa

Hijas

Hijas

Un Puño de Hierro Ensangrentado

Se "Pacifica" un País y se Construye una Frontera

Saint Paul, MN, EE UU
12 de febrero 2012

Queridísimas Hijas:

Ayer les contaba que Rafael Trujillo, el Jefe de la Policía Nacional Dominicana que derrocó a Horacio Vásquez en 1930, no disimuló sus intenciones autoritarias desde que asumió el Poder. La prueba más aterradora y convincente de esa afirmación fue el asesinato del candidato a Senador por la provincia de Santiago la misma noche que Trujillo "ganó" sus primeras elecciones. Este político, de apellidos Martínez Reyna, fue asesinado por órdenes de Trujillo junto con su esposa, quien estaba a punto de dar a luz una criatura de Dios. Este crimen, cometido sin mucho disimulo por agentes al servicio de Trujillo, que todo el mundo identificó desde que se concretó, no dejaba ninguna a duda a los dominicanos de lo que les estaba cayendo encima.

Dos o tres semanas después de asumir la presidencia de la República Dominicana, Trujillo tuvo la oportunidad de oro de poner sobre el escenario político su capacidad para resolver problemas y administrar la violencia en la sociedad dominicana. A comienzos del mes de Septiembre de 1930 Santo Domingo de Guzmán, la primera ciudad del Nuevo Continente fundada por europeos, fue borrada del mapa por el Ciclón de San Zenón, el cual dejó un balance de miles de muertos, y a decenas de miles de sobrevivientes en completa indefensión.

Trujillo tomó el toro por los cuernos e hizo que el Congreso Nacional aprobara una ley que proclamaba un Estado de Emergencia. Acto seguido salió a las calles de la capital dominicana encabezando a sus tropas que comenzaron, con el auxilio de los sobrevivientes, a sepultar en tumbas colectivas los cadáveres que yacían en calles y rincones de la ciudad destruida. Como es de esperarse en tales circunstancias, el pillaje se hizo presente en medio de la tragedia horas después de comenzar las labores de recogida de escombros y cadáveres. El nuevo presidente de la República, quien era al mismo tiempo el líder militar del país, dio una orden que ahora podríamos considerar bárbara e inhumana, pero que detuvo el pillaje. Cualquier ciudadano que fuera encontrado disponiendo de lo ajeno o aprovechándose de la tragedia debía ser ejecutado ipso facto y sepultado en las tumbas colectivas cavadas para las víctimas del ciclón. En cuestión de horas el mensaje llegó clarito a los potenciales pillos, quedando las calles desiertas, excepto por las tropas de Trujillo, que cumplían al pie de la letra las órdenes de su brutal jefe.

En cuestión de meses la capital dominicana resurgió, cual Ave Fénix, de entre sus cenizas, con una población que había sido favorecida por la mano generosa y criminal del tirano que todo el mundo decía les había caído desde algún lugar muy especial (unos decían que desde el cielo, otros que desde el mismo infierno). El efecto de la reconstrucción rápida de la capital dominicana fue tremendo en la imaginación popular. Se trataba, según muchos dominicanos hartos de querellas y chismes políticos, del "Hombre Nuevo" que ellos habían esperado por mucho tiempo. Por fin aparecía un político que no se dedicaba a hablar pendejadas y resolvía los problemas del pueblo. El razonamiento era simple y demoledor: Un hombre capaz de vencer al Ciclón de San Zenón es capaz de resolver cualquier problema que nos afecte. Eso sí, entendiendo todo el mundo, sobre todo los aficionados al desorden, que si se pasaban de la raya debían hacer planes para su sepelio. Una proposición tentadora, sin dudas, para los dominicanos que no estaban interesados en el bochinche político, sino en contar con un Estado que los protegiera de los violadores de la ley que no habían permitido durante cuatro siglos y pico el desarrollo del primer territorio colonizado por los "descubridores" del Nuevo Mundo.

Con la capital dominicana en su bolsillo político, Trujillo se lanzó a una campaña de pacificación que pusiera término a las querellas locales que habían asolado las distintas regiones de la parte Este de la Isla de Santo Domingo desde antes que la independencia dominicana fuera proclamada en 1844. En visitas que cubrieron palmo a palmo todo el territorio nacional, el nuevo Presidente conversó cara a cara con los líderes de campos y ciudades. Su mensaje era sencillo: Mi gobierno necesita de su ayuda para desarrollar el País. La respuesta de los distintos líderes regionales determinó la actitud de Trujillo hacia ellos. Donde encontró frialdad o rechazo desencadenó persecuciones de familias enteras que fueron despojadas de tierras y otras propiedades y que eventualmente tuvieron que abandonar el país o quedarse en el rincón más oscuro de sus casas, si es que sobrevivieron al atrevimiento de oponerse a Trujillo. Donde encontró adulación y apoyo dejó nombramientos del gobierno que siempre eran acompañados del "trabajo" de informar a los funcionarios superiores cualquier crítica, justa o injusta, grande o pequeña, que se hiciera al "Padre de la Patria Nueva", como comenzó a ser llamado el nuevo César del Caribe.

La telaraña de activistas políticos e informantes que Trujillo construyó en sus esfuerzos por pacificar el país dominicano funcionó desde el principio de su "reinado" a las mil maravillas, como funcionó la maquinaria represiva del régimen cada vez que un informe, real o falso, de alguna crítica o inconformidad con el Gobierno llegaba a los servicios de inteligencia trujillista. La logística represiva gubernamental se ponía inmediatamente en acción, y el desgraciado perdía, con toda seguridad, bienes, ventajas, posiciones sociales, empleos, y, en muchos casos, la vida. Esa maquinaria diabólica convirtió a los dominicanos en seres paranoicos que no confiaban ni en sus hermanos a la hora de hablar sobre Trujillo. Y Dios libre que alguien en alguna ceremonia oficial o privada olvidara mencionar al "Jefe", como le gustaba a Trujillo ser llamado. Esa omisión involuntaria era interpretada como una ofensa imperdonable al "Benefactor de la Patria y Padre de la Patria Nueva", que quedaría como una mancha indeleble sobre el buen nombre del infractor.

El mayor problema de orden público que el Jefe encontró en 1930 fue la existencia de cientos de "generales" que habían participado en pequeñas revueltas locales durante los dos primeros decenios del siglo XX. Estos "generales", de los cuales la enorme mayoría nunca tuvieron tropas, ni armas, ni entrenamiento, ni uniforme, se dieron el lujo por mucho tiempo de obstaculizar la gestión de los gobiernos previos al que comenzó en 1930, tratando de obtener ventajas a cambio de su "apoyo incondicional". A esos "generales" Trujillo los trató, dependiendo de su importancia, de manera diferente. A los que nunca tuvieron tropas o liderazgo social que amenazara el suyo los compró al precio vil de alguna prebenda local. A los que tenían tropas o representaban un reto potencial al poder omnímodo que Trujillo buscaba, el joven y violento Jefe los mandó a fumigar como si fueran insectos, usando para ello a los rangos más altos de su Ejército. Se cuenta que ordenó a uno de sus oficiales "arreglar" a Desiderio Arias, el más destacado de esos "generales" y que en cuestión de horas el tal "general" había sido erradicado del mundo de los vivos. Conocedores del hecho cuentan que Trujillo reaccionó con asco cuando el oficial en cuestión le pasó una funda que al ser abierta por el Jefe dejo caer sobre el piso la cabeza sangrante del pobre "general" Arias.

En pocas palabras, el primer gobierno de Trujillo, que duró desde 1930 hasta 1934, estuvo dedicado a la "pacificación" del país dominicano y a un ambicioso plan de construcciones públicas que puso en movimiento las fuerzas económicas del que en ese momento era uno de los países más pobres del continente americano. Todo lo que oliera a oposición política fue exterminado o expulsado del territorio dominicano. Las pocas empresas agrícolas e industriales que existían en ese momento fueron rápidamente adquiridas a precio vil por el nuevo tirano, quien se constituyó en el amo material, militar, cultural y espiritual del pueblo dominicano.

En 1934 se celebraron "elecciones" en las que Trujillo se presentó a la reelección que obtuvo en medio de una farsa electoral aún más escandalosa que la de 1930. El partido de Trujillo, que el Jefe llamó Partido Dominicano, no tuvo oposición y se alzó con el ciento por ciento de los cargos a nivel de los poderes Ejecutivo, Legislativo y Municipal. Los ciudadanos dominicanos en ese estado de cosas tenían dos caminos abiertos: el someterse al Jefe o salir huyendo de ese estado de ignominia. Y eso fue precisamente lo que hizo todo el que pudo escapar de esa situación calamitosa.

La mejor medida de la ignominia que tuvieron que sufrir los dominicanos durante el régimen trujillista la da el hecho de que la capital dominicana perdió su nombre durante el segundo ejercicio presidencial de Trujillo, para pasar a llamarse Ciudad Trujillo. La historia de la humanidad, que yo recuerde, no registra un caso similar. Nadie se hubiera imaginado a Pekín cambiar su nombre por el de Ciudad Mao, o a Berlín transformarse en Ciudad Hitler, o a Moscú llamarse Ciudad Stalin, o a La Habana llamarse Ciudad Castro, o a Napoleón el convertir a París en Ciudad Napoleón . Los dominicanos, pues, tuvimos el dudoso privilegio de cambiarle el nombre a la primera ciudad del continente americano con escudo de la corona española, Santo Domingo de Guzmán, por el de Ciudad Trujillo, para complacer el ego patológico de un tirano de cuarenta y pico de años que llenó con miles de estatuas suyas los rincones más insignificantes de uno de los países más pobres del Nuevo Mundo.

Durante su segundo mandato presidencial Trujillo puso énfasis en delinear claramente la frontera que separaba a los territorios controlados por los estados dominicano y haitiano. Para ello el Jefe promovió el crecimiento de los pueblos fronterizos, donde apostó cuarteles militares para garantizar su control sobre el territorio dominicano. El plan de dominicanizar la frontera entre los dos estados que comparten la isla de Santo Domingo no logró convencer a los muchos miles de haitianos que habían invadido pacíficamente la parte oriental, de que estaban usurpando un territorio extranjero. Llegó un momento en que Trujillo consideró necesario aplicar su metodología bárbara para establecer la frontera entre los dos países de manera definitiva.

La solución trujillista a la problemática fronteriza fue, aunque bárbara, sumamente efectiva. Un buen día los soldados dominicanos comenzaron a detener a personas de color residentes en la zona fronteriza, a quienes pedían, ya detenidos, que pronunciaran la palabra "perejil". Los que la pronunciaban con acento creole, es decir, "pelejile" eran ejecutados sumariamente.   Un par de semanas después de comenzar la Operación Perejil, que en su tiempo los militares dominicanos denominaron El Corte, los haitianos residentes en el lado dominicano entendieron por fin el mensaje trujillista y salieron huyendo en desbandada hacia su país.

De esa forma espantosa Trujillo consolidó la soberanía dominicana. Al margen de la violencia de esa Operación, la verdad histórica es que los dominicanos debemos el poquito de soberanía que todavía hoy disfrutamos a la aplicación de los métodos violentos del más repugnante de nuestros dictadores a la problemática fronteriza. Creo que la mejor defensa que tiene Trujillo ante el tribunal de la historia dominicana es afirmar que sin su Operación Perejil la frontera dominico haitiana nunca hubiera existido. Un argumento muy difícil de contradecir por alguien que se apegue al pragmatismo de la razón de Estado.

La matanza de haitianos en 1937 desencadenó el primer gran escándalo internacional de la Era de Trujillo. El dictador dominicano resolvió ese "problemita" con una compensación económica al gobierno haitiano facilitada por funcionarios de los estamentos de poder en Washington, quienes también se beneficiaron de la generosidad del bolsillo del Jefe. Trujillo siempre tuvo excelentes relaciones con los lobistas que todavía hoy siguen merodeando los pasillos del Congreso estadounidense, y con los hacedores de opinión que lograron proyectarlo como el campeón del anticomunismo en América Latina.

La cantidad exacta de haitianos que murieron en la Operación Perejil probablemente nunca se sabrá. Los reclamos del gobierno haitiano de la época hablaron de unos cinco mil y Trujillo reconoció que unos tres mil haitianos habían sido víctimas de lo que llamó "excesos" de su ejército en defensa de la soberanía dominicana. El consenso entre los historiadores más objetivos es que entre tres mil y cinco mil haitianos de todas las edades fueron víctimas del afán de Rafael Trujillo por establecer de una vez por todas una frontera definitiva entre los territorios de los únicos dos estados soberanos del mundo que comparten una isla.

La matanza de haitianos en el 1937 ha sido una "culpa" o "vergüenza" que los dominicanos hemos tenido que soportar hasta el segundo decenio del siglo XXI a mi entender de forma totalmente injustificada. A continuación paso a explicarle las razones de mi juicio de valor.

Las fronteras de la mayoría de los países del mundo se han trazado con sangre humana. Pensemos solamente en los cientos de miles de civiles indefensos que mató la llamada Guerra de los Treinta Años en el Siglo XVII. Ese tiempo de guerra que tuvo como protagonistas, entre otros, a España, Francia, El Santo Imperio Romano, Suecia y Holanda, que duró desde el 1618 hasta el 1648, y que concluyó con la firma del Tratado de Westfalia arrasó con naciones que se reputan cultísimas hasta el día de hoy. Y conste que la paz de Westfalia no evitó que los franceses y españoles se siguieran matando como perros de pelea por mucho tiempo después de la firma del dichoso tratado.

Y si el trazado de las fronteras de Europa en el siglo XVII costó muchos miles de muertos, muchísimos más costó el delinear las fronteras entre Francia y Alemania entre 1870 y 1945. Solamente la Segunda Guerra Mundial, que tuvo como una de sus causas fundamentales una disputa fronteriza centenaria entre Francia y Alemania, que se disputaban las regiones de Alsacia y Lorena, produjo unos 45 millones de muertos, la enorme mayoría de estos civiles indefensos. Y si nos trasladamos al continente americano, el trazado de las fronteras de los Estados Unidos, en todos los puntos cardinales, requirió millones de galones de sangre humana, particularmente de indígenas, mejicanos y afroamericanos civiles indefensos. Recuerden que un hombre de la dimensión histórica de Abraham Lincoln tuvo que recurrir a una guerra que produjo más de ochocientos mil muertos, muchos de ellos civiles indefensos, para mantener las fronteras de los Estados Unidos de América inalteradas. Y conste que todavía en pleno siglo XXI el precio en sangre de mantener la frontera de los Estados Unidos relativamente íntegra, sobre todo de sangre mejicana de civiles indefensos, es inaceptable desde cualquier punto de vista.

América Latina no ha sido excepción a la regla que obliga a los pueblos que quieren tener fronteras definidas a derramar sangre a borbotones. Las invito a que hagan un paseo visual sobre un mapa de América del Sur. Se darán cuenta de que no hay dos países vecinos en ese subcontinente que no hayan tenido conflictos fronterizos que de tiempo en tiempo se expresan tetánicamente en derramamiento de sangre de infelices civiles. Estos conflictos provocaron en el siglo XIX que Bolivia perdiera su acceso al Océano Pacífico, que Paraguay perdiera la mayor parte de su territorio y las dos terceras partes de sus hombres a manos de Argentina, Brasil y Uruguay. En el siglo XX conflictos fronterizos provocaron que Colombia perdiera a Panamá en el altar de la conveniencia geopolítica de Estados Unidos, que Ecuador y Perú libraran una guerra fronteriza. Argentina y Chile han vivido por siglos en una tensión fronteriza constante, siendo necesaria la intervención del Papa Juan Pablo Segundo en 1978 para evitar, milagrosamente, una guerra abierta entre esos dos vecinos del Cono Sur.

Los ejemplos que les doy en esta carta dejan a la Operación Perejil chiquitica y justifican mi planteamiento de que los dominicanos, que vivimos todavía atrapados en una pequeña isla del Caribe con una de las naciones más pobres del mundo, Haití, debemos superar cualquier trauma o sentimiento de culpabilidad con relación a la cruenta cirugía fronteriza que Trujillo llevó a cabo para trazar una línea divisoria confiable en la única isla del mundo compartida por dos estados soberanos. Ya es tiempo de que enfrentemos sin avergonzarnos la propaganda esparcida por todo el mundo por una serie de avivatos organizados en numerosas "Organizaciones No Gubernamentales", quienes viven como reyes en hoteles de lujo de los países más desarrollados de Europa y América del Norte, dizque reclamando justicia para el pueblo haitiano, que no tiene en el mundo un doliente más sincero y cumplidor que el pueblo dominicano. Las invito a que cada vez que escuchen de voz de algún amigo el argumento de los supuestos abusos que sufre el pueblo haitiano a manos de sus vecinos dominicanos le den una copia de esta carta y lo inviten a contradecirla. Apuesto a que se queda callado.

En resumen, Trujillo, durante sus primeros dos ejercicios de gobierno, entre 1930 y 1938, convirtió a Santo Domingo en una finca privada a la que hizo progresar materialmente a sangre y fuego, obligando a todo el que intentara oponérsele a escapar a un exilio forzado. Como resultado positivo de esos primeros ocho años de trujillismo, es de justicia consignar que el estado dominicano, por primera vez desde su fundación en 1844, logró trazar una frontera confiable con Haití. El trazado de esa frontera fue violento, pero mucho menos violento que lo que lo pintan los enemigos de los dominicanos en nuestro país y en el extranjero. El concepto de Estado implica, necesariamente, la capacidad de administrar la violencia para preservar o promover la soberanía. Y eso fue sencillamente lo que aconteció en la frontera entre los estados haitiano y dominicano en 1937. Un pueblo aplastado por un tirano ególatra se benefició del instinto nacionalista de esa bestia política. Ni más, ni menos.

Que Dios las bendiga.

Papi

Los Primeros Presidentes Títeres

Saint Paul, MN, EE UU
17 de febrero 2012

Queridísimas Hijas:

En Agosto de 1938 el Generalísimo Doctor Rafael Leonidas Trujillo Molina, Benefactor de la Patria y Padre de la Patria Nueva completó su segundo período presidencial y cedió la máxima posición del Poder Ejecutivo a un Presidente títere cuyo nombre no viene al caso mencionar para evitar el sonrojo de los dominicanos que llevan ese apellido. Y no lo digo porque el títere del caso tuviera alguna cola política o personal que pudieran pisarle sus enemigos, sino porque la condición de títere, en cualquier circunstancia, es una que rebaja la dignidad de cualquier hombre.

1938 fue uno de los momentos en los que Trujillo demostró ser un político de los pies a la cabeza. El año anterior, como les he contado, el Jefe logró dibujar en el territorio de la isla de Santo Domingo una frontera que dividiera claramente la única isla del mundo en la que conviven dos estados soberanos. Para alcanzar ese objetivo Trujillo había tenido que hacer uso intensivo de los métodos brutales que le habían permitido convertir al antiguo Santo Domingo Español en su finca privada, lo cual había provocado el "horror" hipócrita de las principales potencias occidentales acostumbradas, por cierto, a cometer crímenes mucho peores contra pueblos indefensos. Esa imagen negativa de Trujillo en el extranjero, porque en territorio dominicano su Operación Perejil o Corte Haitiano fue recibida con agrado y alivio, lo forzó a poner a uno de sus burócratas más eficientes, como se pone a un títere en un escenario de un teatro infantil, en la presidencia de la República Dominicana.

El Jefe se dedicó, entre tanto, a continuar fortaleciendo su régimen construyendo carreteras, escuelas y hospitales. Además, comenzó a organizar por primera vez de forma sistemática la burocracia gubernamental. Fue así que escuelas de nivel primario y secundario crecieron como la verdolaga en todo el territorio dominicano, lo mismo que clínicas y hospitales de distinto nivel. Me parece escuchar, mientras escribo esta carta, a mi profesor de Historia de la Medicina, una de las cumbres de la poesía dominicana, describir las campañas intensivas de salubridad que permitieron controlar por primera vez en todo el territorio dominicano flagelos sanitarios como el paludismo, la sífilis y la tuberculosis. Por el lado de la Educación, en 1940 se creó el Plan Nacional de Escuelas de Emergencia, que redujo el analfabetismo de manera sustancial en todo el país. Además, la Universidad de Santo Domingo, que había resucitado en 1914 después de varios siglos cerrada, experimentó un crecimiento exponencial tanto en términos de población estudiantil como de las carreras profesionales que se ofrecían en un amplio y bello recinto universitario construido por el tirano, que todavía alberga la universidad más vieja de América.

En el área de Economía y Finanzas la Patria Nueva de Trujillo exhibió durante su tercer cuatrienio logros indiscutibles, el mayor de los cuales fue el conseguir que la intervención de las aduanas dominicanas por parte del gobierno de Estados Unidos, que comenzó en 1907, llegara a su punto final en 1940 con el llamado tratado Trujillo-Hull que saldó la deuda externa de la República Dominicana con los Estados Unidos. Estos logros económicos de los gobiernos trujillistas en medio de la crisis económica más grande del último siglo y medio, en mi humilde opinión, tienen una explicación sencilla que paso a exponerles.

Antes de que Trujillo irrumpiera en el escenario político en Santo Domingo, los asuntos atinentes al gobierno dominicano se desarrollaban en medio de un completo desorden burocrático que daba oportunidad a que los dineros del erario fueran a caer en manos de miles de particulares. La llegada de Trujillo significó la concentración de la corrupción en manos de un gran LADRON y sus allegados más cercanos, dejando espacio para que el presupuesto nacional sirviera para atender las necesidades del pueblo aunque fuera de manera precaria.

Los funcionarios de la Era de Trujillo de todos los niveles que estaban en posición de distraer los fondos públicos, en caso de "meter la mano" en las arcas del Estado hubieran estado robándole directamente a Trujillo, lo cual el Jefe no perdonaba ni a sus funcionarios de más alto rango. Por eso las escuelas y hospitales de la Era permanecían abiertos todo el tiempo sin que nadie se atreviera a llevarse una hoja de papel de ellos, porque quien se robaba un alfiler de un edificio público, además de la vergüenza que pasaba, iba a dar con sus huesos a la cárcel a pasar un buen tiempo arrepintiéndose de su delito. De ahí la honradez de los empleados públicos de la Era de Trujillo, que desapareció tan pronto el ambiente democrático se enseñoreó sobre la patria de Duarte al desaparecer el Jefe. Esa realidad objetiva explica la satisfacción de la gente del pueblo, que recibía servicios en las entidades públicas aun en medio de las estrecheces propias de un pueblo subdesarrollado, con el "Benefactor de la Patria y Padre de la Patria Nueva" a lo largo de su ejercicio del Poder por más de 30 años. La disminución de la corrupción fuera del círculo íntimo del Jefe también permitió que se fuera pagando la deuda con los Estados Unidos que mantenía a la República Dominicana como una especie de Protectorado desde el año 1907 y permitió que los dominicanos recobráramos la soberanía económica en 1940.

Trujillo también tuvo el gran mérito de rodearse de lo más granado y capaz de la intelectualidad dominicana y los círculos profesionales altamente capacitados que no quisieron o no pudieron escapar a su tiranía. Es decir, que los Ministerios, que en esa época se denominaban Secretarías de Estado, fueron ocupados por los individuos más capacitados en las distintas áreas del Ejecutivo como Salud, Educación, Obras Públicas, Relaciones Exteriores, entre otros. Esos individuos desempeñaron sus funciones con idoneidad y pulcritud en la gran mayoría de los casos, y muchos de ellos no acumularon riquezas materiales ofensivas a los ojos del pueblo, como lo hicieron muchos de los funcionarios de todos los gobiernos, democráticos y no democráticos, que siguieron a la tiranía trujillista, con la excepción del efímero gobierno de Juan Bosch en 1963 de apenas siete meses de duración.

El primer Presidente títere de la Era de Trujillo murió de causas naturales en 1940 y fue sustituido por el Vicepresidente títere sin ningún sobresalto. Su "mandato" concluyó normalmente en 1942, cuando el "clamor popular" llevó de nuevo al Jefe a la presidencia de la República por vía de "elecciones democráticas" ganadas con casi el cien por ciento de los votos. Trujillo seguía "A Caballo", como decía su consigna en unas elecciones anteriores, actuando día a día, como ley, batuta y Constitución viviente en el antiguo Santo Domingo Español, en el cual "tranquilidad venía de tranca, y paz de palo".

Que Dios las bendiga.

Papá

53

Borrón y Cuenta Nueva

El Exilio Antitrujillista se Organiza

Minneapolis, MN, EE UU
18 de febrero 2012

Queridísimas Hijas:

Los dominicanos que se vieron forzados a salir de Santo Domingo por razones políticas después de la instalación y consolidación de la dictadura de Trujillo comenzaron a tratar de organizarse para enfrentar a su némesis a mediados del decenio de los 1930 en Cuba, donde, como les he contado, tenía lugar una apertura democrática que desembocaría en 1940 en la proclamación de una de las Constituciones más avanzadas del mundo. El mayor de esos esfuerzos se cristalizó en el mes de enero de 1939 con la fundación del Partido Revolucionario Dominicano (PRD) en La Habana, capital de la Antilla Mayor. El principal promotor del PRD fue Cotubanamá Henríquez, hermano de padre del gran intelectual dominicano Pedro Henríquez Ureña, quien para esos tiempos estaba apartado de la política, sumergido en sus afanes literarios y en su sacerdocio docente en distintos países de América Latina y los Estados Unidos. Acompañaban a Don Cotú en su empresa Juan Isidro Jiménez Grullón y Juan Bosch, el último de ellos muy conocido en los círculos literarios latinoamericanos por su dominio del arte de escribir cuentos. Bosch, por cierto, fungió como coordinador de un grupo de escritores pagado por el Estado cubano que se encargó de revisar y corregir el estilo de la versión final de la Constitución cubana del 1940, y mantenía excelentes relaciones personales con el mundo político cubano, muy especialmente con los dirigentes del Partido Revolucionario Cubano Auténtico, el de mayor incidencia en la Cuba democrática.

Bosch fue elegido como presidente del PRD durante su primera Convención y fue hasta que se retiró de la política activa en 1994 una pieza fundamental del ajedrez político dominicano. Vale la pena que les cuente sobre la vida de este hombre singular quien ha sido el único político latinoamericano que ha fundado dos partidos, el Revolucionario Dominicano y el de la Liberación Dominicana, que han llegado al poder por la vía de elecciones libres. La mayoría de los datos que les daré están en cualquier biografía de Bosch. Algunos, sin embargo, que guardo en mi memoria con mucho afecto, provienen de un par de conversaciones que tuve el honor de mantener con este ícono de la política latinoamericana en la casa de mi hermano Vetilio Valenzuela Sosa (Papolo) en Barahona, en los tiempos en que la casa de su tío Papolo era el cuartel general de campaña electoral de Juan Bosch en esa importante ciudad del Sur dominicano entre los años 1989 y 1994. De cualquier inexactitud culpo, por adelantado, a mi memoria, no a la de don Juan.

Juan Emilio Bosch y Gaviño nació en Rio Verde, un campito de La Vega en el año 1909, hijo de un pequeño comerciante catalán que se ganaba la vida vendiendo utensilios del hogar y otros productos a los campesinos del Cibao, el valle más grande y fértil de la Isla de Santo Domingo, y de una dama puertorriqueña hija de españoles. Bosch vio pasar su niñez y parte de su adolescencia acompañando a su papá en su ir y venir por los campos cibaeños mientras buscaba vida entre gentes que sólo contaban con Dios para mitigar sus penas en medio de la miseria en que vivía sumergida la inmensa mayoría de los dominicanos. Cuando comenzó a usar los pantalones de hombre se trasladó a la capital dominicana, que para la época era del tamaño de un barrio mediano de la actual Santo Domingo de Guzmán, probablemente con unos cien mil habitantes. En la Capital Bosch trabajó en varios negocios de venta al por mayor de inmigrantes españoles amigos de su papá. Al poco tiempo de llegar a la "gran ciudad" que era la Capital para la época, ya se había dado a conocer como un virtuoso del arte de escribir cuentos. A sus veinte y pico de años ya había publicado Camino Real, considerado todavía como una de las mejores colecciones de cuentos dominicanos y La Mañosa, una novela corta en la que relataba las revoluciones que asolaron a Santo Domingo durante su niñez. Para la época en que publicó esos libros, ya Trujillo era una dura realidad con la que tarde o temprano Bosch sabía que tendría que lidiar.

A comienzos del segundo gobierno de Trujillo Bosch fue detenido por un par de meses por los perros de presa de la dictadura bajo la acusación de ser "antitrujillista", que no era cosa pequeña para esa época; al salir de la cárcel nuestro hombre comenzó a recibir presiones de múltiples amigos y familiares de su primera esposa para que aceptara un cargo del gobierno que lo librara de la posibilidad de que uno de los bárbaros al servicio del tirano lo eliminara físicamente, como había pasado con tantos dominicanos valiosos que se habían negado a colaborar con el trujillismo. El cerco alrededor de Bosch, pues, se iba estrechando; y el cuentista superdotado lo sabía.

El pasaporte de salida de Bosch de la cárcel gigantesca en que se había convertido Santo Domingo en la parte final del decenio de los 1930 llegó con la conjunción fortuita de dos hechos totalmente independientes. El primero de ellos fue una enfermedad que afectó a su primera esposa que no tenía opción de tratamiento en territorio dominicano; el segundo fue la amistad de Bosch con Manuel Cabral, conocido literariamente como Manuel Del Cabral, uno de los más exquisitos escritores que haya producido la tierra dominicana. Cabral era hijo de Mario Fermín Cabral, presidente de la Cámara de Diputados de la República Dominicana y cercano colaborador del Jefe. Don Mario, quien había sido uno de los mensajeros usados por Trujillo para tratar de forzar a Bosch a que aceptara una curul de Diputado, convenció al dictador para que permitiera que Bosch y su primera esposa se trasladaran a Puerto Rico, donde había nacido la madre del cuentista, buscando la salud que no podía encontrar su compañera en Santo Domingo. Esas dos situaciones lograron que las puertas del exilio se abrieran para uno de los políticos más importantes de la historia dominicana. Veinte y pico de años de peregrinaje por distintos países latinoamericanos le esperaban antes de poder reencontrarse con su tierra natal.

Al poco tiempo de Bosch llegar a Puerto Rico se abrió un concurso de oposición para elegir a un escritor que recopilara las obras completas del pensador puertorriqueño Eugenio María de Hostos, el más grande de los intelectuales boricuas, quien residió en Santo Domingo sus últimos años, donde murió soñando con la imposible independencia de su isla adorada, y donde todavía descansan sus restos en el Panteón Nacional. Bosch, como muchos intelectuales dominicanos, era un hijo espiritual de Hostos, aunque había nacido después de la muerte del gran puertorriqueño, y conocía al dedillo la obra del gran Sembrador que revolucionó la escuela dominicana en el decenio de los 1880; por lo tanto, a la hora de realizarse el concurso de oposición para elegir al recopilador de las obras completas de Hostos Bosch no tuvo competencia significativa. Todo esto sucedía en el año 1938.

Durante casi un año Juan Bosch trabajó en la recopilación de la obra de Hostos en la capital puertorriqueña. Por una casualidad, cuando se aprestaba a completar esa encomienda profesional, se encontró con un amigo dominicano muy destacado en los ambientes político y literario, Juan Isidro Jiménez Grullón , quien le informó de los afanes de un grupo de dominicanos residentes en Cuba, encabezado por Cotubanamá Henríquez, de fundar un partido político, para, con el apoyo de los demócratas cubanos, lograr que la democracia se instalara como forma de gobierno en Santo Domingo. Bosch aceptó encantado la invitación de Jiménez Grullón. Puerto Rico en esos momentos era una colonia estadounidense hundida en la pobreza que nada describe mejor que el Lamento Borincano del Jíbaro Insigne Rafael Hernández; Cuba era uno de los países más avanzados de América Latina, que disfrutaba en ese momento de una apertura democrática ideal para el desarrollo pleno del potencial literario y político del intelectual vegano.

Cuando Bosch llegó a La Habana entró en contacto con Cotubanamá Henríquez, quien estaba casado con la hermana de un alto dirigente del Partido Revolucionario Cubano Auténtico, quien lo puso en contacto con la flor y nata de las élites literaria y política de la Antilla Mayor. En cuestión de meses Bosch fundó, junto con Henríquez y Jiménez Grullón el PRD. Al poco tiempo el Primer Congreso del PRD, celebrado en La Habana, elegía a Bosch como su primer presidente. Lamentablemente, ese hecho provocó el enfriamiento definitivo de la amistad de Bosch y Jiménez Grullón y la primera de las muchas divisiones que el PRD ha sufrido en 70 y pico de años de existencia. Por cierto, el PRD y el PLD, los dos fundados por Bosch, se mantienen todavía hoy, en el año 2012 como las únicas opciones viables de poder por vía democrática en la sociedad dominicana. Mientras el PRD se dividía apenas unas semanas después de haber nacido, Rafael Trujillo seguía "A Caballo" en su gigantesca finca que ocupaba en su totalidad las dos terceras partes de la Isla de Santo Domingo al este de la frontera domínico-haitiana.

Que Dios las bendiga.

Papá

Trujillo se Beneficia de una Guerra Mundial

Saint Paul, MN, EE UU
19 de febrero 2012

Queridísimas Hijas:

Las elecciones generales del 1942 fueron singulares en más de un sentido. En primer lugar, el Partido Dominicano enfrentó en esa ocasión la oposición de otro partido político de considerable tamaño, el Partido Trujillista, que, por supuesto, llevaba los mismos candidatos a presidente y vicepresidente de la República Dominicana que el Partido Dominicano. Es decir, que Trujillo fue elegido con un cien por ciento de los votos válidos emitidos. Con la fundación del Partido Trujillista el Jefe respondía a la demanda de las grandes potencias de que permitiera que múltiples partidos con opción al triunfo participaran en las elecciones.

Todo ese proceso "democrático" fue apoyado por el gobierno de los Estados Unidos, envuelto en esos momentos en una Guerra Mundial que tenía al mundo civilizado al borde del abismo que representaba la alianza entre nazismo y fascismo de las llamadas Potencias del Eje y sus socios en varios continentes. Es comprensible que en medio de un peligro global de esa magnitud el gobierno del país más poderoso del mundo ignorara los detalles tragicómicos de una de las "democracias" de su traspatio caribeño. En las "elecciones" del 1942 las mujeres dominicanas ejercieron por primera vez su derecho al voto, lo que ponía a los dominicanos a tono con la realidad de que un poco más de la mitad de sus ciudadanos era de sexo femenino.

Los primeros dos años del período 1942-1947, (el período presidencial fue aumentado de cuatro a cinco años por el dueño de la fiesta), fueron dedicados a la preparación de la celebración del primer centenario de la Independencia Dominicana, que como ustedes saben se produjo con relación a la República de Haití, no con relación a España, como ocurrió con la gran mayoría de los países hispanoamericanos. Con ese motivo tuvo lugar un aceleramiento de los programas en Educación, Salud y Obras Públicas a los que me he referido recientemente. Las obras públicas se concentraron mayormente en Ciudad Trujillo, la ciudad capital, que se había convertido en una "tacita de plata" de la que el Jefe, justamente, se sentía orgulloso por su orden y limpieza. Competencias artísticas y deportivas regionales que marcaron la ocasión todavía siguen vivas en la memoria colectiva de atletas y artistas dominicanos.

La gran tragedia de la Segunda Guerra Mundial fue una bendición para Trujillo en varios sentidos. En primer lugar, la economía dominicana, que podríamos describir "de postre", basada en la producción de azúcar, café, cacao y tabaco, siguió creciendo a ritmo acelerado, al mismo ritmo que crecieron los precios de esos productos en medio de la escasez provocada por la Gran Guerra. En segundo lugar, la Guerra permitió a Trujillo reclutar refugiados de gran valor que huían del horror de la Europa en escombros, incluyendo a muchos refugiados españoles que tras una Guerra Civil que produjo un millón de muertos entre 1936 y 1939, tuvieron que sufrir el bloqueo económico de los Aliados resultante del apoyo táctico de Franco a las Potencias del Eje; todos los inmigrantes europeos tenían la "virtud"de ser de raza caucásica, lo que ayudaba a Trujillo en su objetivo de "blanquear" la sociedad dominicana, compuesta en su mayoría por negros y mulatos que escondían su origen africano en un supuesto color "indio". Ese afán de Trujillo era curioso y paradójico en un nieto de haitiana de apellido Chevalier como era él.

Durante el período 1942-1947 Trujillo se dio el lujo de organizar una "apertura política" que no le salió del todo bien. En primer lugar, estableció relaciones diplomáticas con la Unión Soviética, que formaba parte de los Aliados que combatían a Hitler; esas relaciones promovieron la legalización del Partido Socialista Popular, que organizó la llamada Juventud Democrática que llevó una buena dosis de agitación ideológica a los núcleos juveniles de clase media alta, incluyendo a familiares de altos funcionarios de la dictadura trujillista. Cuando el grupo de "muchachos" se salió del cauce que Trujillo les había trazado, la represión se hizo presente y muchos de ellos tuvieron que trasladarse al exterior para poder "enfriarse" políticamente; igualito pasó con un llamado Partido Democrático Revolucionario Dominicano (una respuesta del Jefe al Partido Revolucionario Dominicano de Juan Bosch muy activo en Cuba para la época), que tuvo que cerrar sus puertas al poco tiempo de abrirlas.

El mayor problema que confrontó Trujillo como consecuencia de su "apertura" no se dio en el campo político, sino en el sindical, cuando los trabajadores de los ingenios de caña de La Romana se fueron a una huelga que paralizó la producción del principal producto de exportación dominicano por más de una semana, lo cual forzó al dictador por vez primera desde que se montó en el caballo del Poder en 1930 a recular, aceptando las demandas salariales de los que sudaban para que Trujillo viviera como un verdadero Emperador en medio de la miseria dominicana. El relato que les hago a continuación sobre este episodio importantísimo de la Era de Trujillo está basado en una conversación con un alto funcionario de esa época muy bien enterado de las vivencias palaciegas del hombre más poderoso de la historia dominicana.

Resulta que en el grupo de refugiados españoles que llegaron a principios de los 1940 huyéndole al horror de la postguerra civil figuraron varios individuos con experiencia en asuntos sindicales durante los tiempos del gobierno Republicano español. Uno de esos individuos atrajo la atención del dictador, quien al producirse la supuesta apertura política lo llamó y le dijo: "Fulano, yo quiero que tú me organices un par de sindicatos para yo presentarlos a organismos internacionales como prueba de que aquí existe la libertad sindical". El veterano exrepublicano español le manifestó su entera disposición a envolverse en el proyecto y en unos cuantos meses el hombre estaba mostrando a funcionarios de organismos internacionales un par de docenas de dirigentes sindicales, incluyendo algunos que organizaron miles de trabajadores de los ingenios azucareros, frente a un orgulloso Trujillo que se burlaba ante esos organismos internacionales de las "calumnias" de sus enemigos políticos del exilio dominicano que denunciaban los abusos que se cometían en contra de los trabajadores dominicanos en medio de la tiranía trujillista.

Trujillo descubrió por donde le entraba el agua al coco de los sindicatos que organizara su amigo español cuando uno de los dirigentes sindicales del área de La Romana, la provincia dominicana cañera por excelencia, se puso al frente de miles de trabajadores para reclamar un aumento de salarios que les permitiera sobrellevar el aumento de precios de los productos de primera necesidad. Ese dirigente sindical, Mauricio Báez, un moreno de tez oscura encendida, se paró bonito y se negó a poner precio a su traición a sus compañeros de clase, y el resultado fue la primera huelga obrera de la Era de Trujillo. El Jefe, quien había presentado la existencia de esos sindicatos como un logro de su gobierno, no pudo apagar las demandas de los trabajadores cañeros. La victoria del sindicato de La Romana determinó la suspensión de la formación de nuevos sindicatos a nivel nacional, la compra masiva de dirigentes sindicales, y la persecución de Mauricio Báez, quien, siendo un protegido de los organismos internacionales, lo cual hacía muy costoso en términos políticos su asesinato, fue forzado a exiliarse en Cuba. Años después, cuando ya el tema de la huelga de La Romana no era noticia, la mano larga del sicariato trujillista en La Habana desaparecería a Mauricio Báez, cuyo cadáver no ha aparecido hasta la fecha. Así "resolvió" el astuto y despiadado Jefe dominicano su mayor problema en el ámbito sindical.

Durante el gobierno de Trujillo 1942-1947 la economía y las finanzas dominicanas siguieron progresando de manera ejemplar. El pago de la deuda externa se aceleró al punto que en julio de 1947, un mes antes de completar su ejercicio de gobierno de ese período, Trujillo pagó hasta el último centavo de esa deuda. Años antes Trujillo había comprado la filial de uno de los principales bancos comerciales estadounidenses en el país y lo había convertido en el Banco de Reservas de la República Dominicana, que es todavía en 2012 uno de nuestros principales Bancos comerciales. Otro logro de ese período gubernativo fue la fundación del Banco Central de la República Dominicana y la puesta en circulación de la moneda nacional, el Peso Dominicano, con un valor de cambio de uno por uno con relación al Dólar estadounidense. Quien le hubiera pedido más a cualquier gobierno dominicano en un período de crisis económica mundial hubiera pedido un milagro.

Probablemente ustedes se pregunten cómo fue posible que múltiples gobiernos estadounidenses durante la Era de Trujillo , supuestos a ser los promotores de la democracia representativa en el mundo, contemplaran pasivamente el sometimiento brutal de un pueblo vecino por parte de un individuo con evidentes tendencias criminales que le impulsaron a cometer barbaridades difíciles de creer en un ser humano normal. Mi respuesta a esa pregunta es que los gobiernos de los Estados Unidos, como la mayoría de los gobiernos del mundo, no han tenido, ni tendrán. un comportamiento inmoral o moral frente a lo que acontezca fuera de sus fronteras, sino uno amoral, es decir, uno que no tenga en cuenta los aspectos morales, sino los beneficios que puedan derivarse de la relación con un gobernante determinado. Uno de los Secretarios de Estado estadounidenses del decenio 1950 lo explicó más o menos así: Estados Unidos no tiene ni amigos, ni enemigos, tiene INTERESES. Puede haber, y de hecho, ha habido, excepciones a esa regla. La excepción que viene a mi memoria es el Presidente James "Jimmy" Carter, quien durante toda su vida ha dado pruebas de una moralidad personal y política indudable. Pero el caso de Carter no es, lamentablemente, la regla; es una excepción casi tan rara como una muela de gallo.

Un día de estos les contaré del período de gobierno 1947-1952, en el cual, como de costumbre, Trujillo siguió administrando su gigantesca finca que ocupaba toda el área de la Isla de Santo Domingo al este de la frontera domínico-haitiana con su acostumbrada efectividad financiera y con su no menos acostumbrada crueldad, que no ha encontrado rival de consideración en la historia de América.

Que Dios las bendiga.

Cayo Confites: el Aborto de una Invasión

Chicago, IL, EE UU
24 de febrero 2012

Queridísimas Hijas:

El triunfo de las Potencias Aliadas (Estados Unidos, Unión Soviética y Reino Unido) sobre las Potencias del Eje (Alemania, Japón e Italia) levantó un entusiasmo en todo el mundo entre las fuerzas democráticas que se reflejó en el surgimiento en Centroamérica y el Caribe de varios regímenes de corte progresista. Como ya les he contado, en Cuba se produjo en 1944 el triunfo del Partido Revolucionario Cubano Auténtico, de centroizquierda, que llevó al Poder a su líder Ramón Grau San Martín, después que Fulgencio Batista hizo uno de los mejores gobiernos de la historia cubana; y meses después se produjeron en Guatemala, Costa Rica y Venezuela tres movimientos revolucionarios que dieron la vuelta al ajedrez político del traspatio estadounidense, poniendo en serios aprietos el dominio férreo de Trujillo sobre los dominicanos.

El comienzo de una primavera democrática en Guatemala se produjo en 1944, cuando militares progresistas depusieron a uno de los tantos dictadores que pululaban en el área y organizaron las primeras elecciones libres de la historia del país del Quetzal, en las que resultó elegido como Presidente Juan José Arévalo, un intelectual progresista que se propuso, y logró llevar a cabo, reformas políticas y sociales que beneficiaron amplias capas de la clase media urbana. Más o menos para la misma época en Costa Rica, un hacendado de ideas progresistas, José Figueres, reaccionando a la corrupción de un gobierno derechista que trataba de perpetuarse en el poder, organizó una guerrilla que lanzó varios ataques terroristas que pusieron en jaque al gobierno tico, en una guerra de desgaste que culminaría en 1948 con un golpe de Estado Popular que cambió completamente la estructura social y política de Costa Rica.

En Venezuela el ambiente político llegó a su temperatura máxima en 1945, cuando Rómulo Betancourt, un exdirigente comunista, dirigió un golpe de Estado con apoyo militar que le permitió debilitar los resortes que habían permitido a la todopoderosa oligarquía venezolana dominar al pueblo de Simón Bolívar desde la independencia

63

de esa nación y comenzar la construcción de un sistema democrático representativo. Todos estos cambios sucedían en Centroamérica y el Caribe mientras Trujillo seguía "A Caballo" en Santo Domingo apropiándose del presupuesto nacional mientras llenaba valles y montañas de obras públicas que nunca habían sido construidas, al tiempo que aterrorizaba con fuerzas militares armadas hasta los dientes a una población indefensa que nunca había conocido la democracia.

La primavera democrática en el Caribe y Centroamérica fue aprovechada por los opositores de Trujillo en el exilio para organizar una invasión que lo derrocara y pusiera a Santo Domingo en el mapa democrático. Con ese objetivo se trasladaron a Cuba la gran mayoría de los políticos dominicanos exiliados, quienes, bajo los auspicios del gobierno cubano encabezado por Grau San Martín, comenzaron desde el 1946 a organizar la soñada invasión.

El grupo que encabezaba los planes de invadir a Santo Domingo reunía a lo más granado de la diáspora política dominicana, comenzando con Don Juancito Rodríguez, veterano dirigente, quien puso toda su fortuna al servicio de la causa antitrujillista. A Don Juancito lo acompañaban los dirigentes del PRD, el partido político dominicano más popular en el exilio, encabezados por Juan Bosch, su líder máximo y presidente, y políticos de otras tendencias de la categoría de Juan Isidro Jiménez Grullón, Leovigildo Cuello, Mauricio Báez, Dato Pagán Perdomo y Pedro Mir.

A Juan Bosch, el líder dominicano con mejores relaciones entre los políticos del área, se le dio el encargo de obtener respaldo económico y logístico de distintos líderes. Con ese motivo realizó un periplo que incluyó a Venezuela, México, Guatemala y Haití, donde gobernaba para la época el presidente Lescot, conocido por su enemistad personal con Trujillo. En todos esos países Bosch fue recibido con el afecto de quienes querían extirpar el cáncer trujillista de la política caribeña, y de ellos salió con las alforjas llenas de recursos que se emplearon, junto con la fortuna de Don Juancito Rodríguez, en la conformación de un ejército de más de mil hombres que instaló un campamento de entrenamiento en Cayo Confites, un islote de la costa norcentral cubana colocado prácticamente en la misma coordenada longitudinal de Camagüey, una de las ciudades cubanas más importantes para la época.

La noticia de la invasión que se preparaba con respaldo directo de los gobiernos de Cuba, Venezuela, Guatemala, de la guerrilla de José Figueres en Costa Rica, y con el apoyo táctico del gobierno de Haití, estremeció el ambiente político caribeño a un punto tal que Trujillo reaccionó declarando la guerra al gobierno de Cuba, manifestando que si las tropas invasoras llegaban a costas dominicanas sus aviones procederían a bombardear a la capital cubana. Pero Trujillo estaba consciente de que además de palabras necesitaba de acciones para neutralizar a tantos vecinos enemigos. Y en medio de esos aprietos el Jefe apostó a la profundidad de su bolsillo y a la falta de fe en la democracia de los funcionarios de la primera nación democrática del planeta tierra. Y la conjunción de esos factores evitó que cayera en el hoyo al que Grau, Betancourt, Arévalo, Figueres, Lescot y los demócratas dominicanos lo estaban empujando.

El Jefe dominicano envió a Washington a una comisión de alto nivel para argumentar que un grupo de "comunistas" querían asaltar su vitrina democrática. Los funcionarios del gobierno estadounidense conocían perfectamente los planes de los enemigos de Trujillo, y estaban acostumbrados a la idea de que el dictador dominicano caería eventualmente ante la presión conjunta de naciones del peso regional de Cuba y Venezuela, pero como ustedes saben muy bien, en los pasillos de los altos centros de poder en Washington se mueven muchos intereses que bailan a cualquier ritmo político siempre que haya suficientes dólares de por medio. Y Trujillo, que era en ese momento, con mucho, el político más rico del Caribe y zonas vecinas, metió la mano en lo más profundo de su bolsillo y encontró "razones" suficientes para desactivar la bomba que estaba a punto de estallarle en la cara.

Tan pronto Trujillo convenció con sus "razones" a los funcionarios que manejaban la política del traspatio estadounidense de la peligrosidad de "comunistas" como Grau, Arévalo y compartes, la invasión de Cayo Confites cayó por su propio peso. Los titiriteros de Washington movieron los hilos necesarios y suficientes que lograron que la Marina de Guerra Cubana, que había apoyado logísticamente "con todo el gas" a los combatientes que se entrenaban en Cayo Confites, comenzara a obstaculizar los movimientos de los mil y pico de guerrilleros que se aprestaban a zarpar con dirección a la costa norte dominicana. Al darse cuenta de que el apoyo de los militares cubanos se diluía, los dirigentes de la invasión dispusieron la salida inmediata hacia Santo Domingo, pero la primera embarcación fue detenida a un par de millas de la base de entrenamiento en Cayo Confites. Los guerrilleros dominicanos, cubanos y de otras nacionalidades no presentaron resistencia y fueron trasladados a La Habana, donde el hecho fue interpretado como una derrota política para el presidente Grau, que en esa época comenzaba su último año de gobierno.

Los integrantes de la abortada invasión fueron liberados con excepción de algunos de sus dirigentes. Uno de ellos, Juan Bosch, se declaró en huelga de hambre, la que se resolvió con el traslado del presidente del PRD hacia Venezuela, donde su amigo personal y aliado político Rómulo Betancourt le ofrecía un mejor marco que el cubano para continuar su lucha contra la dictadura trujillista.

Un hecho curioso ocurrió en los momentos en que la Marina de Guerra Cubana detuvo el barco que hubiera llevado al primer contingente de guerrilleros a costas dominicanas. Un joven cubano de unos veinte años, al que siguieron dos o tres compatriotas, se lanzó a las aguas del Atlántico en dirección a la costa norte cubana. Este joven cubano y sus acompañantes fueron dados por muertos por sus compañeros de aventura, quienes se quedaron con la boca abierta al ser liberados, cuando lo vieron recibiéndolos para manifestarle su continua solidaridad con la causa de la democracia dominicana. Ese cubano veinteañero, nombrado Fidel Castro, se convertiría, en cuestión de unos años, en la figura política más importante del Siglo XX latinoamericano.

Que Dios las bendiga.

Papá

Los "Machos" del Arroz Carolina

Chicago, IL, EE UU
25 de febrero 2012

Queridísimas Hijas:

La única vez en mi vida que he estado en Cuba, a comienzos del decenio 1980, me convencí de que ese pueblo antillano tiene una capacidad infinita para disfrutar de la vida y burlarse de todo el mundo. Supongo que esa capacidad era mayor en los tiempos en que en La Isla Fascinante predominaba la democracia representativa, sistema que tenía muchos defectos, pero que permitía expresar los sentimientos y pensamientos de los cubanos con menos cortapisas que desde 1959, cuando, con razón o sin razón, el Estado, para bien o para mal, y para poder sobrevivir en un vecindario geopolítico hostil al Status Quo, se ha visto forzado a limitar la libertad de expresión de los cubanos. Pues bien, en la época en que los cubanos eran aún más ocurrentes que lo que son hoy en día, los dominicanos residentes en Cuba y los que vivían en contacto con cubanos en cualquier sitio del mundo, tuvieron que soportar un chiste a costa de su desgracia nacional que hubiera ganado una medalla de oro en cualquier competencia mundial del mal gusto.

Resulta que el arroz más estimado en Cuba por su calidad y sabor, y por no tener la impureza de granos de arroz con cáscara o "machos", era el arroz Carolina, consumido, obviamente, por las capas sociales que podían darse el lujo de pagar el alto precio del dichoso arroz. El chiste, que tenía forma de adivinanza más o menos se formulaba de la manera siguiente: Te apuesto que no sabes en qué se parecen los dominicanos al arroz Carolina. La respuesta correcta de esta adivinanza, muy ofensiva para los hombres dominicanos, era la siguiente: Porque los dominicanos, igualito que el arroz Carolina, no tienen "machos". Vale la pena aclararles que en esa época el término "macho" tenía, también, una connotación muy positiva a la hora de hablar de un hombre; era sinónimo de valiente. Da pena recordarlo, pero muchos cubanos de la época en que Trujillo abusaba del pueblo dominicano gozaban de lo lindo con ese chiste grosero.

Lejos estaban de imaginar los cubanos que a partir de 1959 ellos iban a disfrutar de un dictador que dejó chiquitico a Trujillo en cuanto a dominar a su antojo el destino de un pueblo. Ni siquiera con el apoyo irrestricto de la potencia política y militar más grande de la historia han podido los pobres "machos" cubanos de las últimas tres generaciones rozar, aunque sea de lejos, al dictador que se dieron en medio de un proceso político que sacudió al mundo occidental y quien pasará a la historia como el más influyente latinoamericano desde que a comienzos del siglo XIX la independencia se extendió como un virus liberador por todo el subcontinente. Ojalá que la experiencia de vivir como los granos del arroz Carolina por cincuenta y tres años les haya enseñado a los hermanos cubanos a no escupir hacia arriba.

Les cuento del Arroz Carolina porque tras el fracaso estrepitoso de la Invasión de Cayo Confites, como es natural, la moral del exilio dominicano se derrumbó. Y se derrumbó en la misma medida en que subió el ego del monstruo que dominaba a su antojo a la sociedad dominicana. Pero, ironías de la historia, el derrumbe de la moral del exilio dominicano no significó, en ningún momento, que la sed de libertad de los dominicanos exiliados se apagara o disminuyera. Y una prueba de esa afirmación iba a tener lugar menos de dos años después del fracaso de Cayo Confites.

La llama del antitrujillismo se mantuvo viva gracias a un grupito de dominicanos encabezados por Don Juancito Rodríguez, de quien les hablaba hace un par de días, el personaje que dedicó la mayor parte de su fortuna a combatir al astuto dictador dominicano. Don Juancito se trasladó a Guatemala, donde gobernaba, como les comentaba recientemente, Juan José Arévalo, un intelectual de ideas democráticas progresistas. Arévalo reclamó como suyas las armas que tenían los participantes de Cayo Confites y logró recobrar la mayoría de ellas de las manos de los militares cubanos que traicionaron a los luchadores que participaron en la frustrada invasión.

En el mes de Junio de 1949 tres aviones cargados de dominicanos y luchadores democráticos de otras nacionalidades, quienes usaban parte de los armamentos que se pudieron salvar de Cayo Confites, salieron de terreno guatemalteco con dirección a Santo Domingo. Dos de esos aviones tuvieron dificultades logísticas que impidieron que aterrizaran en Santo Domingo como lo hizo el tercer avión, que tocó tierra en el pueblito de Luperón, en la costa norte de la "finca" de Rafael Trujillo.

Los guerrilleros de Luperón fueron recibidos con toda la brutalidad que Trujillo reservaba para sus enemigos. Del par de docenas de invasores una parte murió en combate y los sobrevivientes, después de ser torturados en las ergástulas de la tiranía, fueron presentados por Trujillo a la prensa internacional como trofeo de guerra y devueltos a un exilio que parecía que nunca tendría fin.

Vale la pena lamentar que en un país donde hay numerosas calles principales de ciudades grandes y pequeñas con nombres de políticos corruptos y de adulones de tiranos, nunca supe de una que llevara el nombre de Don Juancito Rodríguez o de Horacio Ornes Couiscou, el comandante del avión que pudo aterrizar en Luperón en un combate suicida por lo desigual, que, aunque no pudo estremecer militarmente al régimen trujillista, dejó bien claro que los dominicanos no tenían nada que ver con el arroz Carolina en lo tocante a la falta de machos. El ejemplo de Miguel A. Feliú Arzeno no deja un resquicio de duda. Este dominicano aterrizó en Luperón en 1949, sobrevivió al trauma del combate desigual, y a los diez años regresó a las montañas de Santo Domingo para fertilizar con su sangre la libertad de un pueblo maltratado por la historia que ha sabido sacudirse de cadenas tiránicas en más de una ocasión.

Que Dios las bendiga.

Papá

El Latrocinio se Industrializa
en Santo Domingo

Chicago, IL, EE UU
26 de febrero 2012

Queridísimas Hijas:

Las "elecciones" con las que Trujillo convalidó su tiranía en 1947 tuvieron un aspecto tragicómico que vale la pena realzar. En esas "elecciones" se presentaron "candidatos presidenciales" representando a dos "partidos políticos de oposición" denominados Partido Nacional Laborista y Partido Nacional Democrático. No menciono los nombres de esos "candidatos presidenciales" por dos razones que espero comprendan. La primera razón es que, como ustedes saben, yo desde que nací padezco de vergüenza ajena; la segunda razón es que respeto el derecho a la honra que tienen familiares de esos personajes que no necesariamente eran personas corruptas, pero quienes, definitivamente, carecían de la fuerza de carácter que estimulan las hormonas producidas por el material colgante que distingue a los hombres de las mujeres. Y reconozco que las mujeres tienen otras hormonas que estimulan la fuerza de carácter, pero en los hombres la producción de esas hormonas está concentrada casi exclusivamente en el antes dicho material colgante.

La asistencia de esos dos "partidos de oposición" a las "elecciones" del 1947, determinó que el Partido Dominicano alcanzara, en vez del 99 y pico por ciento de los votos válidos, alrededor de un 90 por ciento. Esta reducción en los votos del Partido Dominicano fue cacareada por la prensa trujillista de fuera y dentro de Santo Domingo, como una prueba inequívoca del carácter eminentemente democrático del régimen del Jefe.

El período de gobierno de cinco años entre 1947 y 1952 fue uno de realizaciones indudables en varios ámbitos de la gestión Ejecutiva. En primer término, la industria dominicana, aprovechando los vientos económicos favorables del período postguerra en el mundo entero, creció exponencialmente. Industrias tabacaleras, cementeras, de calzado, de producción de azúcar de caña, cafetaleras, de zinc, de clavos, de productos cárnicos, de leche, de pintura, entre otras, crecieron como la verdolaga en medio de la paz promovida por la mano de hierro del tirano más cruel de la historia de América.

69

Todas estas industrias tenían el denominador común de ser propiedad, directamente o por medio de testaferros, de la familia Trujillo. En pocas palabras, quien no fuera trujillista demostrado no podía desarrollar ningún tipo de proyecto industrial en Santo Domingo. A pesar de todo el abuso que contenía el proceso industrial trujillista, este fue aceptado por los dominicanos como un paso de avance en una sociedad que hasta que Trujillo instaló su tranquilidad de tranca tenía como principal industria el chisme, como con pena afirmara el Maestro Hostos al poco tiempo de mudarse a Santo Domingo en el tramo final del siglo XIX.

El "mal ejemplo" de los "comunistas" enemigos de Trujillo en Centroamérica continuó creciendo durante este período de gobierno. En Costa Rica se organizaron elecciones en 1948 en las que los seguidores del expresidente Calderón, enemigo de José "Pepe" Figueres, organizaron un fraude que pretendió burlar la voluntad popular tica. Ese fraude electoral desencadenó una guerra civil de un mes y pico de duración que produjo más de dos mil muertos en combates diseminados por todo el territorio costarricense, al cabo de los cuales José Figueres fue proclamado como Presidente de una llamada Junta Fundadora que reorganizó a Costa Rica de arriba abajo, de afuera a adentro y de izquierda a derecha. El cambio más radical de la Revolución democrática encabezada por Pepe Figueres fue la abolición del ejército tico, tras declarar que mientras el militarismo existiera en Costa Rica la verdadera democracia no sería viable. En adición a este cambio radical, Figueres nacionalizó los bancos, estableció la carrera de servicio civil y dirigió personalmente la redacción de una Constitución que lanzó a Costa Rica definitivamente hacia el modernismo y la civilización. Al cabo de 18 meses, durante los cuales arregló lo que había que arreglar en su país, Pepe Figueres se retiró por unos cuantos años a su finca, desde donde vio a sus connacionales vivir en el ambiente democrático que todavía prevalece en Costa Rica hoy, 64 años después de la Revolución del 1948.

Pero los vientos democráticos que coincidieron con el fin de la Segunda Guerra Mundial resultaron ser efímeros. Después de la derrota del nazismo y el fascismo los Aliados entraron en un proceso de tirantez que culminó con la repartición del botín de la Segunda Guerra Mundial entre Estados Unidos y la Unión Soviética y la declaración de una Guerra Fría que promovería el estancamiento de la democracia representativa por unos cuarenta años en América Latina. Trujillo, hábilmente, aprovechó la tirantez de la Guerra Fría para etiquetar como "comunista" cualquier reclamo de cambio democrático. Y los Estados Unidos tomaron el camino fácil de ignorar los reclamos de muchos millones de latinoamericanos y transarse con los tiranos que negaban esas libertades a pueblos enteros. En esa ola anticomunista se montó el Jefe dominicano; y esa ola le permitió concluir sin ningún tipo de contratiempo el período 1947-1952.

El ligero sobresalto de la Expedición de Luperón fue aprovechado por Trujillo para exhibir su "generosidad" con los patriotas suicidas que llegaron en un avión a la costa norte de Santo Domingo en Junio de 1949. Me cuenta mi mamá que durante el mes que siguió a Luperón, ella, que estaba en "estado interesante" esperando a su segunda hija en medio de vómitos, lo único que escuchaba en la radio dominicana era un merengue trujillista que se burlaba de los valientes que llegaron a Luperón con el estribillo "Donde

está la Invasión, la Invasión no la veo, la Invasión no la creo, donde esta la Invasión…"
Años después de mi mamá dar a luz a su segunda hija, cada vez que oía ese estribillo merenguero sentía las nauseas propias del embarazo.

Y a ritmo de conga llegó el 1952, cuando el Jefe, harto de abusar al pueblo dominicano, acudió a su elenco de títeres, y se dedicó a proclamar y exhibir en el extranjero las "maravillas" que había logrado para el pueblo que tuvo la desgracia de verlo nacer. De eso les hablaré después que les cuente en unas cuantas cartas los acontecimientos políticos más importantes ocurridos en Puerto Rico en el período comprendido entre 1929, cuando la economía estadounidense sufrió la mayor depresión desde que esa gran nación declaró su independencia en 1776 y el año 1952, durante el cual, como ya les he contado, la clase gobernante cubana traicionó su democracia representativa mediante un golpe de Estado encabezado por uno de los principales protagonistas de la primavera democrática de los 1930, mientras Santo Domingo seguía sumido en el letargo político y social en que lo había hundido una tiranía unipersonal muy eficiente tanto para crear riquezas para su beneficio, como para abusar de un pobre pueblo que nunca había disfrutado derechos civiles y políticos que eran considerados naturales en muchas naciones de América.

Les advierto que Puerto Rico, el Benjamín del Caribe hispano, tomó un camino completamente divergente al que tomaron los cubanos y dominicanos; un hecho muy significativo si tomamos en cuenta que esas tres naciones tuvieron la misma Madre Patria, hablan el mismo idioma, le rezan al mismo Dios y tienen culturas muy similares.

Que Dios las bendiga.

Papi

El Jíbaro Insigne

Lágrimas Musicales del Jíbaro Insigne

Saint Paul, MN, EE UU
3 de marzo 2012

Queridísimas Hijas:

Nadie describe más fielmente las condiciones de vida de un pueblo en un momento determinado de su historia que un artista que las viva. La pluma, el pincel, el cincel y el teclado de un instrumento musical están en capacidad de expresar penas y alegrías colectivas que mil discursos de políticos de cualquier tendencia no podrían más que arañar. Por eso, a la hora de evaluar cómo se sentían los puertorriqueños en los albores de la Gran Depresión del 1929 le cedo la palabra a Don Rafael Hernández, conocido mundialmente como El Jíbaro Insigne, el más grande de los compositores populares puertorriqueños, quien, en mi humilde opinión, solamente pudo ser igualado durante el siglo XX latinoamericano por el gran compositor mexicano Agustín Lara. La primera de las dos composiciones que les presentaré de Don Rafael, escrita en 1929, aunque otros la sitúan en 1937, se titula Lamento Borincano.

Lamento Borincano

Sale loco de contento con su cargamento para la ciudad,
lleva en su pensamiento todo un mundo lleno de felicidad,
piensa remediar la situación del hogar que es toda su ilusión.
Y alegre el jibarito va, pensando así, diciendo así, cantando así por el camino:
Si yo vendo la carga mi Dios querido, un traje a mi viejita voy a comprar.
Y alegre también su yegua va al presentir que su cantar es todo un himno de alegría;
en eso le sorprende la luz del día y llegan al mercado de la ciudad.

Pasa la mañana entera sin que nadie quiera su carga comprar, su carga comprar;
todo, todo está desierto, el pueblo está muerto de necesidad, de necesidad,
se oyen los lamentos por doquier, en mi desdichada Borinquen, sí.
Y triste el jibarito va, pensando así, diciendo así, llorando así por el camino:
Que será de Borinquen mi Dios querido, que será de mis hijos y de mi hogar.
Borinquen, la tierra del Edén, la que al cantar el gran Gautier, llamó La Perla de los
Mares, ahora que tú te mueres con tus pesares, déjame que te cante yo también.

Paso a formular algunas precisiones sobre los versos de Don Rafael. En primer lugar, Borinquen es el nombre indígena del territorio que hoy llamamos Puerto Rico. En segundo lugar, jibarito es el nombre que describe al campesino borincano. En tercer lugar, "viejita" es la forma de nombrar a la esposa del jibarito. En cuarto lugar, que Lamento Borincano ha sido interpretado por cientos de cantantes desde que Don Rafael Hernández lo compusiera; esas distintas interpretaciones presentan ligeras variaciones en la letra de esta joya de la música popular latinoamericana.

El caso es que Don Rafael Hernández no deja absolutamente nada a la imaginación de quien escucha su Lamento Borincano. Al despuntar los 1930 Puerto Rico era un pueblo miserable habitado por campesinos que se trasladaban de un sitio a otro en animales de carga como las yeguas. Las condiciones materiales de Puerto Rico eran para la época mucho peores que las de Santo Domingo, al punto de que miles de puertorriqueños se trasladaron a la tierra de Trujillo durante los años 1920 y 1930 para escapar de la miseria que describe magistralmente Don Rafael Hernández. Una comparación entre el nivel de vida en Puerto Rico y el de Cuba para los 1930 habría que tomarla como un chiste de mal gusto. Cuba era para ese tiempo el ejemplo de país moderno y progresista, sobre todo para los vecinos del Caribe.

Como he explicado en una de mis cartas anteriores, Puerto Rico se convirtió en colonia estadounidense en 1898, cuando el gobierno de la gran nación del norte organizó el sabotaje de uno de sus barcos de guerra, estacionado en el puerto de La Habana, capital de Cuba, y tras ese "ataque" a los Estados Unidos se produjo una guerra contra España, que estuvo más en la imaginación de los reporteros de la cadena de periódicos Hearst, uno de los participantes en el sabotaje, que en la realidad de los hechos. España no presentó combate a la potencia militar más grande del mundo y firmó sin ningún tipo de resistencia el llamado Tratado de Paz de París, por medio del cual cedió a los Estados Unidos sus establecimientos coloniales en Las Filipinas, Cuba, Puerto Rico y Guam. Desde que la tinta de los firmantes se secó en París, Puerto Rico ha sido, hasta el presente, una colonia estadounidense, que tiene todavía un expediente abierto en el Comité de Descolonización de las Naciones Unidas.

Si bien los puertorriqueños no presentaron resistencia física a la ocupación militar estadounidense, el arte puertorriqueño ocupó el vacío dejado por fusiles y machetes, que aunque se hicieron presentes en contadas ocasiones, como tendré la oportunidad de contarles, en sentido general brillaron por su ausencia. La sed de libertad del pueblo puertorriqueño tuvo muchos botones de muestra en todos los campos del arte. Pocos de ellos tuvieron la calidad de otro de los poemas musicalizados de Don Rafael Hernández, también parido por la inspiración del Jíbaro Insigne durante los 1930.

Preciosa
(fragmento)

Preciosa te llaman los bardos
que cantan tu historia,
no importa el Tirano te trate
con negra maldad
Preciosa serás sin bandera,
sin lauros, ni gloria,
preciosa, preciosa,
te llaman los hijos de la libertad.

El autor de Preciosa, quien, como ya saben, es el autor de Lamento Borincano, lo que hace en estas dos perlas musicales es darle voz a un pueblo que vivía a un mismo tiempo dos tragedias: La miseria material, reflejada en el Lamento Borincano, y la miseria moral, producto de la condición colonial de Puerto Rico que lo colocaba entonces, como lo coloca ahora, en una situación de inferioridad con respecto a la enorme mayoría de las naciones del mundo que han podido organizarse en Estados soberanos, sin depender directamente de una tutela metropolitana.

Para ser honesto con cualquiera que lea esta carta, debo aclarar que tengo experiencia de primera mano en cuanto a la situación política de Puerto Rico. Tuve la suerte de vivir en esa isla por más de dos años entre 1978 y 1980, cuando fui admitido a un programa de Maestría en Física en la Universidad de Puerto Rico, recinto de Río Piedras. Durante esos dos años y pico tuve la oportunidad de interactuar con cientos de puertorriqueños de todos los colores políticos; y tan importante como eso, de estudiar en las mejores bibliotecas de Borinquen los documentos fundamentales de su historia política. Debo confesar que Puerto Rico ha sido la tierra a la que me he sentido atado más en mi vida, después de mi Santo Domingo natal. Que nadie se sorprenda de que mis planteamientos sobre la política boricua estén sazonados por la pasión que caracteriza a quien estima a alguien. Eso es lo que debe esperarse de mis próximas cartas.

Que Dios las bendiga.

Papá

Estados Unidos Organiza su Nueva Colonia

Minneapolis, MN, EE UU
4 de Marzo 2012

Queridísimas Hijas:

Como ha sido característico en los proyectos estadounidenses de importancia geopolítica, la organización del nuevo enclave colonial en Puerto Rico fue tomando forma institucional desde sus comienzos. Unos dos años después de que los marines estadounidenses penetraran a la Isla del Encanto por el puerto de Guánica a paso de vencedores, y sin encontrar evidencia de oposición militar, el Senado de los Estados Unidos había votado y el Presidente había firmado la llamada Ley Foraker que le dio sustancia institucional al "Territorio" de Puerto Rico; que esa es la categoría constitucional de Puerto Rico en pleno siglo XXI, un "Territorio", que de acuerdo a la Constitución estadounidense depende directamente del Senado estadounidense.

La Ley Foraker, que tomó su nombre del senador de Ohio que la introdujo en el Senado, dispuso que el "Territorio" de Puerto Rico se organizara, siguiendo el modelo de su metrópoli, en tres ramas de Gobierno: La Ejecutiva, la Legislativa y la Judicial. Lo que más llama la atención en la Ley Foraker (conocida en inglés como Foraker Act), es que le cambió el nombre a Puerto Rico por el de Porto Rico. Ese cambio de nombre provocó un profundo resentimiento en la población puertorriqueña que no entendía por qué sus nuevos amos querían cambiarle el nombre a su país. No habían pasado veinte años de sometimiento colonial cuando los nuevos dueños de Puerto Rico comprendieron que la fiebre nunca ha estado en la sábana y pusieron sus documentos institucionales a tono con la realidad y eliminaron el absurdo nombre de Porto Rico de sus documentos oficiales.

En la Ley Foraker la rama Ejecutiva del gobierno civil de "Porto Rico" estaba formada por un Gobernador, quien era nombrado por el presidente de Estados Unidos y confirmado por el Senado de esa nación. Ese Gobernador colonial debía presentar un informe anual al Presidente de Estados Unidos vía el Secretario de Estado de esa nación.

La rama Legislativa estaba constituida por una Asamblea Legislativa, la cual tendría dos cámaras: El Consejo Ejecutivo, nombrado por el presidente de Estados Unidos y confirmado por el Senado, y una Cámara de Representantes elegida por los puertorriqueños en capacidad de votar cada dos años.

Finalmente, la rama Judicial estaría representada por un nuevo distrito judicial federal denominado Distrito de "Porto Rico". La Ley Foraker organizó en sus más mínimos detalles las tres ramas del llamado Gobierno civil de "Porto Rico", a un grado tal que quien lee hoy el Tratado de París que oficializó la soberanía estadounidense sobre Puerto Rico ciento catorce años después de ser firmado se convence de que el proyecto colonial de Puerto Rico era uno de importancia estratégica vital para la nación más poderosa del mundo, que fue cuidadosamente planeado por la clase gobernante estadounidense. Y no podía ser de otra manera. Quien revisa un mapamundi con cuidado, observa que Puerto Rico es la puerta de entrada al Mar Caribe viajando hacia el Oeste desde Europa, y que el extremo Oeste de ese mar coincide con la entrada Este del Canal de Panamá, que por "casualidad" iba a ser construido por los Estados Unidos justamente después que ese territorio ístmico se declarara independiente de Colombia con el apoyo irrestricto del gobierno estadounidense. Las fichas del ajedrez geopolítico estaban dispuestas, pues, para que se diera jaque mate definitivo a cualquiera que estuviera pensando, dentro o fuera de Puerto Rico, en promover la independencia de la patria del Jíbaro Insigne y de Hostos.

Que Dios las bendiga.

Papi

Una Gran Guerra
Da a Luz una Ciudadanía

Saint Paul, MN, EE UU
5 de marzo 2012

Queridísimas Hijas:

El proyecto colonial estadounidense tuvo desde el principio un motor geopolítico, como explicaba hace unos días, pero también uno económico. Puerto Rico es una isla pequeña con tierras muy fértiles hábiles para la producción agrícola, muy específicamente para productos tropicales como la caña de azúcar, el café y el tabaco. Unos años después de entrar los marines en Guánica, Puerto Rico estaba convertido en un gigantesco ingenio de azúcar que figuraba entre los primeros productores del dulce en el mundo entero. Obviamente, eso implicó el crecimiento de una clase obrera a la que había que explotar de manera intensiva para sacar el mayor provecho posible de ella. Y también el surgimiento de luchas sociales que se tradujeron en represión por parte del ejército colonial con un saldo de centenares de muertos que hicieron amarga el azúcar boricua. De esta manera, la explotación intensa de los cañaverales convirtió a miles de jíbaros acostumbrados a la vida plácida, aunque muchas veces miserable, que caracteriza a los campesinos independientes en cualquier país, en esclavos de nuevo cuño sometidos a un horario forzado que eliminaba los placeres de la existencia bucólica que vivieron los puertorriqueños hasta que sus "libertadores" entraron a Puerto Rico en 1898.

Cuando promediaba el tercer quinquenio del siglo XX Europa se vio sacudida por una gran guerra que hoy aparece en los libros de historia como la Primera Guerra Mundial, pero que en su momento se conoció como la Gran Guerra Europea, porque los combates estuvieron limitados a ese continente. En el 1917, cuando ya se acercaba el fin de esa guerra, los Estados Unidos, hicieron aparición en ella, contribuyendo al aceleramiento de su fin a favor de la parte dirigida por ingleses y franceses y en detrimento de los alemanes, austro húngaros y turco otomanos.

Antes de la entrada de los Estados Unidos a la guerra europea, en los círculos de poder de Washington se ventiló el problema de la escasez de soldados dispuestos a ir a dejar su vida en los campos de Europa, por una causa que ellos no entendían.

Para complicar más las cosas, la mayoría de la población estadounidense estaba compuesta por individuos de ascendencia europea que figuraban a ambos lados de la tragedia que implica toda guerra. Eso era visto con preocupación en Washington, donde expertos en política internacional identificaron a Puerto Rico como un semillero de "voluntarios" de guerra que había que aprovechar.

Un día cualquiera de 1917 los puertorriqueños se enteraron de que habían sido convertidos por un plumazo del presidente Wilson en ciudadanos estadounidenses, por medio de la llamada Ley Jones, que introdujo avances como nuevos derechos de las mujeres, y la capacidad de los puertorriqueños para votar por un Senado colonial en adición a la Cámara de Representantes colonial consignada en la Ley Foraker del 1900. La Ley Jones fue aceptada por la enorme mayoría del pueblo puertorriqueño, encontrando la oposición de unos cuantos centenares de ciudadanos que se consideraban todavía fieles al León Español, y otros que todavía reclamaban su derecho a tener la nacionalidad puertorriqueña. Esos puertorriqueños viscerales se quedaron en un limbo nacional hasta su muerte.

A los pocos días de ser proclamada la Ley Jones, la geografía de Puerto Rico era peinada por grupos militares estadounidenses que ofrecían villas y castillas a jóvenes humildes de los campos boricuas que vivían en medio de una miseria espantosa. La cosecha de "voluntarios" para la Gran Guerra Europea fue un éxito total, y en cuestión de semanas la sangre puertorriqueña abonaba los campos de guerra europeos. Uno de esos jóvenes humildes que se integró al ejército estadounidense se convertiría, a partir de su paso traumático por los batallones "americanos", en el líder fundamental del independentismo boricua. Ese tema lo discutiré, si Dios quiere, un día de estos.

Que Dios las bendiga.

Papá

Queridísimas

Queridísimas

Fabio Valenzuela Sosa

Hijas

La Patria es Valor y Sacrificio

El Mandela Caribeño

Milwaukee, WI, EE UU
10 de marzo 2012

Queridísimas Hijas:

Cuando alguien me pide que mencione a un personaje que fue en el siglo XX fiel a una idea hasta las últimas consecuencias, el nombre que viene a mi mente es el de Nelson Mandela, el líder surafricano que prefirió pasar casi tres decenios en una prisión antes que renunciar a la causa de ponerle fin al Apartheid, modalidad del esclavismo que sobrevivió en ese país de recursos infinitos hasta el despuntar del último decenio del siglo pasado.

Muy poca gente sabe que en una pequeña isla del Caribe existió un líder político con todo el derecho de ser llamado El Mandela Caribeño. Ese líder, Pedro Albizu Campos, desarrolló una lucha por la independencia de su país, desde mediados de los 1920 hasta su muerte en 1965, que deberá ser expuesta algún día a la consideración de los pueblos del mundo sin tapujos ni manipulaciones, si es que queremos que la verdad, como dice un evangelista, nos haga libres.

Albizu Campos y Luis Muñoz Marín, polos opuestos en cuanto al destino final de su patria, fueron las líneas paralelas que definieron durante un enfrentamiento, que se vistió a veces en una crueldad que Albizu aceptó con estoicismo de mártir, la historia política puertorriqueña del siglo XX. A continuación trazaré, en unas cuantas pinceladas, la imagen histórica del más grande ícono del independentismo boricua.

Pedro Albizu Campos nació en 1891 en los alrededores de Ponce, la segunda ciudad de Puerto Rico, que vive recostada del mar Caribe, en oposición a San Juan, la capital, que lo hace en el Océano Atlántico, que baña la costa Norte de Borinquen. Es decir que Albizu tenía unos siete años cuando los marines estadounidenses entraron como perro por su casa al puerto de Guánica en 1898, para ocupar militarmente a Puerto Rico, una ocupación que ya lleva ciento catorce años, y que se prevé, por cierto, que dure muchos más.

Albizu perteneció a una familia humilde que incluyó a grandes educadores y a músicos excelsos, entre ellos el más grande compositor de danza puertorriqueña, uno de los aires musicales más hermosos del mundo, Juan Morel Campos.

Pedro se distinguió desde jovencito por su inteligencia, la que lo llevó a obtener becas en las mejores universidades de los Estados Unidos, incluyendo la más prestigiosa de todas, la de Harvard, donde se graduó como Doctor en Leyes cuando apenas tenía treinta años. Fue un políglota consumado que habló con fluidez múltiples idiomas incluyendo francés, inglés, italiano y alemán, además del castellano. Tenía una memoria prodigiosa y una inteligencia que le permitió especializarse en campos del conocimiento tan diversos como Ingeniería Química, Filosofía, Leyes y Literatura. Era un orador consumado cuyo virtuosismo hipnotizaba a los que escuchaban sus discursos, y que le permitió convertirse en líder indiscutible del Partido Nacionalista Puertorriqueño a los pocos años de ser fundado. Ya para 1930 Albizu era una de las dos figuras políticas más importantes de Puerto Rico. El otro líder fundamental en esa época fue, como he dicho antes, Luis Muñoz Marín.

Todos los atributos que menciono en el párrafo anterior no pudieron contrarrestar dos grandes defectos que tuvo Albizu Campos: El tener la piel "negra", y el soñar con que su país alcanzara la independencia que tantos otros países latinoamericanos ya disfrutaban. Entrecomillo el adjetivo "negra", porque realmente Albizu era mulato, la combinación equilibrada entre un hombre de raza "blanca" y una mujer de raza "negra", o viceversa. Y entrecomillo en la oración anterior "blanca" y "negra" porque estas expresiones reflejan, además de racismo, mucha ignorancia. Blancas son las azucenas, y negro es el azabache. Los únicos humanos que tienen la piel casi blanca son los albinos, que tienen la piel casi del mismo color que el papel de maquinilla, que es el mismo de la mayoría de las teclas de un piano. El resto de los seres humanos podrá tener la piel amarilla, rosada, marrón claro o marrón oscuro, pero nunca blanca.

Albizu, un mulato apuesto que imponía respeto sin decir una palabra en base a su atractivo físico, conoció la discriminación racial desde jovencito en su natal Ponce, donde todavía en pleno siglo XXI a la gente "negra" se le llama "trigueña" para no ofenderla. Pero Albizu conoció verdaderamente el alcance del racismo cuando ingresó al ejército estadounidense en 1917, atraído por los cantos de sirena que siguieron a la Ley Jones que le concedió la ciudadanía estadounidense a los puertorriqueños, sin estos pedirla, en momentos en que la gran nación del Norte necesitaba urgentemente de carne de cañón que la representara en los campos de la Gran Guerra Europea.

Tan pronto ingresó al ejército estadounidense, Albizu fue asignado al contingente segregado que congregaba a los afroamericanos y a todo el que no fuera "blanco". Ese contingente realizaba sus obligaciones militares en medio de una discriminación inaceptable para un hombre de la categoría intelectual del ícono del independentismo puertorriqueño. El hombre que había ingresado al "Army" siendo un admirador de corazón de los Estados Unidos se convirtió durante su entrenamiento militar en un opositor radical del predominio de esa nación sobre la suya. Por eso, tan pronto recibió su Doctorado en Leyes en Harvard con las mejores calificaciones de su promoción, Albizu regresó a su natal Puerto Rico con la obsesión de encabezar la lucha por la independencia de la patria de Hostos.

Albizu descubrió a principios de los 1930 que la gran mayoría de los puertorriqueños no comulgaba con sus ideales de independentismo radical. En las elecciones coloniales de 1932, que estuvieron limitadas a la escogencia de los miembros del Senado y la Cámara de Representantes coloniales, además de un Comisionado Residente en Washington que tenía voz, pero no voto, ante la Cámara de Representantes de Estados Unidos, el Partido Nacionalista Puertorriqueño no alcanzó ni el 2 por ciento del voto popular. Resultados parecidos obtuvo el nacionalismo en las elecciones coloniales de 1934.

Los fracasos electorales no arredraron a Albizu, quien planteó, y el tiempo se encargó de demostrar que tenía razón, que la independencia de un país nunca podría obtenerse mediante la participación en elecciones coloniales, sino, como la lograron Washington, Bolívar, San Martín y otros luchadores independentistas, con métodos no electorales. Esta posición encontró de frente al ejército de ocupación estadounidense en un choque desigual que llevaría a Albizu a un Vía Crucis con múltiples estaciones en cárceles estadounidenses y puertorriqueñas de más de 20 años, que concluyó el día en que quien yo llamo El Mandela del Caribe sucumbió físicamente ante el imperio más poderoso que ha conocido la humanidad. Ese Vía Crucis comenzó con la Masacre de Río Piedras, en el año 1935, la cual reseñaré en una de mis próximas cartas.

Que Dios las bendiga.

Papi

Lo que Pasó en Puerto Rico se Quedó en Puerto Rico

Saint Paul, MN, EE UU
11 de marzo 2012

Queridísimas Hijas:

Uno de los anuncios más impactantes en EE UU es uno que dice "Lo que pasa en Las Vegas se queda en Las Vegas"; es decir, que los que visitan la llamada "Ciudad del Pecado" pueden saciar apetitos de todo tipo sin temer consecuencias ulteriores. Tan así es, que Las Vegas es una de las pocas ciudades grandes de Estados Unidos en la que la prostitución en cualquiera de sus variantes es completamente legal. El eslogan que hizo famosa a Las Vegas se aplicó, tristemente, en Puerto Rico entre los años 1930 y 1952 que estamos analizando en el terreno de los Derechos Humanos, pues los crímenes cometidos por los funcionarios coloniales durante esa época contra una población casi completamente desarmada no fueron castigados; y lo peor de todo, fueron, y son todavía, ignorados por una comunidad internacional que se rasga las vestiduras frecuentemente por cualquier "quítame esta paja" en que incurran gobiernos y personajes odiosos a los intereses de las grandes potencias del mundo.

Contaba en estos días cómo Pedro Albizu Campos, quien conoció mientras realizaba sus estudios de Leyes en Harvard las luchas por la independencia de naciones como la India e Irlanda, llegó a la conclusión de que la participación en elecciones coloniales en vez de avanzar el proceso de independencia de las naciones lo retrasa y consolida el narigón colonial de los pueblos que buscan la libertad. Albizu, a partir de esas experiencias ajenas, decidió que lo que procedía en el caso puertorriqueño era acelerar la lucha reivindicativa de un pueblo sometido a los rigores de una miseria extrema como forma de acelerar el deterioro de la colonia que, lógicamente, pensaba Albizu, llevaría a un proceso independentista indetenible. Pero Albizu no contaba con el designio del gobierno estadounidense, que recién estrenaba a Franklin Delano Roosevelt como Presidente, de parar en seco el independentismo puertorriqueño, para lo cual nombró como gobernador a un General con mano de hierro que impondría en Borinquen la paz de los cementerios.

El nuevo Gobernador colonial, de apellido Winship, se trazó como meta prioritaria el disolver la estructura juvenil del Partido Nacionalista, que tenía raíces firmes en el ambiente universitario puertorriqueño, concentrado en el corazón de Río Piedras, una ciudad situada a unos quince kilómetros del centro de San Juan, la capital de Puerto Rico. A ese Campus universitario llevarían las vueltas de la vida a quien escribe estas líneas para realizar estudios graduados de Física a finales de los 1970, cuando todavía la heridas abiertas por la llamada Masacre de Río Piedras no habían cerrado del todo, a pesar de haber transcurrido más de cuarenta años.

El golpe de Winship contra los Cadetes de la República, que así se llamaba la estructura que congregaba la élite de la juventud del Partido Nacionalista, tuvo lugar en medio de una lucha ideológica con ribetes académicos, durante la cual los más altos funcionarios de la Universidad de Puerto Rico declararon a Pedro Albizu Campos como "Enemigo de la Universidad". Como era de esperarse, los numerosos estudiantes que pertenecían a los Cadetes de la República protestaron en las calles la maniobra de las autoridades universitarias en contra de Albizu, lo que fue aprovechado por un grupo parapolicial, obviamente protegido por la Policía colonial, para reprimir a los manifestantes, causando la muerte violenta de cuatro militantes nacionalistas, incluyendo la de un importante dirigente nacional. Esta acción, que ha pasado a la historia como La Masacre de Rio Piedras, ocurrida en octubre de 1935, abrió las puertas a una persecución sistemática y masiva contra el Partido Nacionalista en toda la geografía boricua.

Los Cadetes de la República no se quedaron de brazos cruzados ante la persecución desatada en su contra por la Policía colonial. Un día cualquiera de 1936 dos militantes de la juventud nacionalista encontraron, aparentemente de manera fortuita, al Coronel Riggs, quien había dirigido la Masacre de Río Piedras el año anterior y lo asesinaron, en un incidente del que no se tuvieron muchos detalles. De lo que sí hubo detalles fue de la respuesta del Gobierno colonial de Puerto Rico a la muerte del Coronel Riggs.

Los dos militantes nacionalistas acusados de matar a Riggs fueron detenidos, y trasladados a un cuartel militar vestidos formalmente con saco y corbata, y fusilados, sin investigación ni juicio, aunque fuera sumario, frente a un grupo de periodistas boricuas que dejaron constancia gráfica de la atrocidad cometida por la Policía Militar colonial. La foto de Elías Beauchamp, uno de los acusados de matar al Coronel Riggs, saludando a la bandera de Puerto Rico, entonces proscrita, menos de un minuto antes de ser asesinado por la Policía colonial de Puerto Rico, que se puede obtener fácilmente en Google, es una prueba irrefutable de la tiranía colonial que sufrió Puerto Rico durante los 1930. Y pensar que para esa época Franklin Delano Roosevelt se presentaba ante los pueblos latinoamericanos como el amigo propulsor del New Deal (Nuevo Trato), que en Latinoamérica se publicitaba como Política del Buen Vecino.

Tras la muerte del Coronel Riggs el Gobernador Winship ordenó el allanamiento masivo de todos los locales del Partido Nacionalista en busca de pruebas que conectaran a Pedro Albizu Campos a los violentos acontecimientos provocados por la represión contra el nacionalismo. Los allanamientos no produjeron ninguna prueba material, documental o circunstancial que ligara a la Dirección del Partido Nacionalista al torbellino de violencia desatado por Winship. Eso no fue óbice para que Albizu fuera acusado ante un Jurado Federal del delito de sedición. Un juicio que duró semanas, y que mantuvo en vilo al pueblo puertorriqueño, concluyó descargando a Albizu y a la plana mayor del Nacionalismo de responsabilidad en la sangre vertida en Río Piedras y de la muerte del Coronel Riggs. Ese juicio fue anulado por órdenes "superiores" que llegaron desde las riberas del Potomac, y un segundo juicio relámpago, que hubiera causado envidia a un tribunal de la Inquisición, condenó a Albizu y compartes a diez años de prisión. La sentencia fue ágilmente confirmada en la instancia apelativa en Boston, y Albizu fue enviado prontamente a una prisión de Atlanta, en el estado de Georgia. Es oportuno recordar que en ese momento histórico en Atlanta, como en todo el Sur de Estados Unidos, muchos establecimientos públicos y privados estaban engalanados en su entrada con carteles que advertían "En este lugar no se admiten perros, ni negros, ni puertorriqueños".

Es lógico suponer que el Partido Nacionalista Puertorriqueño se desbandó tan pronto su Dirección Nacional fue encarcelada en Estados Unidos. En realidad, la condena abusiva de Albizu y sus compañeros exacerbó la pasión del nacionalismo puertorriqueño, que redobló la agitación social y política en todo el territorio boricua. Para hacer que el fuego nacionalista comenzara a extinguirse fue necesario que se produjera la mayor masacre política de la historia puertorriqueña, que les contaré, si Dios quiere, un día de estos.

Que Dios las bendiga.

Papá

Un Baño de Sangre Nacionalista en Ponce

Saint Paul, MN, EE UU
12 de marzo 2012

Queridísimas Hijas:

Creo haberles dicho recientemente que Ponce, llamada por los puertorriqueños Perla del Sur, es la segunda ciudad del Benjamín Antillano. Quien visita Ponce por primera vez no tiene que ser muy observador para identificar el aire señorial y sofisticado de esta ciudad recostada en el Mar Caribe, muy distinto al de San Juan, donde lo campechano predomina. Ponce es, como todas las segundas ciudades, al mismo tiempo pretenciosa e insegura.

La primera vez que estuve en Ponce en el año 1978, uno de los muchos amigos puertorriqueños que hicieron agradable mi estadía en la isla hermana me dijo con aire sombrío mientras cruzábamos frente a una vieja casona de dos pisos en un sector descuidado de la ciudad: Mira, ahí fue que se produjo la Masacre. Yo, para esa época ignorante de la historia puertorriqueña, le pregunté a qué masacre él se refería, y él, partidario de la unión permanente de Puerto Rico con Estados Unidos, respondió: Oh, la de los nacionalistas en los años 30. La conversación giró hacia temas menos conflictivos, concentrándonos en las muchas cosas atractivas que tiene Ponce durante un fin de semana siguiente a unos exámenes de Física agobiantes en el que los estudiantes graduados de la Universidad de Puerto Rico estábamos interesados en cualquier cosa menos en mortificarnos con problemas históricos.

Tuve la oportunidad de sacar la espinita de curiosidad que clavó en mi cerebro mi amigo riqueño durante mi visita a Ponce, en la Sala Puertorriqueña de la Biblioteca General José Lázaro, en el campus de Río Piedras de la Universidad de Puerto Rico, durante un descanso de mis estudios de Mecánica Cuántica. En esa Sala Puertorriqueña pude localizar microfilmes de los periódicos de marzo del 1937 con reportajes de primera plana de la llamada Masacre de Ponce.

Resulta que el Gobernador colonial Winship no se sentía del todo satisfecho con haber desarticulado la plana mayor del Partido Nacionalista, que estaba presa en su casi totalidad en los Estados Unidos. El General Winship quería mandar un mensaje a esos "perros puertorriqueños" en cuanto a la futilidad de su lucha por reivindicaciones sociales y políticas, que de manera espontánea había crecido en medio de la indignación nacionalista producida por la persecución de Albizu y sus compañeros de la dirección nacionalista.

La oportunidad de saciar la sed de sangre de Winship y sus socios se la brindaron los dirigentes nacionalistas de Ponce durante la Semana Santa de 1937, cuando solicitaron el permiso de ley para hacer un desfile conmemorativo de un aniversario de la abolición de la esclavitud en Puerto Rico. El permiso fue concedido sin ningún problema, y los nacionalistas ponceños pusieron alma y corazón en preparar un desfile que lograra llevar su mensaje reivindicativo y liberador a un pueblo acogotado por la miseria y la falta de libertad.

La misma mañana de domingo que el desfile iba a celebrarse, cuando cientos de militantes y simpatizantes del Partido Nacionalista, incluyendo muchas mujeres, niños y ancianos, desarmados en su gran mayoría, se encontraban en el punto de salida de la actividad, un oficial de la Policía colonial advirtió a los organizadores que había recibido la información de que el permiso para el desfile había sido cancelado por "órdenes superiores".

Los organizadores del desfile nacionalista mostraron al oficial policial el documento autorizándolos a proceder con la actividad, y dieron la señal de salida a la banda de música que encabezaba la marcha, que era seguida por un ordenado grupo de jóvenes nacionalistas que marchaban al ritmo de La Borinqueña, el himno nacional puertorriqueño desde el siglo anterior.

El desfile nacionalista pacífico fue disuelto por un batallón de la Policía colonial armado hasta los dientes que disparó a mansalva contra la multitud desarmada causando una veintena de muertos y varios cientos de heridos de bala. El plan de Winship se había dado a la perfección; la sangre puertorriqueña corría a raudales en las calles de Ponce, y el pánico se había apoderado, para siempre, de un pueblo que en lo adelante no se atrevería a salir a la calle a reclamar el derecho de todos los pueblos del mundo a decidir soberanamente su destino. La lógica genocida de Winship y de los que lo mandaban había prevalecido.

Mientras veía por primera vez, en microfilmes, las escenas horribles de la Matanza de Ponce, sentado cómodamente en la Sala Puertorriqueña de la Biblioteca General de la Universidad de Puerto Rico en Río Piedras, no pude evitar sentir asco por la descomunal hipocresía del mundo intelectual y político en que yo había crecido. Allí estaba yo, a mis veintiséis años, después de haber pasado mi vida entre libros, descubriendo una masacre como la que ocurrió en Ponce, Puerto Rico, en 1937. Por primera vez estuve seguro de que las llamadas "libertad de prensa" y "libertad de expresión" consagradas en muchas Constituciones tienen mucho más de espuma que de verdadero chocolate. Cuando los abusos, como la Masacre de Ponce, son cometidos por el fuerte, el poderoso, se ocultan debajo de la alfombra de la indiferencia y son borrados de la memoria histórica indispensable para que los pueblos desarrollen enteramente su potencial. Ese día comencé a convencerme de que el precio que había pagado el pueblo puertorriqueño para llenar su estómago había sido demasiado alto.

La Masacre de Ponce desencadenó los esperados "golpes de pecho" en la prensa liberal de los Estados Unidos, que provocaron investigaciones de organismos que se encargan de la violación de los derechos civiles, particularmente de la llamada Unión "Americana" de los Derechos Civiles, y de algunos congresistas estadounidenses escandalizados por la grosera violación a los derechos civiles y políticos de los ciudadanos puertorriqueños que habían sido convertidos sin pedirlo en ciudadanos estadounidenses por la Ley Jones de 1917. Esas investigaciones, que demostraron palmariamente las atrocidades del Gobierno colonial de Puerto Rico en el proceso de matar por asfixia al Partido Nacionalista Puertorriqueño, fueron archivadas en el rincón más profundo de la conciencia estadounidense, donde todavía yacen, hechas ya cenizas por el tiempo y el olvido. Triste confirmación de la afirmación sarcástica del insigne humorista mexicano Don Mario Moreno (Cantinflas) en el sentido de que "En la democracia capitalista, definitivamente, todos somos iguales; aunque unos son más iguales que otros".

Que Dios las bendiga.

Papi

Jalda Arriba, Construyendo la Colonia

Muñoz Marín y la Zanahoria del Buen Vecino

Madison, WI, EE UU
17 de marzo 2012

Queridísimas Hijas:

Quien pregunte a mil puertorriqueños o expertos en el tema por el personaje más importante de la historia de la llamada con justicia Isla del Encanto, recibirá, con toda seguridad una respuesta de consenso: Luis Muñoz Marín. Y es que muy pocos hombres han sabido dominar, para bien o para mal, los sentimientos y acciones políticas de un pueblo de la manera absoluta en que lo hizo Muñoz Marín con los boricuas.

Muñoz Marín nació en San Juan de Puerto Rico el mismo año, 1898, en que los marines estadounidenses ocuparon la que el Almirante descubridor llamara Isla de San Juan, en una cuna privilegiada en medio de la miseria general de uno de los países más pobres de América, hijo de la figura pública más destacada de Borinquen, Luis Muñoz Rivera, poeta, político y periodista de grandes luces.

El joven Muñoz creció, pues, en el centro gravitatorio de la política puertorriqueña, lo que le permitió residir y estudiar en los Estados Unidos, específicamente en Washington, donde su padre se desempeñó por varios años como Comisionado Residente ante la Cámara de Representantes de los Estados Unidos, el puesto electivo más importante del aparato colonial establecido en Puerto Rico, hasta que una complicación súbita de salud causó su muerte a destiempo. Muchos entendidos consideran a Muñoz Rivera como la segunda figura histórica puertorriqueña, solamente superado por su vástago homónimo. Recuerdo como si fuera hoy mi visita a las tumbas de los dos Muñoz en Barranquitas en los 1980, donde fui testigo del impacto que causó la muerte de un ya anciano Muñoz Marín mientras yo residía en Borinquen. Para esa época la memoria de los dos Muñoz era objeto de veneración por la gran mayoría de los puertorriqueños.

Muñoz fue un entusiasta independentista durante toda su juventud, llegando a proclamar su adhesión al socialismo en múltiples escritos. Esa visión independentista se fue transformando en la medida en que se fue convenciendo de que los puertorriqueños, mayoritariamente, rechazaban la independencia pura y simple luego de siglos de sometimiento a diferentes metrópolis.

93

Muñoz era un ser especial en varios sentidos. Tenía una inteligencia singular, que combinada con una simpatía personal arrolladora lo convirtió en lo que podría con justicia llamarse un dictador con respaldo popular. Viví en Puerto Rico cuando ya la salud de Muñoz, el Vate, como le llamaron muchos de sus contemporáneos, estaba de capa caída. Los dos años que antecedieron la muerte de Muñoz fueron un continuo homenaje de partidarios y adversarios que hablaban con emoción "del hombre que hizo persona al puertorriqueño ". Su muerte en abril de 1980, si la memoria no me traiciona, fue la manifestación de dolor colectivo más intensa y espontánea que he visto en mi vida. Durante una semana, por lo menos, quien viera televisión, escuchara radio o leyera periódicos, o conversara con personas en la calle estaba obligado a soportar la catarsis colectiva de un pueblo evidentemente agradecido. El grupo de amigos dominicanos con el que me reunía los fines de semana, para escapar de Muñoz Marín tuvo que desconectarse de los medios de comunicación y refugiarse en los discos de larga duración acompañados de cerveza Presidente y buena "picadera" para evitar el acoso del gran muerto durante ese proceso. Así de grande fue la influencia de Muñoz sobre su pueblo.

En el momento de la muerte de su padre, Muñoz Marín era un muchachón de unos diez y ocho años que no sabía ni "sacar una gata a mear" en cuanto a política. El joven Muñoz, quien había abandonado los estudios de Leyes que había iniciado en una prestigiosa universidad de Washington poco antes de morir su padre, se dedicó a la escritura en diferentes ciudades de Estados Unidos con suerte impar por más de diez años, al cabo de los cuales regresó a Puerto Rico, encontrando su país sumido en una miseria total. Un poeta natural como Muñoz tenía que ser un independentista; esa fue la ideología de Muñoz hasta bien entrados sus treinta años.

Cuando Muñoz decidió establecerse definitivamente en Puerto Rico, a principio de los 1930, entró en contacto con Pedro Albizu Campos, líder del Partido Nacionalista, el único que en ese momento reclamaba la independencia pura y simple de su patria. Muñoz le sacó el cuerpo al independentismo a ultranza de Albizu y se unió al Partido Liberal, con el cual alcanzó una curul en el Senado colonial de Puerto Rico. Desde esa curul Muñoz comenzaría a disfrutar las mieles que da la cercanía con el poder, y fue diluyéndose su sed por la independencia de Puerto Rico.

El punto de inflexión ideológico del futuro gran líder puertorriqueño fue su relación de amistad con la primera dama de los Estados Unidos Eleanor Roosevelt, quien visitó a la miserable isla caribeña poco después de ser juramentado el flamante nuevo senador del Partido Liberal, atendiendo a una invitación suya. El resultado de esa visita fue la inclusión de Puerto Rico en los beneficios de la Política de Buen Vecino (New Deal), que el recién electo presidente de Estados Unidos estaba por estrenar.

La Política de Buen Vecino, la zanahoria que Roosevelt le ofreció a Muñoz Marín, desactivó su entusiasmo por cualquier proyecto independentista; además, como les he explicado recientemente, la brutal represión de Winship contra Pedro Albizu Campos y su Partido Nacionalista iba dejando claro en la mente de todo el que tuviera un cerebro funcionando normalmente, que los Estados Unidos no estaban dispuestos a renunciar al enclave colonial que le permitía proteger el acceso al Canal de Panamá, otro enclave colonial estadounidense que le permitía al Coloso del Norte tener dominio absoluto de su vecindario geopolítico.

El acercamiento estratégico de Muñoz Marín con la pareja presidencial estadounidense afectó su posición en el Partido Liberal que lo había llevado en su boleta electoral al Senado colonial de Puerto Rico, provocando, eventualmente, su expulsión de ese partido, dirigido para la época por Antonio Barceló, uno de los íconos políticos del Puerto Rico del Lamento Jíbaro. Luego de su expulsión del Partido Liberal, Muñoz Marín fundó el Partido Popular Democrático (PPD), que en cuestión de un par de años lo llevaría a la cima de la política puertorriqueña.

El ascenso de Luis Muñoz Marín al poder mediatizado de un enclave colonial en medio de la miseria reinante en Puerto Rico durante los 1930 y 1940 constituyó uno de los procesos políticos claves en la América Latina moderna, y uno de los triunfos más resonantes de la política estadounidense en el subcontinente durante el siglo XX. Durante mi residencia de más de dos años en Puerto Rico, entre 1978 y 1980 tuve la oportunidad de compartir con centenares de personas contemporáneas de Muñoz Marín en distintos ambientes y todos, absolutamente todos, desconectados entre sí, me dieron la misma versión sobre la metamorfosis política del Vate, que paso a exponerles a continuación.

Muñoz Marín fue un político de los pies a la cabeza que recorrió, en lomo de mulos y caballos, todos los montes y valles que ocupan la bella orografía riqueña. Don Luis, como le llamaban sus compatriotas, andaba con una escasa comitiva de dos o tres personas que llegaban sin avisar a cualquier barrio (así llaman a los campitos puertorriqueños) y convocaban a los vecinos en casa de algún amigo personal del líder del PPD, o de algún antiguo seguidor del padre de Don Luis, quien, como ya les he dicho, fue una figura fundamental de la política puertorriqueña a finales del siglo XIX y comienzos del siglo XX. En el patio de esa casa, alumbrados por lámparas de gas, que en Puerto Rico se llaman quinqués, y a veces por la luz de la luna boricua y bajo el canto de los coquíes, un sapito chillón que arrulla a los campesinos boricuas mientras duermen, la voz de barítono de Don Luis embelesaba por un par de horas a esos olvidados de la fortuna que sólo contaban con Dios y sus dos manos para sobrevivir a la miseria que había golpeado a su sociedad por más de cuatro siglos. Al concluir la charla de Don Luis, un par de seis chorreados en la voz de trovadores jíbaros del barrio y un par de tragos de ron riqueño sellaban la noche, y Don Luis y su escasa escolta se distribuían entre los vecinos para dormir; y en la mañana, tras un buen desayuno, el líder de los jíbaros seguía su andar "Jalda Arriba", como rezaba su eslogan de campaña.

La operación Jalda Arriba culminó en 1940 con la victoria sorprendente, por inesperada, de Luis Muñoz Marín y su PPD, que permitió al líder de La Pava (así se llama el sombrero de jíbaro que identifica todavía hoy en día al PPD) ascender a la presidencia del Senado colonial puertorriqueño, desde donde, en una inteligente gestión de cooperación con el gobierno de Estados Unidos, lanzó un ambicioso proyecto desarrollista que sacó a Puerto Rico de la miseria más abyecta y le permitió alcanzar índices que lo igualaban con países desarrollados en múltiples aspectos. Fue así como entre 1940 y 1948 el Gobierno colonial de Puerto Rico, con la cooperación de Muñoz Marín y su invencible maquinaria política jíbara en el estamento legislativo, consiguió que Puerto Rico se convirtiera en el modelo de revolución sin sangre que se presentó a los pueblos latinoamericanos como opción alternativa a los vaivenes revolucionarios izquierdistas que arropaban a la América que creía en Jesucristo y hablaba castellano.

La zanahoria muñocista de manufactura estadounidense fue muy bien digerida por la enorme mayoría del pueblo puertorriqueño, que se fue olvidando cada vez más del sueño independentista de unos cuantos ilusos que tenían a su líder, Pedro Albizu Campos, internado en cárceles y hospitales estadounidenses haciendo realidad la consigna del Partido Nacionalista que rezaba que "La Patria es Valor y Sacrificio". Muñoz no renegó abiertamente del sueño independentista en ese período crítico de la historia puertorriqueña; simplemente planteó que el momento era uno de mejorar las condiciones de vida del pueblo boricua, no de estar en líos políticos que lo que podían traer era violencia. Ese mensaje llegó clarito al corazón de la mayoría de un pueblo que veía brotar por doquier carreteras, escuelas, hospitales, mercados y centros comerciales que nunca había soñado.

Los dos períodos de Muñoz Marín como presidente del Senado colonial sirvieron para ampliar la participación puertorriqueña en la administración de la que se convirtió en la vitrina colonial de los Estados Unidos, que mostraban orgullosos cómo la soberanía y la libertad no eran necesarias para que una nación alcanzara la felicidad. El declive del nacionalismo como opción política permitió un ablandamiento del narigón colonial, al punto de que los Estados Unidos colocaron la posición de Gobernador colonial en la boleta electoral de las elecciones generales coloniales de 1948. Como era de esperarse, el fundador del Puerto Rico moderno, Luis Muñoz Marín obtuvo la mayoría absoluta como Gobernador colonial y su partido, el PPD, controló abrumadoramente el Senado y la Cámara coloniales. Todo parecía indicar que el sueño independentista del Partido Nacionalista había sucumbido ante el bienestar material del pueblo jíbaro. Esa no era la opinión de Pedro Albizu Campos, quien tras diez años de prisión injustificada regresó a suelo puertorriqueño para poner en práctica su último y desesperado intento de hacer que su pueblo se casara con la independencia. De eso hablaremos un día de estos.

Que Dios las bendiga.

Papá

Albizu Vuelve por sus Fueros

Madison, WI, EE UU
18 de marzo 2012

Queridísimas Hijas:

Cuando Pedro Albizu Campos regresó a su patria en 1947 no podía dar crédito a lo que sus ojos vieron. Al partir a cumplir una condena de diez años de cárcel, fruto de un proceso judicial viciado, dejó a un pueblo que era un monumento a la miseria material. A su regreso Albizu encontró una economía colonial pujante, que era la envidia de una región dominada por el atraso económico y social con la excepción de Cuba que cumplía con el rol de cualquier excepción que es el confirmar la regla. La contraparte de ese bienestar material era la desidia generalizada por los asuntos atinentes al proyecto de Puerto Rico como nación independiente, que se había escondido en un rincón del alma boricua que nadie se atrevía a despertar. Albizu se propuso hacer exactamente eso, y los administradores de la colonia de Puerto Rico respondieron instantáneamente al plan de Albizu.

No había transcurrido un año desde el regreso del líder Nacionalista, cuando el Poder Legislativo colonial de Puerto Rico le envió al Gobernador colonial Jesús Piñeiro una ley restringiendo todo tipo de actividad política que pasó a la historia como la Ley Mordaza, que hubiera dejado pálido de envidia a Joseph McCarthy, el famoso senador estadounidense por el Estado de Wisconsin, que estremeció la sociedad estadounidense a comienzos de la Guerra Fría, desatando una cacería de brujas ideológica sin paralelo en la patria de Jefferson.

La Ley Mordaza puertorriqueña prohibía cualquier actividad que promoviera la independencia de Puerto Rico, incluyendo la interpretación pública o privada de La Borinqueña, el himno nacional puertorriqueño, la exhibición pública o privada de la bandera puertorriqueña, que años después, cuando la cara de la colonia sufrió la metamorfosis que todavía hoy exhibe, fue legalizada. Toda la logística investigativa del mayor poder militar y político de la historia fue usada para reprimir de mil maneras todas las actividades públicas y privadas de Albizu y su círculo de amigos más cercanos. La represión política creció hasta un punto tal que forzó un grito desesperado del nacionalismo puertorriqueño que tuvo repercusiones en suelo boricua y en suelo estadounidense, cuando se hizo evidente que el gobierno metropolitano preparaba una cirugía cosmética para su colonia caribeña. Eso era lo que sugería un documento evacuado por la presidencia estadounidense a mediados de 1950, que daba potestad a Luis Muñoz Marín, primer boricua elegido como Gobernador colonial de Puerto Rico, para comenzar la planificación de un plebiscito que aprobara cambios en la situación colonial de Puerto Rico siempre que no se incluyera entre esos cambios la opción independentista plena. La dirección del Partido Nacionalista comprendió que el plebiscito propuesto significaba su muerte a corto plazo y no tuvo más opción que la acción desesperada inmediata, que, como veremos, probaría ser un suicidio partidario. Un día a finales de octubre de 1950, militantes nacionalistas, usando armas dignas de figurar en un museo de armamentos del siglo XIX, ocuparon por varias horas varios pueblos "de la Isla", como se denomina en Puerto Rico a las poblaciones fuera del área metropolitana que congrega entre otras ciudades a San Juan, Santurce, Río Piedras, Bayamón y Guaynabo. La más exitosa de esas actividades tuvo lugar en Jayuya, pueblo de montaña de belleza extraordinaria donde los militantes nacionalistas ocuparon el cuartel de la Policía colonial después de un corto enfrentamiento. Simultáneamente, la sede del Ejecutivo colonial, llamada popularmente La Fortaleza, fue atacada por varios individuos armados.

El impacto militar de los ataques nacionalistas fue mínimo, pues al cabo de dos días se había impuesto la "tranquilidad de tranca" del eficiente contingente militar estadounidense que había mantenido a raya a cualquier cosa que oliera a independencia puertorriqueña desde 1898. Pero el impacto sicológico sobre el pueblo puertorriqueño fue tremendo, como tremenda fue la represión desatada sobre más de tres mil militantes del Partido Nacionalista, que fueron apresados y sometidos a todo tipo de vejámenes. Obviamente, Pedro Albizu Campos, ya muy disminuido físicamente tras más de diez años de cárcel, fue detenido e incriminado nuevamente, disponiéndose la apertura de un juicio en su contra por sedición.

Unos cuantos días después de las actividades militares nacionalistas, el conflicto llegó a las puertas de la Casa Blair, una de las residencias oficiales del presidente de Estados Unidos, que para octubre de 1950 lo era Harry Truman. El ataque, perpetrado por dos nacionalistas puertorriqueños residentes en Estados Unidos, se saldó con un balance de dos muertos, uno de ellos soldado estadounidense de servicio en la Casa Blair y el otro uno de los atacantes.

El ataque de militantes nacionalistas a la Casa Blair aceleró un juicio sumario en contra de Albizu Campos y el grupo de militantes nacionalistas más cercano al líder. En esta ocasión la condena fue de ochenta años de cárcel. No se conocieron en el juicio sumario las pruebas que incriminaran a Albizu Campos en los ataques a la Casa Blair y las escaramuzas nacionalistas en Borinquen que, por cierto, no produjeron ninguna víctima mortal en suelo puertorriqueño. Se podría afirmar en retrospectiva que la única víctima mortal de estos eventos fue el Partido Nacionalista Puertorriqueño, que a partir de ellos se hizo completamente irrelevante para el discurrir diario del pueblo boricua.

Los acontecimientos de octubre de 1950, sin embargo, aceleraron el proceso de reforma del enclave colonial de Puerto Rico que se hacía necesario en medio de múltiples procesos de independencia desencadenados a nivel internacional desde finales de la Segunda Guerra Mundial. El mantener a un pueblo con una cultura muy definida, muy diferente a la estadounidense, bajo la soberanía de una metrópoli que era al mismo tiempo la primera, la más grande y la más poderosa vitrina de la democracia representativa en todo el mundo, se hacía insostenible. Había que encontrar salida a esa situación colonial que dejaba muy mal parados a los Estados Unidos. Había que lavarle la cara a la colonia más querida por Washington. Este proceso se dio bajo la dirección aparente de Luis Muñoz Marín durante los años 1950 y brindó a los Estados Unidos la posibilidad de dar legalidad internacional a su enclave colonial en Puerto Rico, logrando que las Naciones Unidas retiraran por un tiempo a la más pequeña de las Antillas Mayores de su lista de colonias pendientes de un proceso soberano que definiera su estatus político definitivo.

Que Dios las bendiga.

Papá

Tres Golpes al Corazón del Independentismo

Saint Paul, MN, EE UU
23 de marzo 2012

Queridísimas Hijas:

Les decía hace un tiempito que a mediados del 1950 el presidente Truman firmó una ley que autorizaba al Poder Legislativo colonial puertorriqueño a someter al Congreso estadounidense una nueva Constitución de lo que en inglés se llamó, y se llama todavía, Commonwealth of Puerto Rico, que fue traducido en la versión castellana de dicha Constitución como Estado Libre Asociado. Tendremos la oportunidad, por cierto, de comprobar que el tal Estado Libre Asociado, resultó no ser ni Estado, ni Libre, ni mucho menos Asociado.

Retomando el hilo del ovillo político puertorriqueño, elecciones para una Asamblea Constitucional fueron efectuadas en 1951, las cuales fueron ganadas arrolladoramente por el PPD, partido encabezado por Muñoz. Recuerden que para esa época estaba en efecto una ley Mordaza que prohibía el despliegue de la bandera puertorriqueña y la interpretación de La Borinqueña, considerada desde finales del siglo XIX como la canción patria. La letra del himno nacional de Puerto Rico fue obra de la gran poeta boricua Lola Rodríguez de Tió y la música fue tomada prestada a la más bella de las danzas puertorriqueñas cuyo autor la mayoría de los entendidos cree fue un catalán residente en Puerto Rico, Félix Astol, quien la compuso en 1867, un año antes que la gran Lola escribiera su poema revolucionario. Por cierto, 1868 fue el año en que se produjo el Grito de Yara en Cuba, que dio comienzo a la lucha independentista en la Antilla Mayor. Ese grito tuvo una secuela en Puerto Rico, el Grito de Lares, que no trascendió al seno del pueblo boricua, pero que sirvió de advertencia a los españoles en el sentido que el cachorro más pequeño del León español tenía sueños independentistas. Desde esa época La Borinqueña independentista fue el único himno identificado por el pueblo puertorriqueño como propio. Después de la ocupación estadounidense poetas simpatizantes del poder ocupante hicieron un concurso para hacer las letras del himno puertorriqueño aceptables para los invasores, que fue ganado por el fino poeta español Manuel Fernández Juncos; pero las letras premiadas por el poder colonial no prendieron en el alma boricua.

La Asamblea Constitucional colonial sometió al electorado puertorriqueño en marzo de 1952 el nuevo proyecto de Constitución que fue aprobado con una mayoría de alrededor del 82 por ciento de los votos. Ese proyecto de Constitución fue enviado al Congreso de los Estados Unidos, donde fueron eliminados unos cuantos artículos que hubieran permitido al pueblo puertorriqueño disfrutar de algunas capacidades parecidas a las que tenían sus vecinos independientes como Cuba y Santo Domingo. La Asamblea Constitucional colonial no tuvo otra opción que aceptar los cambios que de manera vertical le impuso el Congreso de Estados Unidos, y el 25 de julio de 1952, con bombos y platillos, Luis Muñoz Marín anunciaba orgullosamente al mundo, con el respaldo masivo de su pueblo, el nacimiento del Estado Libre Asociado de Puerto Rico. Ese mismo día Muñoz Marín dio tres golpes al corazón del independentismo puertorriqueño de los que nunca se pudo recuperar.

El primer golpe de Muñoz fue la proclamación constitucional de la bandera independentista como la bandera puertorriqueña. Como ya les he dicho, la bandera puertorriqueña es hija de la bandera cubana. Tomen la bandera cubana y cambien azul por rojo, y rojo por azul, y tendrán la bandera puertorriqueña. Esa bandera fue prohibida desde el momento en que las tropas estadounidenses invadieron a Puerto Rico en 1898, pero se mantuvo viva, muchas veces escondida, pero siempre viva, en el corazón de la mayor parte de los puertorriqueños que veían en ella la expresión máxima de su identidad nacional. Pues bien, esa mismita bandera Muñoz Marín la puso como símbolo de su Estado Libre Asociado. Pero había un detallito que dañaba todo lo bueno que hubiera tenido el darle a Puerto Rico una bandera que lo pusiera en igualdad con relación a todas las otras naciones del mundo. Esa bandera puertorriqueña no podría exhibirse sola; por ley, siempre debía estar acompañada por la bandera de los Estados Unidos.

El segundo golpe de Muñoz no fue menos fuerte. La Borinqueña, el único canto patrio conocido por los puertorriqueños, fue tomado como himno oficial del Estado Libre Asociado de Puerto Rico. Pero, de nuevo, un jabón dañaba el sancocho a los independentistas. La letra original de La Borinqueña, revolucionaria e independentista, se cambiaba por las de la versión colonialista de Fernández Juncos que canta las bellezas de Puerto Rico sin siquiera mencionar la palabra Libertad. Les presento a continuación las letras originales y las impostoras para que ustedes se convenzan de que no las estoy engañando.

La Borinqueña Original

Música: Félix Astol (1867)
Letra: Lola Rodríguez de Tió (1868)

Despierta Borinqueño
que han dado la señal,
despierta de ese sueño
que es hora de luchar.
¿A ese llamar patriótico
no arde tu corazón?
Ven, nos será simpático
el ruido del cañón.

Nosotros queremos la libertad,
nuestros machetes nos la darán.
Vámonos borinqueños, vámonos ya,
que nos espera ansiosa,
ansiosa la libertad;
la libertad, la libertad,
la libertad, la libertad.

La Borinqueña del Ela

Música: Félix Astol (igual que la original)
Letra: Manuel Fernández Juncos (1903)

La tierra de Borinquen
donde he nacido yo,
es un jardín florido
de mágico esplendor.

Un cielo siempre nítido
le sirve de dosel
y dan arrullos plácidos
las olas a sus pies.

Cuando a sus playas llegó Colón
exclamó lleno de admiración, Oh!
Esta es la linda tierra que busco yo,
es Borinquen la hija, la hija del mar y el sol;
del mar y el sol, del mar y el sol.

Observen la ausencia total de patriotismo y de pujo libertario en las lindas estrofas de Fernández Juncos. Y no podía ser de otra manera. Él estaba participando, y ganó, en un concurso organizado en 1903 por el nuevo poder colonial, los Estados Unidos, para desinflar el ánimo independentista puertorriqueño. Y aunque durante la vida de Fernández Juncos su bella inspiración no prendió ni en el ánimo ni en el gusto popular puertorriqueño, en 1952 Muñoz Marín inauguró su Estado Libre Asociado con los acordes de La Borinqueña de letra colonialista. El tiempo se encargaría de arrinconar en el olvido el mensaje revolucionario independentista de la gran Lola de Puerto Rico, cuya obra y memoria aguardan todavía el momento improbable de un renacer independentista en Borinquen bella.

El tercer golpe de Muñoz Marín al independentismo boricua en la inauguración de su Estado Libre Asociado fue la fecha misma que eligió para celebrarla. El 25 de julio, aniversario de la ocupación militar estadounidense, era conmemorado cada año por los independentistas puertorriqueños como una fecha ominosa, que servía de recordatorio a la tarea pendiente de la soberanía plena. A partir de 1953, el 25 de julio de cada año los colonialistas puertorriqueños han conmemorado el día del nacimiento del Estado Libre Asociado.

De manera que Muñoz Marín despojó a los independentistas puertorriqueños de sus tres símbolos cardinales el mismito día que presentó al mundo la cara retocada de un enclave colonial que fue aceptada como válida por cierto tiempo por la comunidad internacional representada por las Naciones Unidas. Hasta que se cumplió la sentencia de Lincoln de que es imposible engañar a todo el mundo todo el tiempo. Pero de eso nos ocuparemos en una carta futura, si Dios quiere.

Que Dios las bendiga.

Papá

¿Es la Colonia un Destino Aceptable?

Saint Paul, MN, EE UU
24 de marzo 2012

Queridísimas Hijas:

Durante mi residencia en Puerto Rico, por más de dos años, hace treinta y pico de años, mientras estudiaba una Maestría en Física en la Universidad de Puerto Rico, Río Piedras, me atormentaba continuamente la pregunta de por qué, contrario al resto de los pueblos del mundo, el puertorriqueño no había dado muestras, durante siglos de sometimiento a los imperios español y estadounidense, de querer alcanzar la independencia a la que han aspirado todas las naciones desde que el mundo es mundo. Fueron muchas las noches de discusiones que sostuve con muchos amigos puertorriqueños y de otras nacionalidades, sin encontrar una respuesta convincente; hasta que una madrugada, después de salir de un concierto de danzas puertorriqueñas en la sede del Ateneo Puertorriqueño en San Juan, mientras recorría las calles solitarias del Viejo San Juan, frente a La Rogativa, uno de los monumentos más impresionantes de esa bella ciudad, escuché de labios de un amigo y colega físico, puertorriqueño por demás, el argumento que devolvió el sueño tranquilo a mis noches boricuas.

Mi buen amigo puertorriqueño, a quien no identifico por no tener su autorización, planteaba que durante el proceso de independencia de las colonias españolas que cubrían una parte apreciable del mapa americano, las familias conservadoras que no estaban de acuerdo con los revolucionarios, porque eso siempre fueron los independentistas en todo el mundo, huían hacia colonias españolas vecinas. Al hacerse cada vez más contagioso el virus independentista, esas familias conservadoras tenían tres destinos posibles: Cuba, rica materialmente, pero donde desde 1868 había una guerra independentista en pie; España, que hacía mucho tiempo había perdido el esplendor de gran metrópoli colonial y era inaccesible para la mayoría; y Puerto Rico, donde solamente abundaban la miseria y la tranquilidad. Es decir que la benjamina de las Antillas Mayores se convirtió en el refugio ideal de los sectores más conservadores de los criollos contrarios a la independencia de las colonias del León Español.

Siguiendo lo arriba expuesto, cuando en 1868 el pueblo cubano dio la campanada inicial de su lucha independentista, El Grito de Yara, al que siguió una cruenta guerra de diez años que finalizó con la llamada Paz del Zanjón, que propició una tregua de unos diez y siete años que concluyó con la guerra independentista abierta proclamada por Martí y Gómez en la segunda parte de los 1890, en Puerto Rico, los que trataron de imitar en Lares al Grito de Yara, recibieron la indiferencia como respuesta. La posición mayoritaria de los puertorriqueños fue, para esa época, 1868, que ellos eran parte de España, y que a lo más que podían aspirar era a una autonomía que les garantizara cierta independencia administrativa, mientras conservaban la ciudadanía española. Esta tendencia política alcanzó tanta fuerza en Puerto Rico que unos meses antes de la ocupación militar de Puerto Rico por parte de Estados Unidos, las Cortes españolas, que así llaman en la Madre Patria al Parlamento, votaron una ley, que fue firmada por el Ejecutivo, concediendo a Puerto Rico la condición de territorio autónomo. Es decir, que los Estados Unidos no se apoderaron en 1898 de una colonia española sino de un territorio al que España había concedido la autonomía.

Como les he dicho anteriormente, uno de los líderes autonomistas fundamentales en el Puerto Rico español fue Luis Muñoz Rivera, el padre de Luis Muñoz Marín, quien, después de la ocupación estadounidense, continuó luchando por la autonomía, nunca por la independencia de su nación. Muñoz hijo, por el contrario fue un furibundo independentista, como también les he contado, hasta que saboreó las mieles del poder colonial a mediados de los 1930, cuando comenzó a oponerse a los intentos de promover la independencia de Puerto Rico tanto dentro como fuera de su país. Esto lo llevó a denunciar varios proyectos de leyes de congresistas estadounidenses que abrían la puerta a la independencia boricua como "abusivos".

Con lo que digo en los párrafos anteriores no intento, en forma alguna, justificar el efectivo sabotaje de la independencia que Muñoz Marín llevó a cabo entre 1936 y 1952, cuando coronó su proyecto político proclamando entre bombos y platillos, con el apoyo de más del 80 por ciento de su pueblo, la cara nueva de la colonia, el Estado Libre Asociado. Lo que intento es explicar que Muñoz Marín puso su oído en el corazón de su pueblo y el ritmo que escuchó fue el de la autonomía, no el de la independencia; y ese ritmo, para bien o para mal, marcó su carrera política hasta que falleció en su Puerto Rico querido en medio del aprecio generalizado de su pueblo. Un aprecio del que yo fui testigo presencial, pues me integré, con unos amigos puertorriqueños, a la caravana que llevaría los restos del Vate (así era conocido Muñoz Marín por sus contemporáneos) a su descanso definitivo en Barranquitas. El mar humano fue tan grande que el tráfico colapsó en toda la isla y estuvimos varados por largas horas sin avanzar ni poder devolvernos al punto de salida. La solución fue pararnos en uno de los miles de hogares que abrieron sus puertas a los viajeros "quedados" y ver por televisión el discurso de Rafael Hernández Colón, para la época presidente del PPD después de haber sido llevado a la Gobernación colonial unos años antes de la mano del político más importante de la historia riqueña.

La respuesta a la pregunta que encabeza esta carta es, en mi humilde opinión, NO. Aunque la mona se vista de seda, mona se queda. Colonia es colonia no importa lo bien que usted la maquille. Y ahí estuvo el fallo fundamental del legado político de Muñoz Marín, quien, pudiendo diseñar un camino largo hacia la independencia por medio de la reforma gradual de su ELA, prefirió el camino más cómodo del congelamiento de un modelo que en 1952 realmente respondía a la realidad puertorriqueña, pero que a medida que el tiempo fue pasando se convirtió en una pesadilla que todavía mantiene a Puerto Rico en la condición de Rara Avis ante una comunidad internacional que cuenta con más de doscientas naciones independientes, muchas de ellas más pequeñas y más pobres que la que vio nacer a los puertorriqueños, quienes, con el paso de los años, vieron deteriorarse la tacita de plata en que Muñoz Marín les sirvió el cafecito colonial en 1952. Pero de eso les hablaré otro día.

Que Dios las bendiga.

Papi

(1929-1952) = Una Fuga Barroca Política Caribeña

Saint Paul, MN, EE UU
25 de marzo 2012

Queridísimas Hijas:

Cuando alguien pregunta en qué consiste una GENERACION en una sociedad determinada la respuesta más frecuente es que es un período de entre veinte y veinticinco años que generalmente comienza con un acontecimiento de tal magnitud que define claramente un antes y un después en la coordenada temporal. Uno de los acontecimientos más importantes del siglo XX, tal vez el más importante de todos desde el punto de vista económico, fue la Gran Depresión del año 1929 que sacudió la economía de los grandes países capitalistas haciendo tambalear como nunca el sistema económico que aún predomina en el mundo.

Tal vez por falta de sincronización histórica entre los tres vértices que forman el triángulo hispánico del Caribe, la generación que comenzó con la Gran Depresión del 1929, y que terminó en 1952, vivió etapas completamente distintas en Cuba, Santo Domingo y Puerto Rico. Etapas que de hecho marcaron a estas naciones hasta el día de hoy. En los últimos meses las he paseado por estos acontecimientos históricos del Caribe hispánico; ahora quisiera hacerles notar la extraña coincidencia en el tiempo de esos acontecimientos que nunca estuvieron en armonía, sino en constante disonancia, dándole a este período el carácter de una fuga barroca, en la cual se superponen melodías en tensión continua. Hagamos un repaso del camino que hemos andado hasta el momento.

A Cuba la Gran Depresión del 29 le regaló un dictador que logró imponerse por un tiempo a una sociedad que buscaba la democracia, pero que en 1933 tuvo que coger las de Villadiego cuando el Ejército cubano, interpretando el sentir de sus compatriotas, promovió un proceso de apertura democrática que culminó en 1940 con la proclamación de una de las Constituciones más modernas y garantistas del mundo. A la sombra de esa Constitución se eligieron democráticamente 3 gobiernos que convirtieron a Cuba en el ejemplo a seguir por los luchadores democráticos en América Latina. La ambición, como de costumbre, rompió el saco; y el mismo hombre que encabezó desde los cuarteles la apertura democrática se convirtió de golpe y porrazo en dictador en 1952, cuando se convenció de que no estaría más nunca en condiciones de obtener el poder por la vía democrática.

La Gran Depresión encontró a Santo Domingo en manos de un presidente de la República irresponsable que hizo trampa para quedarse en el poder dos años más que lo que la Constitución dominicana lo autorizaba. Esa violación a la regla de oro de la democracia representativa hizo que la República Dominicana pariera un tirano sin paralelo en la historia latinoamericana, que convirtió a los dominicanos que no quisieron o que no pudieron escapar de su tierra en verdaderos siervos de la gleba en pleno siglo XX. El tirano se robó el país completo, incluyendo tierras y mujeres, le cambió el nombre a la capital dominicana, la más vieja de América, construyó a sangre y fuego la frontera con Haití, y en 1952, cuando se cansó de abusar directamente de los dominicanos, se puso a pasear por el mundo presumiendo de sus "hazañas", mientras sus títeres seguían administrando su finca personal, la más grande del mundo, que ocupaba casi las dos terceras partes de la Isla de Santo Domingo.

Por último, la Gran Depresión encontró a Puerto Rico convertido en uno de los países más pobres de América, ocupado militarmente por la potencia más poderosa de la historia. Los decenios 1930 y 1940 fueron testigos de la persecución sistemática del independentismo boricua, y de la entronización de una colonia retocada en medio de una transformación material sin paralelo en el vecindario antillano, la cual adormeció el instinto independentista y llevó a los puertorriqueños en 1952, encabezados por Luis Muñoz Marín, a comenzar un Vía Crucis hacia la definición de su estatus político que todavía en 2012 está a medio talle.

Observen como en 1952 se produjeron 3 hechos históricos, el hundimiento de la democracia cubana, el retiro nominal de Trujillo en Santo Domingo, ebrio de poder y harto de abusar su pobre pueblo, y el ascenso triunfal de Muñoz Marín encabezando el remozamiento de la cara de la colonia que todavía hoy día les da de comer a los boricuas y al mismo tiempo les impide respirar los aires de libertad que países indigentes y ricos disfrutan, aunque de manera desigual. Por cierto, en 1952, en un pueblito del Este dominicano, San José de los Llanos, nació quien muchos años más tarde se convertiría, en fechas separadas por seis años y medio, en el padre de las dos mejores hijas del mundo, que son las destinatarias de esta misiva.

En las siguientes cartas las iré paseando por los avatares que vivieron los vértices del triángulo hispánico del Caribe entre 1952 y 1962, once años cargados de acontecimientos políticos que convirtieron al mar más bello del mundo en el más peligroso.

Que Dios las bendiga.

Papá

Queridísimas

Queridísimas

Fabio Valenzuela Sosa

Hijas

Hijas

El Emisario de Martí y Chibás

Martí y Chibás Envían a Batista un Contrincante

Madison, WI, EE UU
14 de abril 2012

Queridísimas Hijas:

Era natural que Fulgencio Batista creyera, cuando derrocó a Carlos Prío Socarrás en 1952, que iba a gobernar a Cuba sin mucha oposición. Para ello contaba con dos aliados muy poderosos: El desprestigio de Prío en el pueblo cubano y el apoyo irrestricto del gobierno de Estados Unidos. Pero la realidad de los hechos le demostró a Batista que si así pensaba estaba soñando con pajaritos preñados que nunca llegarían a su patio. Resulta que los pueblos son, como la mayoría de las mujeres, muy caprichosos; y por tanto, no les gusta que quien los quiera engañar subestime su inteligencia. Los cubanos, de golpe y porrazo, tenían que asimilar como dictador al mismo individuo que les había enseñado el camino de la democracia, quien, por coincidencia, ocupaba un lejano tercer lugar en las encuestas de opinión de cara a las elecciones generales de 1952. Esa era una guayaba demasiado grande para que los cubanos se la tragaran sin protestar, y eso fue lo que hicieron tan pronto pudieron.

Los primeros que enfrentaron a Batista en su ejercicio dictatorial fueron los mismos que le sirvieron de sustento a su gobierno democrático de los años cuarenta: los estudiantes, los obreros y los izquierdistas. Una ola de reclamos de todo tipo sacudió al dictador desde que presentó credenciales, lo cual lo obligó a que "apretara la muñeca" contra la oposición. Y fue en esas circunstancias que Martí y Chibás se encarnaron en un fogoso exlíder estudiantil de la Universidad de la Habana, quien se convirtió en la pesadilla del dictador hasta el último día de su poder usurpado.

A finales de julio de 1953, Fidel Castro, antiguo líder de la juventud del Partido Ortodoxo de Chibás, tomando como bandera la conmemoración del centenario del nacimiento de José Martí, intentó infructuosamente apoderarse del Cuartel Moncada, localizado en Santiago de Cuba, cerca de la punta sureste del "Caimán". El ataque fue neutralizado fácilmente por la dotación militar del Cuartel Moncada, muriendo la mayoría de los "locos" que participaron en él. Fidel, sin embargo, salvó milagrosamente la vida, y su acción suicida lo proyectó a la primera fila de la política cubana.

Batista llevó a los "bandidos" que asaltaron al Cuartel Moncada a un juicio público con el que esperaba sepultar definitivamente la oposición de los hijos políticos de Eduardo Chibás. Ese fue, probablemente, el error político más grande que cometió quien acumuló méritos suficientes para presumir de ser el padre de la democracia moderna en Cuba hasta que la hundió para siempre en 1952.

Fidel Castro se presentó como su propio abogado durante el juicio contra los asaltantes del Moncada, produciendo y leyendo un documento que tituló "La Historia me Absolverá" en el que denunció las lacras del sistema político cubano y la necesidad imperiosa de sustituir ese sistema por uno verdaderamente democrático que sacara de la miseria y de la dictadura al pueblo de Martí. Las indudables dotes retóricas de Fidel Castro electrizaron a cientos de miles de cubanos que vieron el juicio por televisión, y cuando Fidel fue condenado a varios años de prisión ya se había convertido en la negación de Batista en la imaginación popular cubana.

Al ver que el ascendiente de Fidel crecía con cada día que pasaba en la cárcel, Batista lo amnistió junto a sus compañeros del Moncada, deportando a todo el grupo hacia México. En la patria de Juárez, Fidel hizo cualquier cosa menos quedarse tranquilo. Allí entró en contacto con un grupo de latinoamericanos de tendencia izquierdista a quienes convenció de que Cuba era un territorio fértil para la lucha revolucionaria. Además, estableció contacto con los principales dirigentes estudiantiles y obreros de Cuba, quienes viajaron a México para coordinar con el Quijote cubano la puesta en práctica de sus sueños revolucionarios.

Cuando pudo contar con un número suficiente de luchadores dispuestos a suicidarse retando al todopoderoso ejercito batistiano, Fidel se puso al frente de ellos trasladándose, mientras los cubanos celebraban como sólo ellos saben celebrar las pascuas navideñas, al extremo sureste de Cuba, desde donde confiaba que podría llegar a la Sierra Maestra, única colección de montañas que merece ese nombre en la Antilla Mayor. Como era de esperarse, la gran mayoría de los invasores fueron capturados por el ejército cubano, o dejaron el pellejo en la primera batalla de la novicia guerrilla. Pero una veintena de ellos, encabezada por Fidel, con barba que hacía competencia a la de Alonso Quijano, el famoso Quijote de Cervantes, consiguió internarse en los picos más escarpados de la Sierra Maestra.

La Cuba a la que llegaban Fidel y sus compañeros era una muy diferente a la que habían dejado en 1953. El clima social y político se había deteriorado y la repulsa a la dictadura de Batista era generalizada. Cuba era una nación completamente decepcionada de quien había sido el personaje más influyente en su primavera democrática, quien había convertido a La Habana en un semillero donde florecía todo tipo de negocio turbio. Además, la inflación galopante había exasperado de tal manera a la clase media cubana, a los obreros y a los campesinos, que esos sectores no disimulaban su oposición al status quo, aprovechando la libertad de expresión relativa existente para despotricar contra el dictador.

Cuando se conoció la llegada de la guerrilla de Fidel, la sociedad cubana reaccionó de manera tetánica, creciendo la agitación promovida por el Directorio Estudiantil que dirigía la lucha revolucionaria en la Universidad de la Habana y en los múltiples sindicatos que se habían convertido en un dolor de cabeza de la dictadura, reclamando reivindicaciones sociales que concitaban el apoyo de la mayoría de la población golpeada por la inflación y por el escandaloso derroche del grupito favorecido por el desorden batistiano. La prensa oficial sugirió desde el primer momento que Fidel había muerto en los enfrentamientos iniciales, lo que provocó un reflujo en el entusiasmo popular por los invasores. Cuando el ánimo de los aliados de Fidel en toda Cuba estaba en el suelo, en febrero de 1957, el New York Times, el periódico más influyente del mundo, publicó un reportaje de primera página que incluyó una entrevista con Fidel Castro en plena Sierra Maestra que contenía múltiples fotos del que ya en ese momento era el líder indiscutible de la oposición a Batista.

La entrevista del New York Times provocó una ola de entusiasmo popular que se tradujo en la movilización de cientos de jóvenes de clase media, estudiantes y campesinos que se trasladaron, usando todos los medios imaginables, hasta la Sierra Maestra para apoyar al carismático barbudo que se presentaba como la única opción viable para acabar, de una vez por todas, con el desgobierno que con el apoyo de Estados Unidos había sumergido a Cuba en la corrupción más rampante. Martí y Chibás le tenían ya el agua calientita al pobre Fulgencio Batista.

Que Dios las bendiga.

Papá

La Revolución Cubana Crece Abonada por la Sangre

Madison, WI, EE UU
14 de abril 2012

Queridísimas Hijas:

Les decía días atrás que cuando el pueblo cubano tuvo la certeza de que Fidel Castro había sobrevivido a los enfrentamientos que siguieron al desembarco del yate Granma, que por cierto había sido propiedad de un empresario estadounidense quien le había puesto ese nombre en memoria de su querida abuelita, en la costa sureste de Cuba, una ola de entusiasmo arropó a la clase media, los estudiantes, campesinos y obreros, que vieron en el Quijote barbudo la vía más expedita para mandar al infierno a Batista y a su gobierno "democrático". Antes de continuar contándoles sobre la guerrilla se hace necesario que explique en detalle lo oportunas que resultan las comillas de la oración anterior.

A finales de 1954, Batista y los patrocinadores y socios de su tiranía, incluyendo los poderes fácticos clerical, empresarial y militar, además del apoyo incondicional del gobierno de los Estados Unidos, para la época encabezado por el héroe de la Segunda Guerra Mundial Dwight David Eisenhower, organizaron una pantomima electoral que le dio el barniz "democrático" que hacía a los ojos del mundo "libre" menos repugnante al des-gobierno del traidor de la democracia cubana.

A la farsa electoral fueron convocados todos los partidos políticos relevantes de Cuba, la mayoría de los cuales rechazó de plano la invitación. Solamente la fracción del Partido Revolucionario Cubano Auténtico (PRCA) encabezada por Ramón Grau San Martín cedió a las presiones de los poderes fácticos antes mencionados y le puso el disfraz de candidato presidencial al veterano expresidente de Cuba. Obviamente, el candidato gubernamental lo fue el dictador Batista. Los que trataban de revivir la democracia representativa cubana después de asesinarla juraban que si daban marcha atrás al reloj ciudadano 14 años, y presentaban al electorado cubano los mismos candidatos que compitieron en el 1940, todo les iba a salir a pie juntillas. Poco tiempo tardarían en darse cuenta que estaban más perdidos que el Hijo de Lindbergh.

Tan pronto Grau se tiró al ruedo electoral descubrió que la magia política que le había servido para ser, junto con Batista, el más popular e influyente líder de la primavera democrática cubana había desaparecido. Las manifestaciones públicas que convocaba la fracción de Grau en el PRCA se convertían en verdaderas manifestaciones en contra de la farsa electoral, que denunciaban a Grau como un títere de Batista y de la oligarquía cubana, regalándole todo tipo de insultos y bromas al mejor estilo cubano. En ese propósito confluyeron la fracción del PRCA encabezada por Carlos Prío Socarrás, el Presidente cubano depuesto en 1952, el Partido Ortodoxo de Eduardo Chibás y la totalidad de la izquierda cubana. Del lado oficialista, Batista concitó el respaldo de la minoría que se beneficiaba de su des-gobierno y de los infelices que como en todas partes del mundo democrático representativo tratan de hacer su agosto en cualquier mes del año en medio de la bulla electoral.

Dos días antes de las votaciones Ramón Grau entendió que el acto electoral "libre" que se aproximaba lo iba a dejar en un completo ridículo frente a los militantes del PRCA y que eso iba a ser aprovechado por Prío para alzarse con el control de ese partido mayoritario. En esa instancia, Grau se despojó del disfraz de candidato y dejó que Batista "ganara" con el cien por ciento de los votos válidos en medio de mesas electorales desiertas. Tan desiertas estuvieron esas mesas que el organismo electoral máximo de Cuba, controlado totalmente por Batista, después de usar al máximo su imaginación para abultar el número de votantes, no tuvo cara para reportar más de un cincuenta y dos por ciento de participación. Eso se producía en un país conocido por una tasa histórica de votación entre 75 y 80 por ciento.

Los primeros meses del 1957 vieron la concreción del llamado Pacto de México que Fidel Castro había firmado durante su exilio con los dirigentes de la oposición a Batista en los sectores estudiantil y obrero. El ejército rebelde se seguía fortaleciendo con los días en la Sierra Maestra, y en las calles, sobre todo en las provincias de Oriente, cuna de Fidel, donde se encuentra localizada Santiago de Cuba, y en La Habana, capital y corazón de la patria de Martí. Las acciones de insurgencia urbana estaban encabezadas en La Habana por el Directorio Revolucionario, presidido por José Antonio Echeverría, antiguo dirigente estudiantil, amigo personal de Fidel, con una ascendencia enorme entre los estudiantes de la universidad más importante del país. En Oriente la lucha urbana era encabezada por Frank País, un médico y líder comunitario que tenía al gobierno batistiano al salto de la pulga. Bajo la dirección de estos dos líderes revolucionarios se formaron cientos de Comandos de la Resistencia que sirvieron para recabar apoyo económico, logístico y militar que era depositado a los pies del joven David del Caribe que enfrentaba al viejo Goliat militar sin dar en ningún momento muestras de temor o debilidad.

En marzo de 1957 un golpe de guerrilla urbana sacudió al casco de la vieja Habana, cuando comandos bajo la dirección de Jose Antonio Echeverría asaltaron simultáneamente al Palacio Presidencial, residencia y refugio desde donde Batista administraba su reinado de terror, y a Radio Reloj, principal emisora de noticias cubana. El ataque al Palacio Presidencial fracasó, pero Radio Reloj estuvo varios minutos bajo el control de los militantes del Directorio Revolucionario, pudiendo estos lanzar consignas hasta que las fuerzas batistianas llegaron a la emisora y doblegaron a los guerrilleros urbanos. El tableteo de las ametralladoras en vivo a través de Radio Reloj llevaba a los cubanos un claro mensaje: Ya Batista no tenía un rincón seguro en territorio cubano. José Antonio Echeverría murió durante los combates de ese día, convirtiéndose su figura en bandera de una juventud universitaria cuyo odio a Batista y a su régimen alcanzaba niveles paroxísticos.

Mientras tanto, en el sureste de Cuba los Comandos de la Resistencia, bajo la dirección de Frank País, habían convertido a Santiago de Cuba en una fortaleza de la desobediencia civil. Los sindicatos de todo tipo de empresas privadas y estatales planificaron huelgas de manera sistemática reclamando sentidas reivindicaciones sociales. Los afiches pidiendo la caída de Batista cubrían los muros del centro de Santiago, y hasta de casas de miembros de la oligarquía cubana que comenzaban a percibir que la caída de Batista se acercaba. Frank País tuvo que pasar a la clandestinidad más absoluta, siendo perseguido por la policía secreta cubana, que lo localizó y detuvo por intermedio de uno de los Judas que con frecuencia aparecen en los procesos revolucionarios. A fines de julio de 1957 Frank País fue asesinado por miembros de la policía secreta de un tiro en la nuca, mientras se encontraba indefenso en poder de los esbirros de Batista.

La muerte criminal de Frank País provocó una repulsa instantánea que motorizó una huelga general en Santiago de Cuba el mismo día de su asesinato. País fue sepultado en el cementerio de Santiago de Cuba, en medio de una manifestación política sin precedentes que demostró que Oriente estaba "full con tó" con Fidel Castro y su guerrilla. Esa manifestación fue el punto de inflexión en que mucha gente en Cuba, incluyendo militares del ejército batistiano, se convenció de que Batista era un gigante con los pies de barro sin futuro político de quien había que alejarse para no salpicarse de sangre inocente. La apreciación anterior me la dio un ex Capitán del Ejército de Batista en cuya casa tuve el gusto de almorzar en San José de las Lajas durante mi única visita, hasta ahora, a Cuba la Bella. Desde ese momento, de acuerdo con el ex Capitán, Frank País y José Antonio Echeverría se convirtieron en Cid Campeadores que esparcieron por montes y valles el mensaje revolucionario que aniquilaría, más temprano que tarde, la sanguinaria dictadura batistiana y proyectaría al barbudo líder guerrillero de la Sierra Maestra a los estratos más altos del poder cubano, regional e internacional, lo que le daría la oportunidad de convertirse, con el paso del tiempo, en la figura política más influyente y dominante de la historia latinoamericana.

Que Dios las bendiga.

Papi

Sigue Cociéndose
el Sancocho Revolucionario

Minneapolis, MN, EE UU
20 de abril 2012

Queridísimas Hijas:

Les contaba hace poco del proceso de fortalecimiento de la guerrilla encabezada por Fidel Castro en la Sierra Maestra, localizada en la entonces provincia de Oriente, que tiene las más escarpadas montañas de Cuba. En esa ocasión me limité a mencionar detalles relativos a los componentes urbano y rural de la lucha guerrillera contra Batista, sin entrar en los detalles políticos. A ese ingrediente del sancocho revolucionario cubano, entre otros temas, dedicaré esta carta.

Desde antes de llegar a Cuba en diciembre de 1956, como les he contado, Fidel había estado en estrecho contacto con sectores de todo el abanico político cubano que tenían un interés común: sacar del poder a Fulgencio Batista. Estos contactos, como veremos a continuación, no se frenaron, sino que se aceleraron al estabilizarse el foco guerrillero de la Sierra Maestra. Como ustedes deben recordar, la Constitución cubana de 1940 fue proclamada por una Asamblea Constituyente que incluía partidos políticos colocados en un abanico ideológico que iba desde la extrema izquierda hasta la extrema derecha, pasando por partidos centristas como el Partido Revolucionario Cubano Auténtico (PRCA) que había sido desplazado del gobierno por las malas artes de un golpe de Estado encabezado por Batista en 1952.

Fidel le dio prioridad cuando estaba en la Sierra Maestra a la negociación con los sectores empresariales que veían con ojeriza un proceso revolucionario radical tras una eventual caída del dictador Batista. Ese escollo lo rebasó el David del Caribe invitando a la Sierra Maestra a representantes de distintos partidos anticomunistas, incluyendo el partido originario de Fidel, el Ortodoxo, y a representantes del empresariado pro estadounidense. Tras largas discusiones, el Movimiento 26 de Julio, cabeza política de la guerrilla, el Partido Ortodoxo, representado por un hermano de Eduardo Chibás y un representante empresarial de alto nivel anunciaron por la voz de Fidel Castro que, si la guerrilla lograba el objetivo de sacar de circulación a Batista, hacía el compromiso solemne de organizar elecciones generales en un plazo de un año después del triunfo, y de reponer en su totalidad la Constitución de 1940, violada en mil maneras desde el momento del golpe de Estado de Batista en 1952.

El llamado "Manifiesto de la Sierra Maestra" acordado por Fidel y sus aliados moderados en julio de 1957 fue un verdadero golpe de bolsón al gallo batistiano, que se sintió con fuerza en los sectores que veían con temor al guerrillero de estatura hercúlea y voz electrizante. Fidel sería simplemente el Mesías que devolvería la democracia representativa a Cuba, de la mano de una de las Constituciones más progresistas del mundo. Quien pidiera más, como decían para la época, era , simplemente, un gandío. La resonancia del Manifiesto se captó en toda su intensidad en septiembre de 1957, cuando una de las principales bases de la Marina de Guerra cubana proclamó, con el apoyo de militantes del PRCA, su apoyo a la guerrilla del Movimiento 26 de Julio.

La reacción de Batista y su camarilla ante la insubordinación de la Base Naval de Cienfuegos, en la costa surcentral de Cuba, fue realmente horrenda, produciendo una verdadera carnicería que llenó de horror al Caimán desde la cabeza hasta la cola. Pero si hubo algún cambio en el ánimo de las masas cubanas ante los cientos de oficiales y clases asesinados a mansalva por los aviones de Batista, el cambio fue para aumentar su rechazo a la dictadura. Esa sangre cubana abonó la simiente revolucionaria de manera tal que los comités de apoyo al M-26 se regaron como la verdolaga por todo el territorio cubano, haciéndose cada vez más público el rechazo al régimen de fuerza. Al comerse las doce uvas al compás de las doce campanadas del Año Nuevo de 1958, la pregunta que se hacía el cubano promedio no era si el mango batistiano iba a caer o no, sino cuándo se verificaría la caída.

La lucha guerrillera de Fidel y sus "muchachos" fue seguida con pasión en toda Latinoamérica, muy especialmente en el Caribe. Para comienzos del 1958 su padre, quien les escribe estas líneas, acababa de cumplir 6 añitos, y ya sabía quienes eran Fidel Castro, Fulgencio Batista y Rómulo Bethancourt. Resulta que para los dominicanos los cubanos eran una especie de hermanos mayores que se miran con una mezcla de admiración y rivalidad, de la saludable que existe entre los hermanos les aclaro. Y eso sucedía en todos los ámbitos de la vida. Por ejemplo, en cuanto a revistas de variedades, que no se publicaban en Santo Domingo para la época, las estándares eran Carteles y Vanidades, ambas cubanas. Ninguna orquesta popular dominicana rivalizaba en popularidad con la Sonora Matancera, ningún cómico criollo se acercaba a Tres Patines, Pototo, Filomeno, Nananina y otros personajes inolvidables del humorismo cubano.

Por eso, en la medida en que Fidel y su guerrilla fueron avanzando, el público dominicano, que escuchaba las emisoras de radio cubanas como si fueran locales, porque había muy pocas emisoras en Santo Domingo, comenzó a hacerse cargo de la magnitud de lo que estaba pasando en Cuba. Esto se lo dice alguien que escuchaba los juegos de pelota entre los equipos tradicionales Habana, Almendares, Cienfuegos y Marianao al lado de un papá que era uno de los pocos escogidistas furibundos en medio de un pueblo de liceístas que ahogaban mi fiebre roja durante mis recreos de escuela primaria. De manera que lo que pasaba en Cuba, incluyendo los discursos de Fidel Castro por Radio Rebelde instalada en las cumbres de la Sierra Maestra, era materia de discusión diaria en las mesas dominicanas, aún en las más trujillistas, que veían con horror como Batista el gran amigo de Trujillo, se tambaleaba ante un pueblo dirigido por un Mesías izquierdista. Obviamente, muchos padres dominicanos de tendencia antitrujillista hacían de tripas corazón para disimular su entusiasmo por Fidel Castro y su guerrilla, porque cualquier indiscreción de un "maldito muchacho" al que se le fuera la lengua delante de sus amiguitos en el recreo del colegio podía meter a sus mayores en un tremendo lío. Pero llegó un momento en que Fidel Castro era un tema corriente entre los niños de segundo año de la Escuela Parroquial de San Juan de la Maguana, pequeño poblado de la región Sur de Santo Domingo donde tuve la suerte de vivir la mayor parte de mi niñez.

En mi caso particular, yo tuve la suerte de ser hijo de un hombre fidelista de corazón durante la época romántica de la revolución cubana; de un hombre profundamente antitrujillista quien, como muchos miles más tuvo que cruzar el Niágara en bicicleta para disimular su odio visceral hacia el hombre que le impedía ejercer sus atributos ciudadanos a plenitud. No es verdad que un hombre que no pueda decir con libertad lo que piensa puede presumir de ser un hombre completo. La vida no le daría la oportunidad a mi papá de ver a Fidel gobernando por mucho tiempo, pues murió a los 43 años en 1960, como les contaré en el momento adecuado. De manera que no podría afirmar que Papacito, como yo le llamaba, hubiera sido fidelista si hubiera visto al Fidel dictador, pero sí puedo afirmar que hubo muy pocos fidelistas más convencidos que él durante el tiempo de la guerrilla en la Sierra Maestra.

El impacto que causaba Fidel Castro en mi papá se multiplicaba en cientos de miles de hombres dominicanos hartos de ser tratados como muchachos por un sistema dictatorial a todas luces injusto. Fidel también era el ídolo de millones de latinoamericanos que veían en el a quien estaba a punto de lograr la hazaña de llevar justicia a su patria por la vía de las armas. Lo mismito que había hecho un tal Jorge Lavandero (George Washington en español), al cual dotó de la dignidad a que era acreedor mientras ponía en su sitio a un rey inglés de pocas luces que creía que podía cobrar impuestos a su antojo a un pueblo amante de la paz y de la libertad, al mismo tiempo que le negaba sus derechos civiles y políticos.

Que Dios las bendiga.

Papá

Batista se Va al Carajo

Saint Paul, MN, EE UU
21 de abril 2012

Queridísimas Hijas:

Desde pequeñito he escuchado la expresión "Vete p´al Carajo" en muchas ocasiones. Nunca se me ha ocurrido investigar, hasta este preciso momento, dónde queda el Carajo, ni cómo es. Tengo la profunda sospecha, no obstante, de que, en primer lugar, si existe, es un sitio muy lejano; y, que, en segundo lugar, no es un sitio agradable. Pues bien, a ese sitio, al Carajo, mandaron los cubanos a Fulgencio Batista durante el año 1958. La historia de cómo Batista se encaminó al Carajo tiene dos componentes, uno político y otro militar. Comencemos por el político.

Para noviembre de 1958 estaban pautadas, y se celebraron, unas "elecciones libres" para que la transición "democrática" tuviera lugar antes de que la guerrilla encabezada por Fidel Castro se alzara con un poder que hasta los ciegos veían caer en manos de los guerrilleros con la facilidad que cae un fly parado entre el home plate y la primera base en el guante del jugador que cubre la primera base. Pero Batista y su gente veían la situación política a través de la arrogancia del poder, considerando que el pueblo cubano era el mismo que en marzo de 1952 él había despojado de su sistema democrático sin que nadie se rebelara abiertamente.

Para la organización de las "elecciones libres" Batista contó con el respaldo de sus aliados de siempre, particularmente de los militares, que veían en su prolongación la única opción para ellos continuar haciendo y deshaciendo en Cuba. Los grandes empresarios, la jerarquía católica y los Estados Unidos también veían en las mentadas "elecciones" la última oportunidad de evitar la victoria absoluta de Fidel Castro y su Movimiento 26 de Julio. Y, como ustedes verán en esta carta, esos últimos grupos fácticos estaban completamente sintonizados con la realidad.

A las "elecciones" fueron convocados todos los partidos de oposición. Obviamente, los que apoyaban la guerrilla de Castro no se dieron por enterados, consintiendo en ser cogidos de "mojiganga" la fracción del PRCA encabezada por Ramón Grau San Martín y otros dos políticos de poca monta. Batista, aconsejado por los jefes del vecindario geopolítico, no tuvo la cachaza de presentarse como candidato, y se limitó a presentar uno de sus títeres de Gabinete como candidato presidencial.

La campaña electoral pasó sin pena ni gloria en medio de la indiferencia generalizada de la población. Al final, como era de esperarse, el candidato gobiernista "ganó" la mascarada electoral con más del 70 por ciento de los votos válidos, y los candidatos de la "oposición" pusieron la mejor cara que pudieron para irse a su casa tranquilitos a rumiar su frustración y a tratar de sobrellevar el desprecio de un pueblo que los veía como cómplices de una nueva burla a la voluntad del electorado cubano.

En el frente guerrillero, el único que tenía sentido en esos momentos para la mayoría de la oposición a Batista, la situación de la dictadura siguió deteriorándose, con excepción de una huelga general decretada por la guerrilla que tuvo un cumplimiento débil, dándole oxígeno político a Batista durante esa primavera. Ese fracaso de la guerrilla contribuyó a levantar el ego del dictador en aprietos, haciendo que cometiera la imprudencia de jugarse el todo por el todo en el campo militar en una arriesgada campaña en la Sierra Maestra.

Al acercarse el verano de 1958 Batista ordenó un ataque frontal generalizado en el que invirtió todo su poderío logístico y militar para erradicar de una vez por todas la guerrilla, sin darse cuenta el pobre hombre que para ese tiempo un noventa por ciento de la población cubana estaba apostando a su derrota. La intensidad del ataque en la provincia de Oriente hizo que la guerrilla retrocediera de manera táctica, lo que provocó que las tropas de Batista se concentraran aún más en la Sierra Maestra, descuidando los múltiples focos guerrilleros existentes en el centro de la isla, principalmente los que encabezaban el Che Guevara y Camilo Cienfuegos en la provincia de Las Villas. Al ver fortalecidas las posiciones de la guerrilla en el centro de Cuba, Batista ordenó un repliegue parcial de sus tropas que se convirtió en una debacle total del ejército que escapó de la provincia de Oriente dando por perdidos a hombres, equipos y municiones. La noticia de la huida del ejército batistiano ante los guerrilleros fue recibida con alborozo por la enorme mayoría del pueblo cubano, particularmente por la mitad este de Cuba. Todos los ojos se concentraron entonces en la actividad militar en la provincia de Las Villas, muy en particular en el destino de la batalla por la ciudad de Santa Clara, que poco a poco había sido rodeada por las tropas al mando de Ernesto "Che" Guevara. Para comienzos de diciembre de 1958 los miembros del ejército de Batista estaban completamente desmoralizados. Por lo menos, ese fue el testimonio que me dio en San José de las Lajas un ex Capitán del ejercito de Cuba en 1982 cuando lo visité en su casa, acompañando a un amigo cibaeño que le traía un presente de un familiar que vivía en Santo Domingo. Por cierto, cuando le pregunté al ex Capitán batistiano el por qué había permanecido en Cuba tras la consolidación del régimen comunista de Castro soltó una carcajada y me dijo, señalándome a su esposa que nos servía un sabroso lechón cubano: Por esta fidelista que fue, es y será la mujer de mi vida.

Volviendo al tema, a medida que las fuerzas que encabezaba el Che Guevara rodearon a Santa Clara, la comunidad internacional, encabezada por Estados Unidos, comenzó a prepararse para presentar la mejor cara posible a la crisis que veía venir con el ascenso de una revolución radical en uno de los países más avanzados, en todos los sentidos, de América. A finales de diciembre Santa Clara cayó en manos de los guerrilleros y un día más tarde varios batallones de guerrilleros se apostaban en las afueras de La Habana preparándose para el ataque final. Un ataque final que nunca se dio, porque el "todopoderoso" Fulgencio Batista, sabiendo que le tenían la olla puesta y que el agua estaba muy caliente, como todos los cobardes, hizo sus maletas rápidamente el 30 de diciembre de 1958 y, junto con un par de docenas de sus más fieles funcionarios, incluido el supuesto "elegido" el mes anterior en "elecciones limpias" partió hacia Santo Domingo, donde llegó sin avisar a buscar refugio donde su colega dictador Rafael Trujillo, quien le dio el trato propio para un huésped de segunda o tercera categoría. Resulta que a Trujillo no le hacía ninguna gracia que en momentos en que los dictadores de América caían como mangos podridos, uno de ellos lo fuera a importunar sin previo aviso. Después de una corta estadía en Santo Domingo, donde para conseguir que Trujillo lo dejara salir vivo tuvo que dejarle unos cuantos millones de dólares, Batista se fue al Carajo y los cubanos jamás tuvieron el disgusto de verlo en su tierra.

En lo que respecta a Fidel Castro, como todo un maestro de la política, tan pronto un supuesto "gobierno provisional" recibió la bendición de los jefes militares que no habían encontrado avión para escapar de Cuba, declaró una huelga general revolucionaria que paralizó al país e hizo que los supuestos líderes militares salieran huyendo como chinches a buscar refugio donde Dios los ayudara a encontrarlo. Así comenzó el reinado de Fidel Castro sobre Cuba. Un día de estos les contaré de sus primeras semanas en el poder.

Que Dios las bendiga.

Papi

Fidel Castro en Perspectiva

Saint Paul, MN, EE UU
22 de abril 2012

Queridísimas Hijas:

Escribir sobre Fidel Castro de manera neutral, sin ser acusado de ser fidelista o antifidelista profesional, es más difícil que tirarse en una piscina llena de petróleo y salir de ella sin una mancha en la piel o en la ropa. Por eso, antes de comenzar a contarles sobre la gestión de Castro en el Poder de Cuba, que comenzó el 1 de enero de 1959 y todavía no ha concluido 53 y pico de años después, tengo que decirles, en unos cuantos párrafos, lo que pienso sobre el personaje político más importante de la historia cubana y una de las figuras más importantes del siglo XX a nivel mundial. Haciendo esto evito al que pueda leer esta carta el trabajo de tratar de identificar mi posición personal frente a Fidel. Después que les "confiese" mis sentimientos e ideas sobre el líder de la revolución cubana, me sentiré más confortable exponiéndoles los que fueron, en mi humilde opinión, los hechos más salientes de la historia cubana revolucionaria, que en gran medida son hechos que ustedes podrían encontrar en una de las muchas biografías que se han escrito sobre el hombre en cuestión.

Para mí, Fidel Castro sólo ha tenido una ideología: el FIDELISMO. Desde muy joven el Caballo, como le llaman muchos de sus admiradores, fue mutando ideológicamente, desde su pertenencia a un partido de centroizquierda como el Partido Ortodoxo, con un líder como Eduardo Chibás, confeso anticomunista, pasando por encabezar una rebelión guerrillera populista dirigida a quitar del medio el dictador que evitó que su partido llegara al poder. Ya convertido en el líder absoluto de una revolución triunfante, lo veremos tratar de conseguir el apoyo, o por lo menos la tolerancia, de la mayor potencia del mundo. Cuando Estados Unidos le niega el apoyo, lo veremos confesándose admirador de la Unión Soviética durante toda su vida. Y cuando la Unión Soviética se disuelve el hombre se acerca a cualquiera que pueda ayudar a mantener viva la llama revolucionaria que encendió en la Sierra Maestra en los 1950. En síntesis, Fidel, para mí, es un político pragmático, calculador, con un instinto y una inteligencia envidiables, que le han permitido sobrevivir en la primera fila de la escena política mundial durante más de cincuenta años mientras ha enfrentado al poder militar, político, económico y cultural más grande de la historia.

La única ocasión que he visitado a Cuba, hasta ahora, en 1982, después de cruzar calles y caminos en solitario, saqué como conclusión que los cubanos, los que se quedaron en Cuba y los que salieron de ella, han vivido una tragedia nacional desde que Fulgencio Batista degolló la democracia representativa en marzo de 1952. Los casi tres períodos de gobierno democrático que comenzaron en 1940 y terminaron abruptamente con el golpe de Estado de 1952, tuvieron luces y sombras; pero las luces fueron más que las sombras; y la mejor prueba de ello es que en el momento en que Batista descabezó la democracia Cuba exhibía uno de los índices de desarrollo más altos de América.

El arroz con mango social y político que Batista cocinó entre 1952 y su huida hacia Santo Domingo el último día del año 1958 tuvo un único beneficiario políticamente hablando: Fidel Castro. El líder del 26 de Julio fue recibido como un Mesías destinado a sacar a su pueblo del hoyo en que Batista lo había metido. Y ese hoyo era demasiado profundo para ser llenado con más de lo que los cubanos habían vivido anteriormente. El desastre de Batista había que resolverlo con unidad nacional, no con desunión inducida desde el interior y desde el exterior de Cuba, que fue, lamentablemente, lo que ocurrió. Y esos ataques desde el exterior al proceso de cambios que Fidel recién empezaba le permitieron al maestro de la política que él fue desde joven redefinir su papel y concentrar en su sola persona el poder que era necesario para echar hacia delante su revolución. Sin el acoso exterior a la revolución, Fidel no se hubiera convertido, en mi opinión, en el dictador absoluto que se convirtió. Solamente acorralado un pueblo inteligente y orgulloso como el cubano pudo haber entregado su libertad a un líder, por más inteligente y hábil que éste fuera.

Tengo que recordarles que los organismos de inteligencia de Estados Unidos han admitido públicamente el haber organizado más de 500 atentados directamente contra Fidel Castro. ¿Creen ustedes que Castro hubiera sobrevivido a los diez primeros atentados en medio de una sociedad abierta como la que proclamaban sus adversarios que debía existir en Cuba? Yo, francamente, creo que no. Y razono que Fidel, mil veces más sabio en política que yo, llegó a la misma conclusión. Por eso no abrió, ni abrirá las puertas democrático representativas en Cuba mientras no haga las paces con su enemigo fundamental, el gobierno de los Estados Unidos.

Soy de los que cree que en Cuba ya comenzó un proceso de apertura que, bien llevado, deberá conducir a la ampliación de la democracia en los órganos del estado encargados de administrar los niveles municipal y congresual. Ese proceso de apertura, pedido por Juan Pablo Segundo durante su visita a Cuba a comienzos de 1998, no se ha desarrollado a plenitud por la permanencia de un bloqueo económico que ha sido denunciado durante varios decenios de manera casi unánime en el seno de las Naciones Unidas, incluyéndose entre los denunciantes naciones como Inglaterra, Alemania, Francia, Canadá, que son aliados incondicionales de Estados Unidos en múltiples frentes. El levantamiento del bloqueo económico a Cuba debería ser el primer paso hacia la democratización que la mayoría de los seres humanos que aman la paz quisiera que ocurriera en Cuba.

Entiendo el dolor y la frustración de cientos de miles de cubanos que perdieron una parte invaluable de sus vidas cuando abandonaron la Cuba que nunca ha muerto, y nunca morirá, en sus corazones. Invito a esos cubanos a pensar que los españoles perdieron un millón de conciudadanos durante una Guerra Civil en la segunda parte de los 1930. La dictadura que se instaló en la Madre Patria duró unos 37 años, hasta la muerte del "Fidel de Derecha" que se llamó Francisco Franco. Muerto Franco, los españoles fueron capaces de organizar un proceso político que incluyó al abanico ideológico completito, desde Santiago Carrillo y La Pasionaria en la extrema izquierda, pasando por Felipe González en la centroizquierda, Adolfo Suárez en la centroderecha y Manuel Fraga Iribarne en la extrema derecha. Todos estos grandes españoles firmaron el llamado Pacto de la Moncloa en los años 1970, que permitió que la democracia parlamentaria volviera a España, con alternancia de gobiernos de izquierda y derecha elegidos libre y limpiamente, que promovieron un proceso que mejoró las condiciones de vida de los españoles, y permitió la necesaria reconciliación entre hermanos separados por casi cuatro decenios de odio y por la sangre de un millón de víctimas de los dos bandos de la Guerra Civil.

Lo que yo deseo para Cuba es que idos Raúl y Fidel, quienes no son eternos, los cubanos de todas las posiciones políticas imiten a los grandes españoles que menciono más arriba y encaminen un proceso paulatino de apertura que permita que todos los cubanos, los del exilio y los que se quedaron en la que Juan Bosch llamó con mucha propiedad La Isla Fascinante, empujen el barco democrático cubano en la misma dirección y sentido. Y que dejen los sentimientos positivos o negativos hacia Fidel y su revolución que se disipen en discusiones académicas que no eternicen el estancamiento del proceso de reencuentro que tanto anhelan los cubanos y todos los que los queremos mucho, a los de adentro y a los que permanecen por el momento fuera. Y yo planteo, humildemente, con el respaldo de la inmensa mayoría del mundo representado en las Naciones Unidas, que ya es hora de dar el primer paso en firme hacia la reconciliación que muy bien podría ser terminar un bloqueo que no beneficia a nadie y daña mucho al pueblo más alegre del mundo.

Estoy seguro de que el día que el inútil bloqueo económico a Cuba caiga, comenzarán a abrirse las compuertas de una corriente auténticamente democrática que hará que Cuba evolucione desde la extrema izquierda política que ha justificado el bloqueo económico hacia el centro. Recuerden que todos los péndulos del mundo, cuando se dejan en libertad, acaban estabilizándose en el centro.

Ya habiendo hecho mi destape ideológico en lo atinente a Cuba y Fidel, las invito a recorrer conmigo los primeros tres años y pico del gobierno revolucionario cubano que condujeron a los cubanos desde el júbilo de una victoria guerrillera contundente en enero del 1959 hasta el vértigo de la Crisis de Octubre en 1962 que estuvo a punto de convertirse en la Tercera Guerra Mundial.

Que Dios las bendiga.

Papi

Fidel se Estrena como Dictador

Madison, WI, EE UU
27 de abril 2012

Queridísimas Hijas:

En el contexto de esta carta el término Dictador no tiene ninguna carga valorativa, nombrando al personaje que controla el Poder de una nación de manera absoluta. Y eso precisamente fue Fidel Castro en Cuba desde el 1 de enero de 1959 hasta que el 31 de julio del 2006 declinó sus poderes de manera temporal, por razones de salud, en su hermano Raúl Castro.

La primera semana de Fidel en el poder fue una romería que convirtió a la carretera que enlaza a Santiago de Cuba con La Habana, de unos 800 kilómetros de largo, en la enorme pista de un carnaval popular sin paralelo en la historia política de América Latina. Fidel había entrado a Santiago de Cuba sin que nadie le presentara combate el día de Año Nuevo de 1959, y había proclamado como presidente de la República que se fundaba ese día a Manuel Urrutia, un prestigioso abogado opositor a Batista, quien tenía excelentes relaciones en los círculos políticos de Washington, donde había cabildeado con éxito en los meses finales de la dictadura batistiana la suspensión de la ayuda militar de Estados Unidos al gobierno que todo el mundo, menos los que estaban borrachos de poder en el Palacio Presidencial de La Habana, veía caer como una chichigua sin cola en una tarde sin brisa. El nombramiento de Urrutia tranquilizó los temores que habían surgido en las riberas del Potomac con respecto al barbudo Mesías que se encaramó ese mismo día en un vehículo del ejército triunfante encabezando una caravana en dirección a La Habana.

He conocido fuera de Cuba a muchos cubanos que presenciaron el desfile del triunfo de Castro desde Santiago hasta La Habana entre el 1 y el 8 de enero de 1959. La explosión popular que se verificó entre las dos principales ciudades cubanas fue un verdadero carnaval. Cientos de miles de hombres, mujeres y niños de todas las razas, edades y clases sociales se amontonaban al paso del desfile triunfal encabezado por el predestinado guerrillero que era recibido en cada pueblito o ciudad que cruzaba como el Salvador de Cuba. Todos esos amigos cubanos, la gran mayoría hoy rabiosos antifidelistas, concuerdan en que más del 90 por ciento de los cubanos recibió el triunfo de Fidel Castro como el triunfo de ellos en particular y de Cuba en general. Es decir que Fidel recibió desde su llegada al Poder la adhesión ciega de un pueblo harto de abusos que buscaba vengar muchos años de sometimiento y depositó todo el poder, por aclamación popular, en las manos de Fidel Castro. Y Castro usó ese poder, para bien o para mal, como le dio su grandísima gana.

Fidel no había llegado todavía a La Habana, cuando había dejado claro, en discursos pronunciados durante paradas de su desfile triunfal, que la Revolución había llegado para destruir al viejo sistema y construir uno nuevo. Su programa de gobierno era simple y contundente: Destruir el sistema corrupto imperante para sustituirlo por el sistema nuevo que él traía desde las cumbres más altas de la Sierra Maestra. Y el nuevo Dictador no escondía lo que pretendía hacer. Su objetivo era dedicar los recursos que producía el pueblo cubano a las necesidades de ese pueblo, no al lujo de la oligarquía que había secuestrado el gobierno para favorecerse. Tal vez en medio de la bulla del desfile triunfal muchos no se dieron cuenta de la seriedad con la que hablaba Fidel, pero desde que el hombre puso pie en La Habana hasta los niños que escuchaban los discursos del Caballo debieron darse cuenta de que el cambio que había llegado, bueno o malo, era radical, y que Cuba nunca iba a ser la misma.

Mientras Fidel caminaba en romería popular hacia La Habana, el gobierno del Presidente Urrutia comenzaba a organizarse. La ensalada ideológica que puso en la mesa política Urrutia causó muy buena impresión a todo el mundo. El Primer Ministro designado fue José Miró Cardona, un prestigioso académico de posiciones conservadoras. El Gabinete incluía personalidades que tenían una sola cosa en común: eran todos enemigos de Fulgencio Batista, lo cual encantaba al pueblo que no salía de las calles esperando al Mesías que venía desde Oriente, y que se negaba a regresar a la normalidad. La Revolución había costado demasiado al pueblo cubano para proclamar su triunfo y volver cada quien a sus puestos de trabajo. Había que esperar a Fidel, el indispensable, para que él, y sólo él, dispusiera el qué, cómo, cuándo, dónde y por qué de los más mínimos detalles del futuro gobierno.

Cuando Fidel llegó a La Habana la primera tarea que asumió como Jefe de las Fuerzas Armadas y líder absoluto de la Revolución fue la apertura de tribunales revolucionarios que juzgaran a los funcionarios batistianos envueltos en la persecución de los revolucionarios durante la lucha guerrillera. Los tribunales revolucionarios fueron efectivos, rápidos y contundentes. En cada poblado cubano se conocía cuadra por cuadra la posición de cada quien ante la revolución triunfante. De los que se oponían a los revolucionarios, se tenía constancia de aquellos que habían participado directamente en la represión batistiana. Esos cubanos, unos cuantos miles, fueron denunciados, y de esos unos cuantos cientos fueron documentados como genuinos agentes represivos de la dictadura que había caído. A esos desgraciados les fueron instrumentados expedientes probatorios y fueron fusilados sumariamente. Y, como dicen los dominicanos, muerto el perro, se acabó la rabia. A partir de ese momento cualquier cubano se atrevía a presumir en su país de ser cualquier cosa, menos de ser simpatizante de Batista, quien para ese tiempo disfrutaba de las mieles de un exilio dorado en Europa.

Los juicios sumarios contra los agentes de la represión batistiana levantaron protestas de las organizaciones que se ocupan de los derechos humanos en el mundo. Estas protestas empañaron el entusiasmo por la revolución cubana en muchos sectores liberales de los países desarrollados. Fidel reaccionó ante esos ataques invitando a centenares de periodistas de todo el mundo a visitar a Cuba, donde los esperó unas tres semanas después de su triunfo revolucionario con un millón de cubanos que lo apoyaban delirantemente en la Plaza José Martí, que ya había cambiado de nombre por Plaza de la Revolución. El golpe de masas le puso anestesia a los "errores procesales" en los que habían incurrido, "involuntariamente", los encargados de los juicios revolucionarios, que siguieron celebrándose por toda la isla de manera más recatada.

Un mes y pico después del triunfo revolucionario, José Miró Cardona, comprendiendo que era menos que cualquiera de los guerrilleros que había bajado de la Sierra Maestra en cuanto a decidir asuntos de Estado, renunció al cargo de Primer Ministro, siendo sustituido rápidamente por el verdadero "dueño de la Vaca", Fidel Castro, quien depuró rápidamente al Gabinete de cualquier rastro de moderación, y dejó a Manuel Urrutia como una figura decorativa en el Palacio Presidencial de La Habana.

Unos seis meses después, cuando vio que el Gobierno había sido purgado de cualquier elemento que oliera a moderación, el pobre Urrutia renunció a la presidencia de la República, siendo sustituido por Osvaldo Dorticós, un prestigioso abogado descendiente de una familia de abolengo, pero con militancia comunista de larga data, quien había sido la mano operativa en el proceso de Reforma Agraria que en unos cuantos meses había entregado millones de hectáreas a campesinos que nunca habían tenido un pedazo de tierra en su vida. La revolución cubana se definía con los días, y con los días crecía el ascendiente de su líder Fidel Castro sobre los movimientos de izquierda de todo el continente americano, como les contaré un día de estos.

Que Dios las bendiga.

Papá

Un Desplante Histórico a Orillas del Potomac

Madison, WI, EE UU
28 de abril de 2012

Queridísimas Hijas:

En abril del 1959, apenas tres meses después del triunfo de la revolución encabezada por Fidel Castro en Cuba, el carismático exlíder guerrillero, ya convertido en Primer Ministro de su país, hizo un viaje a Washington que yo considero fue el más decisivo de su carrera política.

Como les contaba hace un tiempito, el primer gobierno revolucionario tuvo como presidente de la República a un político conservador y a varios Ministros moderados, a pesar de lo cual la tromba revolucionaria motorizó juicios revolucionarios que llevaron intranquilidad a los que dentro y fuera de Cuba querían que la revolución castrista se encaminara por senderos democrático representativos. Para fortalecer la tendencia moderada del gobierno revolucionario, el presidente Urrutia y otros componentes moderados del Gobierno cubano convencieron al líder absoluto de la revolución de la conveniencia de procurar un acercamiento personal suyo con el gobierno estadounidense. Castro, un político nato, aceptó que sus amigos moderados cabildearan en Washington una invitación de una distinguida asociación de directores de periódicos de gran influencia en el polo político más poderoso del mundo. Y así Castro, un enamorado del protagonismo mediático, se montó en un avión en ruta a Estados Unidos.

El objetivo fundamental de la gira estadounidense de Fidel era "ponerse donde el capitán lo viera", es decir, curarse en salud de la campaña antifidelista, que ya tomaba fuerza en Estados Unidos, que acusaba a Castro de ser un consumado comunista. La gira, que se verificó en abril del 1959, concentró desde el principio la atención de la gran prensa escrita, radial y televisiva estadounidense, que le dio una cobertura inusual para un político latino. Los medios de comunicación se dieron gusto siguiendo al actor natural que siempre fue Fidel Castro por los lugares icónicos de Washington como el Capitolio, el cementerio de Arlington y los monumentos a Lincoln y Washington. Todo iba entre paños y manteles hasta que el barbudo cubano fue a cumplir el objetivo de ser recibido por el presidente de Estados Unidos, el héroe de la Segunda Guerra Mundial Dwight David Eisenhower.

En su visita a la Casa Blanca Castro fue recibido como un visitante de segunda categoría, sin que el protocolo revelara que quien visitaba la residencia oficial del presidente de

Estados Unidos era un amigo o algo parecido a un amigo. Ciertamente la visita de Castro no era oficial, pero, aunque no lo fuera, los signos protocolares que norman las visitas no oficiales brillaron por su ausencia, haciendo lucir a Fidel como un político irrelevante en busca del favor del vecino todopoderoso de Cuba. El colmo de la descortesía estadounidense se desplegó a la hora que se suponía que el visitante fuera recibido por el presidente Eisenhower. Resulta que Fidel no pudo ver al "dueño de la Vaca", sino a su ayudante, el vicepresidente Richard Nixon, quien no hizo declaración alguna a los medios de prensa que esperaban ansiosos el resultado de la famosa visita. Y lo peor no había pasado aún. Cuando la prensa le preguntó al portavoz de la Casa Blanca la razón por la cual el Presidente no había recibido personalmente al Primer Ministro cubano, la razón fue la más hiriente que pudo haberse dado: el presidente Eisenhower no había recibido a Fidel porque tenía que jugar unos cuantos hoyos de Golf.

El desplante protocolar a Fidel dejaba claro que el gobierno de Estados Unidos no tenía ningún interés en mejorar su relación con Fidel Castro, y éste, a quien nadie podría en justicia acusar de ser bruto, entendió el mensaje clarito, y actuó en consecuencia, aceptando unos cuantos homenajes en centros académicos de alto nivel que requirieron su presencia carismática, y visitando la sede de las Naciones Unidas en New York, donde acaparó la atención de la prensa internacional, sedienta de noticias relacionadas con la relación entre el David del Caribe y el Goliat que acababa de cerrarle la puerta de su casa en la cara.

Ya de regreso a Cuba, Fidel procedió a radicalizar su revolución, sabiendo de primera mano que no había espacio de negociación posible con el gobierno de Estados Unidos. Fue así que al mes siguiente hizo que el organismo que dictaba las leyes en el balbuceante gobierno revolucionario dictara la Ley de Reforma Agraria más radical de la historia latinoamericana. Para evitar que se acusara al Gobierno de abusador, el primer procedimiento de expropiación de tierras afectó a la familia Castro Ruz, que había heredado una considerable fortuna latifundista de su padre, un acomodado gallego que hizo de la provincia de Oriente su hogar permanente hasta su muerte. Con ese tapón de boca a los que patalearon al ser despojados de sus latifundios comenzó la Reforma Agraria que convirtió a centenares de miles de campesinos en minifundistas dependientes de la ayuda del gobierno revolucionario cubano, es decir, en defensores a ultranza de Fidel Castro.

La Reforma Agraria y otras leyes revolucionarias, que limitaban severamente la propiedad privada, hicieron que las clases acomodadas cubanas entraran en pánico y que muchos de sus integrantes salieran de Cuba durante el año 1959 hacia Estados Unidos, especialmente hacia el estado de Florida, que se fue convirtiendo en el territorio natural donde se formó una especie de Cuba en el exilio o Cuba Libre, como se llamó para la época, que vivió por varios decenios el sueño imposible del regreso a Cuba tras la "caída inminente de Fidel" que nunca ocurrió.

Que Dios las bendiga.

Papá

Queridísimas Hijas

Fabio Valenzuela Sosa

Perdido en las Tinieblas del Misterio

La Revolución Cubana
se Tambalea

Madison, WI, EE UU
29 de abril 2012

Queridísimas Hijas:

Durante el año 1959 dos eventos políticos de primera importancia resquebrajaron la unidad de la revolución cubana en su área más sensible: la militar.

Ya les he dicho que la guerrilla cubana que derrocó a Batista, ideológicamente, se parecía a una ensalada de muchos ingredientes. En ella convivían estudiantes, campesinos, comerciantes y obreros pertenecientes a un abanico ideológico que iba desde la centro derecha hasta la extrema izquierda. Una vez que la guerrilla se convirtió en Gobierno las diferencias ideológicas afloraron y se tradujeron en traiciones y deserciones que hicieron trizas la unidad del ejército que había bajado triunfante desde la Sierra Maestra unos meses antes.

La mayor crisis dentro del Ejército revolucionario cubano tuvo como protagonista a Huber Matos, un militante antifranquista amigo de José Figueres, el líder de la democracia tica, y rabioso opositor de Batista. Matos se integró a la guerrilla de la Sierra Maestra faltando menos de un año para la caída de Batista, destacándose de manera tal en la acción revolucionaria que fue nombrado como Comandante del batallón que eventualmente hizo entrada triunfal en La Habana a las pocas horas de Batista salir huyendo de Cuba.

Huber Matos, preocupado por el giro hacia la extrema izquierda que tomaba la Revolución, comenzó a realizar una campaña anticomunista entre las filas militares. Noten que para esa época Fidel Castro calificaba a los que lo llamaban comunista como difamadores. La campaña anticomunista "a la franca" de Huber Matos desencadenó una lucha ideológica entre las tropas cubanas que concluyó con la renuncia de Huber Matos a la comandancia del Ejército en Camagüey, situada en el centro de Cuba. Esa renuncia provocó un avispero tal entre las tropas ya divididas que Fidel Castro ordenó la detención de Matos y una investigación exhaustiva de sus actividades anticomunistas. La investigación llevó a un juicio militar contra Matos que concluyó con una condena de 20 años que el revolucionario anticomunista purgó antes de abandonar Cuba para vivir con su familia en Costa Rica y Estados Unidos. Un hecho que me ha llamado poderosamente la atención es que Huber Matos, después de su liberación, ha visitado Cuba en varias ocasiones, siendo recibido personalmente por Fidel Castro en una de ellas. Me hubiera gustado ser uno de los mosquitos que volaban cerca de esos dos revolucionarios mientras conversaban en esa ocasión. Para detener a un Comandante de la categoría de Huber Matos se requería la entrada en acción de uno con mayor categoría; el seleccionado para la delicada misión fue Camilo Cienfuegos, uno de los sobrevivientes de la aventura del Granma durante el mes de diciembre de 1956, cuyo carisma entre las masas cubanas estaba por debajo, solamente, del de Fidel Castro. Cienfuegos cumplió con su misión a pie juntillas y se dirigió a continuación hacia La Habana a rendir un informe al Comandante en Jefe. Lo que sucedió a continuación sigue hasta el día de hoy envuelto por las brumas de un misterio que probablemente nunca se aclarará.

El avión en que Camilo Cienfuegos volaba de regreso hacia La Habana cayó en aguas del Océano Atlántico muriendo, aparentemente, todos sus ocupantes, de quienes se podría decir en justicia que se los tragó el mar, porque la búsqueda de los restos de los ocupantes y de la nave resultó completamente infructuosa. Un nuevo mito revolucionario había nacido que prestaría su nombre a docenas de escuelas, cuarteles y hasta universidades en toda la geografía cubana. De la muerte de Cienfuegos el gobierno revolucionario acusó a los que conspiraban en su contra para vengar la detención de Huber Matos, y los opositores a Castro alegaron que había sido parte de un plan maquiavélico de Fidel para sacar al mismo tiempo del medio a dos figuras en capacidad de cuestionar su liderazgo. Una tercera escuela de pensamiento se inclinó por la tesis de una falla mecánica real que cobró la vida de a quien Fidel preguntaba a veces en medio de sus discursos ante centenares de miles de fanatizados partidarios ¿Voy bien Camilo? ", recibiendo como respuesta "Vas bien Fidel, vas bien".

Mientras hojas tan importantes de su árbol miliciano caían durante el otoño de 1959, Fidel Castro y su revolución encontraban resistencia en múltiples frentes internos y externos. En el frente interno, la clase media, que había apoyado la lucha contra Batista desde antes de que Fidel llegara a la Sierra Maestra, comenzó a buscar la manera de salir de un país pequeño sometido al acoso político del todopoderoso gobierno de Estados Unidos, que había logrado que la Organización de Estados Americanos condenara a Cuba por haber cometido el sacrilegio de restablecer las relaciones diplomáticas con la Unión Soviética que habían sido suspendidas durante la dictadura de Batista. El destino preferido de esa clase media fue Miami, donde ya estaba instalada la logística para recibir con bombos y platillos a los que huían de la crisis cubana buscando una mejor vida para ellos y sus familias. Las facilidades migratorias de todo tipo ofrecidas por los Estados Unidos desangraron la capas profesionales en Cuba a un nivel tal que al finalizar el año 1959 los principales médicos, abogados, ingenieros, arquitectos y otros profesionales liberales estaban instalados en Miami.

En el aspecto de las relaciones internacionales, el gobierno de Cuba fue literalmente bloqueado por los organismos multilaterales interamericanos que, obedeciendo instrucciones del Vecino Todopoderoso, redujeron a un mínimo sus relaciones culturales, políticas y económicas con el régimen cubano. Además, las fuerzas políticas que habían sustentado a Batista, ya consolidadas en la Florida, preparaban el contraataque bajo los auspicios no disimulados del gobierno de Eisenhower que promovía abiertamente el retorno de Cuba a su condición de nación dependiente y obediente de las líneas políticas trazadas desde las bellas riberas del Potomac. En esas condiciones, al comenzar el año 1960, mientras celebraban el primer aniversario de la caída de Batista, los componentes de una enorme masa humana en la Plaza de la Revolución en La Habana, se preguntaban, con todo el derecho del mundo, si un año más tarde estarían celebrando el segundo aniversario o recordando el primero y último.

Que Dios las bendiga.

Papi

El Fantasma del Maine
Ataca a Cuba

Saint Paul, MN, EE UU
4 de mayo 2012

Queridísimas Hijas:

Como ya les he contado, el Maine fue un barco de guerra estadounidense que fue víctima de un atentado en 1898 mientras se encontraba surto en el puerto de La Habana. Ese atentado fue tomado como excusa para que Estados Unidos declarara la guerra a España, y se apoderara, entre otros territorios, de Cuba, Puerto Rico y Las Filipinas. La obligación del gobierno estadounidense de poner a la vista del público sus documentos oficiales al cabo de cierto tiempo demostraría que el atentado contra el Maine fue orquestado por un sector del empresariado y gobierno estadounidenses que buscaban expandir su dominio colonial.

A principios de 1960 el fantasma del Maine se dio una vueltita por el puerto de La Habana causando una tragedia de magnitud insospechada que la mayor parte de la opinión pública mundial desconoce hasta el día de hoy. Las tensiones entre los gobiernos de Cuba y Estados Unidos se reflejaron en el campo militar en el congelamiento de venta de armas y cualquier otro artículo que necesitara el gobierno cubano para defenderse de los peligros de carácter militar que le acechaban desde varias direcciones, sobre todo desde la provincia cubana que se había instalado en Florida como resultado de los avatares sociales, políticos y económicos provocados por la caída de Batista al despertar el año 1959.

Para reemplazar a los Estados Unidos como fuente de armamento y provisiones militares la elección de un país del occidente era lógica, pues no cargaba con el sambenito de provenir de la órbita soviética en momentos en que la Guerra Fría entre soviéticos y estadounidenses había alcanzado niveles paroxísticos. Francia, el país europeo con menos dependencia política de Estados Unidos, fue la fuente de armamentos a la que acudió Castro para no perder la batalla, que veía acercarse, por falta de armas.

En febrero de 1960 un enorme carguero francés repleto de armas llegaba al puerto de La Habana para depositar su valiosa carga en manos del gobierno revolucionario cubano. Mientras se efectuaba el traslado de municiones y armas se produjo una gran explosión que causó una docena de muertos y numerosos heridos. Como era natural, la explosión, después de la sorpresa inicial, provocó una operación de rescate en la que se involucraron cientos de oficiales de orden público, paramédicos y ciudadanos comunes que estaban en los alrededores del puerto en el momento de la tragedia. Y ahí fue que el fantasma del Maine demostró toda su crueldad.

Cuando cientos de cubanos se dedicaban a tratar de salvar vidas y recoger cadáveres entre los escombros dejados por la explosión inicial, una segunda explosión, mucho mayor que la anterior, sacudió a toda la ciudad de La Habana. Evidentemente, la primera explosión había sido usada como trampa para congregar a una muchedumbre mucho mayor que la inicial que trataba de auxiliar a las víctimas. Esa segunda explosión causó centenares de muertos y heridos que convirtieron al puerto habanero en una escena digna del rincón más tenebroso del Infierno de Dante.

El sabotaje del carguero francés en el puerto de La Habana radicalizó la revolución cubana como ningún otro acontecimiento. Ya no se trataba de pasquines en contra de Fidel y su gente que fueran lanzados desde aviones provenientes de la Florida. No se trataba de ataques a cuarteles militares. Se trataba, simplemente, de un acto terrorista orquestado con la intención de causar la mayor cantidad de muertes posible entre ciudadanos civiles comunes y corrientes que acudieran al llamado supremo de ayudar a un ser humano herido.

El acto terrorista contra el cargamento de armas del gobierno cubano provocó la convocatoria de una manifestación multitudinaria en la que un exaltado Fidel formuló la que sería la consigna de la revolución cubana hasta el momento en que les escribo esta carta: Patria o Muerte. No había la posibilidad de dar marcha atrás. La suerte estaba echada. Y cerrada las vías del entendimiento con los Estados Unidos que Fidel había explorado cuando recibió el portazo en la cara en la Casa Blanca, y la vía del abastecimiento de armas de un aliado de Estados Unidos como Francia, Fidel se agarró del clavo caliente de la Unión Soviética antes que dejar que su revolución naufragara. De los detalles de ese agarre les contaré un día de estos.

Que Dios las bendiga.

Papi

Los Soviéticos se Sacan el Premio Mayor

Eau Claire, WI, EE UU
5 de mayo 2012

Queridísimas Hijas:

Cuando yo era niño, a quien conseguía un buen contrato o hacía un buen negocio lo acusaban de haberse ganado el premio mayor. La expresión era derivada del premio mayor de la Lotería Nacional Dominicana, para la época equivalente a unos diez mil dólares. El día que Estados Unidos y Cuba decidieron hacerse enemigos irreconciliables, la Unión Soviética, rival de Estados Unidos durante la Guerra Fría, se ganó el premio mayor. Ahora les explicaré por qué.

Desde la conclusión de la Primera Guerra Mundial muy pocas cosas se han mantenido invariables en el panorama mundial. Una de esas cosas invariables ha sido la nación que ha ocupado la primacía en los campos político, militar, económico y cultural en el planeta en que vivimos, que, sin lugar a ninguna duda, ha sido los Estados Unidos de América. Las razones para que ese fenómeno se haya producido no son materia de esta carta. Lo que me importa en este momento es establecer esa realidad que, para bien o para mal, todos los que hemos nacido después de la Primera Guerra Mundial hemos disfrutado o sufrido.

La conclusión de la Segunda Guerra Mundial marcó el ascenso de la Unión Soviética, encabezada por Rusia, como segunda potencia mundial, única en capacidad para hablarle a Estados Unidos sin miedo. Esa realidad llevó a finales de los 1940 a la declaratoria de una rivalidad o enemistad entre estos estados, que duró por más de cuarenta años, que popularmente se conoció como Guerra Fría. En esa competencia entre Estados Unidos y la Unión Soviética cada estado del mundo tuvo que tomar partido a favor de uno u otro, siendo la neutralidad prácticamente imposible.

Una de las desventajas de la Unión Soviética en la Guerra Fría para comienzos de los 1960 era su escasez de amigos en el continente americano. Los soviéticos tenían muchos amigos en la porción oriental de Europa y en Asia, pero en el resto de los continentes su lista de países amigos era raquítica. Los Estados Unidos, por el contrario, tenían estados dependientes o alineados a ellos en todos los rincones del mundo. Los países aliados a Estados Unidos incluían a vecinos de la Unión Soviética, que tenían diferendos históricos con Rusia, lo cual les daba a los Estados Unidos la ventaja estratégica de tener enemigos de sus enemigos como amigos. O sea, a los soviéticos se les salía la babita por tener un territorio amigo en el patio geopolítico estadounidense. Y, en eso, llegó Fidel. Las incomprensiones entre el gobierno revolucionario de Cuba y el de Estados Unidos le cayeron a la Unión Soviética como una bendición bajada del cielo. Una bendición que los comunistas rusos, ni tontos ni perezosos, como veremos a continuación, aprovecharon al máximo.

Desde el triunfo de la revolución, los rusos aprovecharon sus excelentes relaciones con los comunistas cubanos, quienes para disimular su identidad ideológica se identificaban como socialistas desde los años 1940, para tener incidencia en los altos círculos del poder revolucionario. Esa incidencia fue aumentando a medida que los conservadores que encabezaron el primer gobierno revolucionario fueron perdiendo poder y eventualmente tanto el Primer Ministro Miró Cardona como el Presidente Urrutia fueron removidos de sus cargos, siendo sustituidos, respectivamente, por Fidel y por Osvaldo Dorticós. Las incomprensiones entre La Habana y Washington indujeron un proceso de radicalización tanto en el gobierno cubano como en los representantes de los intereses estadounidenses en Cuba.

Las tensiones entre los revolucionarios cubanos y los intereses estadounidenses se tradujeron en presiones económicas como la reducción de la cuota azucarera que Estados Unidos compraba a precio preferencial a sus países aliados. Esas presiones económicas fueron respondidas por Fidel con un proceso de nacionalización de empresas estadounidenses de todo tipo, que aunque incluía compensaciones económicas a las compañías nacionalizadas fueron recibidas como una agresión abierta a los intereses de la potencia más grande del mundo. La cuota azucarera fue poco a poco reduciéndose, hasta que a finales de 1960 fue suspendida totalmente. Es decir, que de repente, Cuba se quedaba sin su principal fuente de divisas y la principal industria cubana estaba produciendo sin tener un comprador que le garantizara sostenibilidad. Es en esas circunstancias que el viceprimer ministro soviético realiza una visita oficial a La Habana a comienzos de 1960, para ofrecer ayuda económica de todo tipo que llenara el vacío dejado por los Estados Unidos. Esa ayuda fue recibida por Fidel con el mismo alivio que un paciente en fallo respiratorio recibe oxígeno. Obviamente, la ayuda soviética, como cualquier ayuda de un estado a otro, tenía sus costos; no voy a decirles que la beneficencia entre estados no exista, pero estoy seguro que es casi tan escasa como la muela de gallo.

Las ganancias de los soviéticos al actuar como Chapulín Colorado de una Cuba asfixiada económica, política y militarmente eran considerables. La más importante de todas era que en medio de una Guerra Fría en la que Estados Unidos llevaba la de ganar en todos sentidos por su poderío en todos las variables relevantes de la geopolítica, de repente, los rusos habían conseguido un amigo incondicional a unas 90 millas del territorio continental de los Estados Unidos; un amigo colocado a la entrada del Golfo de México, puerta de acceso al Canal de Panamá. Sin haber hecho ningún esfuerzo militar, Rusia ya contaba, gracias a la terquedad de Fidel Castro y la arrogancia del gobierno estadounidense, con una cabeza de playa estratégica que serviría en el futuro como recordatorio a los Estados Unidos, de que su poderío, aún siendo el más grande del mundo, tenía límites; y que ese límite se encontraba apenas a 90 millas de su costa sureste.

La nueva realidad geopolítica caribeña quedó en evidencia cuando Fidel, en medio de la sangre de cientos de sus compatriotas muertos y heridos en la masacre del carguero francés en el puerto de La Habana, anunció que Cuba estaba dispuesta a conseguir armas, petróleo y todo lo que necesitara para sobrevivir en cualquier sitio del planeta Tierra que esos productos estuvieran disponibles. Dos meses después de ese discurso las relaciones económicas, políticas, diplomáticas y militares entre La Unión Soviética y Cuba eran lanzadas con bombos y platillos en La Habana. El vacío causado por el extremismo en el gobierno revolucionario cubano y la falta de inteligencia de un gobierno estadounidense acostumbrado a tratar a los políticos latinoamericanos como simples sirvientes, había sido llenado por el único poder del mundo capaz de retar la patria de Jefferson. Mucha oportunidad tendrían en el futuro todas las partes envueltas en este drama de lamentar su incapacidad para negociar como buenos vecinos los problemas del vecindario que compartirán siempre Cuba y Estados Unidos.

Que Dios las bendiga.

Papi

La Gallina o el Huevo

Eau Claire, WI, EE UU
6 de mayo 2012

Queridísimas Hijas:

Dondequiera que se ha discutido la evolución de la situación política en Cuba durante el año que siguió a la caída de la dictadura de Batista, ha surgido la controversia de cuál, entre los gobiernos cubano y estadounidense, fue el principal responsable del deterioro en las relaciones entre esos dos estados íntimamente ligados por la geografía, la historia y la cultura, que llevó a la Antilla Mayor a convertirse en satélite de la Unión Soviética, un imperio completamente desvinculado de ella a través de la historia. Creo que se descubrirá quien existió primero, si la gallina o el huevo, antes de que se determine con imparcialidad el principal responsable del rompimiento entre Cuba y su poderoso vecino. Se necesitará, en mi humilde opinión, que el polvo del tiempo acumulado en varias generaciones de cubanos residentes a ambos lados del Estrecho de la Florida entierre odios y malentendidos durante un inevitable proceso de reinserción de la valiosa comunidad cubana en el exilio en el único país del mundo donde ellos no se van a sentir extranjeros. Mientras tanto, creo que vale la pena repasar varias aristas del poliedro político cubanoestadounidense a comienzos de la revolución castrista, para entender mejor la forma en que se armó un reperpero de dimensiones mundiales a comienzos de los 1960, el cual repasaremos, si Dios quiere, en un futuro cercano.

Habrá siempre alguien que diga, con toda la razón del mundo, que cuando llegó triunfante a La Habana en enero de 1959, Fidel no trajo en sus manos ramos de olivo, sino armas con las que propició el fusilamiento de los remanentes del régimen de Batista que no pudieron escapar de Cuba. Alguien responderá, con la misma razón, que si Batista hubiera vencido a los guerrilleros de la Sierra Maestra no hubiera dejado a uno vivo. Hay quien diga que los estadounidenses no podían mostrarse amistosos con un gobierno que comienza en medio de una ola represiva contra los que acaba de desplazar del poder. Otro recordará que el presidente más prestigioso de la historia de los Estados Unidos, el gran Lincoln que encabezara la Unión que preservó la vida misma de esa gran nación tras encabezar una cruenta guerra civil contra la Confederación, la cual ha sido, hasta el momento, la más cruenta en cuanto a vidas humanas perdidas, justamente al terminar esa guerra, nombró al más cruel de sus Generales, William Sherman, como encargado de "tranquilizar" los remanentes del Ejército Confederado. Sherman cumplió la misión que se le encomendara de forma tan brillante, que hizo ver como juego de niños los paredones de La Habana unos noventa y cinco años más tarde. O sea, que siempre habrá argumentos para hacer quedar bien ambos lados de la controversia relativa a los errores cometidos por las partes envueltas durante el proceso que concluyó con la enemistad oficial entre Cuba y Estados Unidos y el desplazamiento de La Bella Juana desde la órbita de influencia de su poderoso vecino a la de un poder extracontinental completamente extraño a las tradiciones de la patria de Martí. Lo importante para este repaso histórico comentado, es que para comienzos de 1961, días antes de que se instalara como presidente de los Estados Unidos el carismático John F. Kennedy, quien era en ese momento un ídolo de millones de latinoamericanos pertenecientes a todas las clases sociales, quien parecía venir cargado de buenas intenciones para sus vecinos continentales, Cuba se constituía en el obstáculo más grande para el mejoramiento de las relaciones entre los latinoamericanos y los estadounidenses.

Como discutíamos hace un par de días, la reacción de los Estados Unidos al repentino fortalecimiento de las relaciones entre Cuba y la Unión Soviética fue de carácter punitivo. El aislamiento del gobierno de Castro en todos los ámbitos en que los Estados Unidos tenían influencia, es decir, en todos los ámbitos, llevó a un empeoramiento de las condiciones de vida del pueblo cubano, lo cual aceleró la masiva emigración hacia la Florida, y al aumento en el descontento de una población que comenzaba a protestar por la escasez permanente de todo tipo de artículos de consumo básico. En ese ambiente de caos, para poder mantener el orden mínimo que permitiera su gestión de gobierno, Fidel limitó severamente las libertades públicas, decretando un Estado de Emergencia que se hizo permanente con el paso de los meses.

Las restricciones a los derechos políticos en Cuba por parte del gobierno revolucionario cubano provocaron el aislamiento de Cuba en el concierto de naciones americanas, viéndose interrumpida las relaciones internacionales de la Antilla Mayor con todos los países de América, con la excepción de México. Castro respondió a estas sanciones diplomáticas apretando más el nudo alrededor de una oposición interna reducida al mínimo por la huida de la mayoría de sus miembros hacia los Estados Unidos. Además, Fidel impuso leyes que limitaron severamente la propiedad privada en todas sus manifestaciones, lo que provocó el congelamiento de las actividades comerciales e industriales. En menos de dos años Cuba había pasado de sufrir una dictadura de extrema derecha apoyada por los Estados Unidos, a padecer una dictadura de extrema izquierda amamantada por la Unión Soviética.

La evolución de los acontecimientos en Cuba desde el triunfo de la Revolución en enero de 1959 fue seguida con pasión en todos los países latinoamericanos, donde el proceso revolucionario concitó la simpatía de las grandes masas populares antes de que Fidel tomara el poder. El enfrentamiento entre los gobiernos de Cuba y Estados Unidos, que llevó a la expulsión de la isla bella del sistema americano, y a su integración a la órbita soviética, dividió en dos mitades la opinión publica latinoamericana. De un lado estaban los que tenían la simpatía natural por cualquier David que enfrenta a un Goliat. Del otro estaban los que observaban preocupados a centenares de miles de hombres, mujeres y niños ajenos a las pasiones políticas huir despavoridos de uno de los países más bellos del mundo por razones que no estaban del todo claras.

Entre los gobiernos latinoamericanos preocupados por la caída de Batista y posterior evolución de los acontecimientos cubanos estaba el dominicano, formado por una oligarquía familiar y un pequeño grupo de aduladores y servidores que se habían mantenido por treinta años chupando la sangre de un pueblo que merecía mejor suerte. Esa preocupación se vio justificada en los hechos a mediados de junio de 1959, cuando una centena de guerrilleros dominicanos, cubanos y de otras nacionalidades invadieron el macizo montañoso más importante del Caribe, la Cordillera Central dominicana, tratando de copiar el ejemplo de la guerrilla castrista. El intento guerrillero en Santo Domingo fue un completo fracaso militar que, no obstante, sacudió los cimientos de un régimen tiránico y llamó la atención de los centros de poder de Washington que se trazaron la meta de no permitir en el futuro que el apoyo empecinado estadounidense a un régimen dictatorial concluyera con el contagio del mal ejemplo cubano en el llamado Continente de la Esperanza.

En síntesis, en enero de 1961 John F. Kennedy recibía de manos de un héroe de la Segunda Guerra Mundial un baúl lleno de problemas, el mayor de los cuales era una olla llena de caldo comunista soviético hirviendo en su frontera marítima sureste. Analizaremos en unos días el plan que Eisenhower le dejó a Kennedy para enfriar esa olla hirviente.

Que Dios las bendiga.

Papá

David Vence a Goliat en el Caribe

Saint Paul, MN, EE UU
11 de mayo 2012

Queridísimas Hijas:

Cuando John F Kennedy se sentó por primera vez en la Oficina Oval desde donde el presidente de Estados Unidos despacha los asuntos de Estado, en la tercera semana del mes de enero de 1961, su prioridad a resolver en política exterior era la amenaza comunista que se cernía sobre Cuba bajo la dirección de Fidel Castro y el patrocinio de la Unión Soviética. Para enfrentar esa amenaza Kennedy encontró planes acabados que él no estaba en capacidad de aplazar o modificar si respetaba, como respetó, el Principio de Continuidad del Estado. Comenzar a revisar los planes del gobierno Eisenhower hubiera dado más tiempo al gobierno cubano para fortalecer su proyecto a todas luces comunista; por lo tanto, en las esferas que administran el poderío estadounidense en todo el mundo, el Pentágono y la CIA, había consenso en cuanto a proceder con lo ya planificado con la mayor rapidez posible. El tiempo que duró la puesta en práctica del plan para derrotar al comunismo en Cuba fue de unos tres meses, al cabo de los cuales el mundo fue testigo de una invasión que definió el destino cubano para los próximos cinco decenios.

El plan que heredó Kennedy de Eisenhower para resolver el problema cubano fue organizado por la CIA, y contaba con la participación de gobiernos amigos de Estados Unidos en Mesoamérica, principalmente los de Guatemala, Nicaragua y Panamá, donde para esa época existía un enclave militar colonial conocido como la Zona del Canal, desde la cual se coordinaron las acciones que trataban de instalar un gobierno provisional anticastrista encabezado por el Primer Ministro original de la revolución cubana José Miró Cardona, que sería reconocido rápidamente por el gobierno de los Estados Unidos y por la Organización de Estados Americanos (OEA) tan pronto los invasores controlaran una pequeña porción de territorio cubano.

El contingente militar a utilizar era realmente impresionante, contando con unos 1400 combatientes armados con la mejor tecnología militar y con el apoyo de la logística más sofisticada del mundo. El ejército invasor estaba compuesto en su gran mayoría por cubanos residentes en Miami, bajo el mando de oficiales de gran experiencia del ejército del gobierno de Batista.

La primera noticia de la invasión se conoció a comienzos de la tercera semana del mes de abril de 1961, cuando un avión que salió desde Nicaragua piloteado por un cubano residente en la Florida, después de bombardear varios aeropuertos militares cubanos se dirigió a Miami, donde el piloto anunció al mundo que la mayoría de la oficialidad de la aviación militar cubana se había declarado en rebeldía contra el gobierno encabezado por Fidel Castro.

El gobierno cubano, consciente de la magnitud del suceso, dio instrucciones a su embajador en las Naciones Unidas, Raúl Roa, para que denunciara en el seno de ese organismo a la opinión pública mundial que Cuba estaba siendo invadida por un ejército armado y dirigido por los Estados Unidos. Ese mismo día Fidel Castro, en uno de sus clásicos actos de masas, llamó al pueblo a luchar en campos y ciudades en defensa de la Revolución y a identificar y neutralizar a los cubanos sospechosos de apoyar la invasión en curso.

En cuestión de horas los organismos de inteligencia del gobierno cubano y los llamados Comités de Defensa de la Revolución, que monitoreaban cuadra por cuadra la actividad opositora en todo el territorio cubano, tenían la situación interna controlada, y una cantidad inmensa de cubanos simpatizantes de Castro estaban desplazados por calles y montes en busca de potenciales opositores.

Al día siguiente del anuncio de la invasión, se conoció que el punto de desembarco de ésta había sido Playa Girón, situada en la costa Sur de Cuba, en la provincia de Las Villas, a unos 70 kilómetros de la ciudad de Cienfuegos. El primer contingente de invasores había avanzado unas cuantas millas y tenía control de dos o tres pueblitos cercanos al punto del desembarco. Fue en ese momento que una decisión de Kennedy que alteraba el plan inicial de Eisenhower facilitó el fracaso de los invasores.

El presidente Kennedy consideró que la participación abierta de la Fuerza Aérea de Estados Unidos en apoyo de los invasores hubiera producido un escándalo internacional que hubiera afectado el prestigio de su gobierno que apenas comenzaba, y podía poner en peligro la política exterior de Estados Unidos en el resto del mundo. Basado en ese cálculo, Kennedy ordenó, como Comandante en Jefe de las Fuerzas Armadas de Estados Unidos, que la participación de la Fuerza Aérea fuera suspendida.

El cambio de planes de Kennedy produjo confusión en las filas invasoras, lo que se reflejó en una caída en la moral de los combatientes, quienes, a pesar de contar con armamentos de más calidad que los del ejército castrista, vieron frenado su avance en suelo cubano. Cuando los invasores se enteraron por emisoras de radio cubanas de que la situación en todo el país estaba controlada por Fidel y que la oposición interna no se había tirado a las calles en su apoyo, una buena cantidad de los combatientes antifidelistas intentó regresar a los barcos que los habían traído desde Nicaragua. Al hacer esto descubrieron que sus naves habían encallado durante el desembarco. En esas condiciones, la mayoría de los combatientes anticastristas decidió rendirse sin presentar combate.

 Cuando se hizo cargo de la realidad de que la invasión a Cuba patrocinada por su Gobierno había fracasado estrepitosamente, Kennedy se dirigió a su pueblo por televisión aceptando total responsabilidad por el fracaso inesperado. Paradójicamente, la popularidad de Kennedy, que había comenzado a tambalearse justo antes del fracaso de Girón (conocido también como Bahía de Cochinos), llegó a su punto más alto después de ese discurso, en una nación donde la honestidad es el valor más apreciado en los gobernantes. En las calles de Miami, mientras tanto, solamente Fidel era más odiado que John F. Kennedy.

El balance de la invasión de Bahía de Cochinos no pudo ser peor para la causa anticastrista y para los Estados Unidos. Fue, simplemente, una derrota militar y política total. De los mil cuatrocientos invasores que tocaron tierra en Playa Girón unos mil doscientos fueron hechos prisioneros y otros doscientos murieron en combate. Del lado castrista las bajas mortales fueron aproximadamente doscientas. Tras un año y medio de penosa prisión en lo que se negociaba su regreso a Miami, los combatientes anticastristas fueron canjeados por alimentos y tractores fabricados en los Estados Unidos.

El fracaso de la Invasión de Bahía de Cochinos fue la raya que dividió para siempre la historia cubana. La poca oposición que quedó en la isla, al ver que el poder militar más grande de la historia había sido derrotado por Fidel Castro, se convenció de que el único camino que le quedaba era el exilio. El mismo Fidel lo había proclamado al denunciar públicamente la invasión; solamente había dos caminos abiertos para los cubanos: la Revolución o el Exilio.

Que Dios las bendiga.

Papi

Las Secuelas de la Fiebre de Cochinos

Saint Paul, MN, EE UU
11 de mayo 2012

Queridísimas Hijas:

Recientemente repasábamos los hechos más salientes de la Invasión de Bahía de Cochinos, la cual los cubanos residentes en Cuba prefieren llamar Batalla de Playa Girón. En esa ocasión vimos cómo el Presidente Kennedy se hizo responsable de la primera derrota militar de Estados Unidos en el continente americano. Esa reciente carta la intitulé "DAVID VENCE A GOLIAT EN EL CARIBE". Voy a usar esta carta para justificar ese título.

Conozco dos maneras de llevar al cerebro de un lector la idea que tengo en el mío y quiero compartir con él. Una es usar un conjunto de sustantivos, verbos, adjetivos y adverbios encadenados por preposiciones y otras herramientas lingüísticas con suficiente armonía y gracia que permitan al lector construir en su cerebro una imagen del objeto o idea que se trata de describir. La otra manera, la que voy a usar en estos párrafos, es proporcionar al lector números que describan parámetros relevantes en el objeto a describir. Por ejemplo, al regresar de una celebración de la independencia estadounidense en casa de un amigo un 4 de julio cualquiera, yo podría describirla, siguiendo los modelos propuestos más arriba, de las formas siguientes: 1) Estuve en una fiesta de Independencia celebrada en una casa enorme, bellísima, amueblada con un gusto exquisito y con un patio inmenso donde había una piscina amplísima. 2) Estuve en una fiesta de Independencia celebrada en una casa de TRES niveles, de alrededor de 4000 pies cuadrados de área, con un patio de MEDIA HECTAREA que tiene en el medio una piscina de CIEN metros de largo, VEINTE metros de ancho y TRES metros de profundidad. Las invito a suspender la lectura de esta carta y decidir cual de las dos descripciones anteriores es más útil, la que se basa en adjetivos o la basada en números. Si lo piensan bien, se convencerán de que los números son instrumentos mucho más confiables que los más correctos adjetivos para justificar el título de "DAVID VENCE A GOLIAT EN EL CARIBE" usado en mi carta reciente. Ahora paso a repasar algunos números relativos a ese caso con ustedes.

En Bahía de Cochinos en 1961 se enfrentaron militarmente dos contendientes: el gobierno de Estados Unidos encabezado por Kennedy y el gobierno de Cuba encabezado por Castro. Cuba tenía, y tiene todavía, una superficie de aproximadamente ciento diez mil kilómetros cuadrados; Estados Unidos tenía, y tiene todavía, una superficie de aproximadamente nueve millones ochocientos mil kilómetros cuadrados, es decir, aproximadamente, noventa veces mayor en territorio. Para 1961, los Estados Unidos tenían una población de alrededor de 200 millones de habitantes, unas veinte veces mayor que la de Cuba. Para 1961 Estados Unidos era la potencia militar, económica, política y cultural más grande del mundo; Cuba era un país del Tercer Mundo que tenía condiciones de vida mejores que sus vecinos caribeños, pero que no podía soñar con las condiciones de vida del país más avanzado del mundo. Estados Unidos tenía un ejército miles de veces más potente que el de Cuba; el mismo desequilibrio era patente en cuanto a poderío militar naval y aéreo. En fin, Estados Unidos versus Cuba era GOLIAT CONTRA DAVID EN EL CARIBE. Ya justificado el título de mi reciente cartita, sigo repasando los acontecimientos políticos más significativos relacionados con Cuba inmediatamente después de la Invasión de Bahía de Cochinos.

El estrés de la Invasión de Bahía de Cochinos hizo que Fidel Castro hiciera un destape parcial de su ideología, que denominó como SOCIALISTA durante un discurso pronunciado el día que comenzó la mentada invasión. Observen que todavía dos años y pico después de su victoria revolucionaria Fidel no se atrevía a llamarse a si mismo COMUNISTA. La ideología de Castro, por cierto, era uno de los temas de discusión favoritos por los amantes de la política en todo el mundo para esa época. Fidel había tenido como su primer maestro político a Eduardo Chibás, un anticomunista confeso. Después del Golpe de Estado que defenestró la democracia cubana en 1952, el futuro barbudo de Sierra Maestra abandonó al Partido Ortodoxo que se oponía a Batista por medios convencionales, pero que se negaba a encabezar una lucha armada contra la Dictadura. No había base documental o testimonial seria para acusar a Fidel de ser COMUNISTA. Incluso, su relación con los COMUNISTAS cubanos no había sido cordial hasta que estos se convencieron de que Castro era la única vía abierta para ellos alcanzar alguna cuota de poder a la caída de Batista. Precisamente por esa indefinición ideológica Fidel Castro pudo conseguir el apoyo de todo el abanico ideológico cubano en su lucha contra Fulgencio Batista.

La salida del closet ideológico de Fidel Castro se produjo a finales de 1961, cuando ya Cuba era política, económica y militarmente dependiente de la Unión Soviética. Algunos analistas políticos, entre los que se cuenta quien firma esta carta, consideran que un gobernante que espera casi tres años después de alcanzar el poder por la vía revolucionaria para declararse COMUNISTA, en el mejor de los casos, es un COMUNISTA POR CONVENIENCIA; es decir, un gobernante al que se le habían cerrado, por su culpa y por culpa de sus adversarios cubanos y estadounidenses, todas las avenidas NO COMUNISTAS para permanecer en la cima del poder político cubano.

La victoria militar de Cuba sobre los Estados Unidos tuvo el efecto de un terremoto de Categoría 8 en las capas políticas de América Latina, constituyéndose en un auténtico catalizador de cambios en las estrategias de las diferentes tendencias ideológicas. Del lado izquierdista, la victoria de Girón llegó como una dosis de esteroides que aceleró proyectos insurgentes en muchos países del Continente, la mayoría de los cuales fracasaron por no estar sustentados por sociedades con el grado de desarrollo político que tenía la cubana de la época de Batista. Del lado derechista, Bahía de Cochinos fue un recordatorio de que si no se implementaban cambios fundamentales en los regímenes conservadores, Cuba podía convertirse en un virus que contaminara todo un continente. Finalmente, en los Estados Unidos el mensaje que llegó clarito desde las arenas de Playa Girón fue el de que era hora ya de hacerse cargo de la realidad de una América Latina con potencialidades humanas y materiales inmensas, que no se iba a resignar a la idea de ser una sempiterna colección de neocolonias de los Estados Unidos y que la manera más efectiva de evitar que el Tétano Cubano que había desembocado en la primera derrota militar de Estados Unidos en territorio americano se propagara era promover cambios institucionales que aligeraran la explotación a la que estaba sometida la mayoría de los latinoamericanos.

Hay quien diga que Bahía de Cochinos fue el momento más decisivo del proceso revolucionario cubano. Yo, humildemente, no comparto ese criterio. Creo que Bahía de Cochinos fue el evento más influyente de la revolución cubana en el vecindario latinoamericano; pero el momento más decisivo del drama revolucionario cubano, y uno de los más importantes de la historia mundial, iba a llegar con el otoño de 1962, cuando ya Cuba había sido excomulgada de la Organización de Estados Americanos (OEA) y sus relaciones diplomáticas con México, cuyo prurito nacionalista le había impedido terminarlas, estaban en una sala de cuidados intensivos y sin esperanza de recuperación. A ese momento histórico dedicaré una de mis cartitas, si Dios quiere, en un futuro cercano.

Que Dios las bendiga.

Papi

Octubre 1962: El Vértigo de la Guerra Nuclear

Saint Paul, MN, EE UU
12 de mayo 2012

Queridísimas Hijas:

Ya hemos repasado un par de veces el proceso que llevó a Cuba a convertirse a partir del 1961 en un estado completamente dependiente de la Unión de Repúblicas Socialistas Soviéticas (URSS), mejor conocida como Unión Soviética.

El balance nuclear, antes de 1961, era muy desfavorable para la Unión Soviética, que estaba sometida a la amenaza constante de misiles nucleares estadounidenses emplazados en bases militares de Turquía , con capacidad de impactar a Moscú, la capital rusa, y a la gran mayoría de la población del país más extenso del mundo. Esa era una Espada de Damocles que pendía sobre Rusia y sus repúblicas hermanas que brindaba a los Estados Unidos una ventaja estratégica en la carrera armamentista inaceptable para el segundo poder militar del mundo. Nikita Kruschev y sus camaradas del Politburó del Partido Comunista Ruso vieron en la enemistad entre los gobiernos de Cuba y Estados Unidos una oportunidad de oro que les iba a permitir compensar la ventaja estadounidense en la carrera por la supremacía nuclear en el mundo.

A comienzos de 1962 una comisión de altos funcionarios soviéticos visitó Cuba con el aparente propósito de ayudar a que la Antilla Mayor, que había sido desde su Independencia a comienzos del siglo XX completamente dependiente de Estados Unidos en cuanto a insumos y maquinarias de todo tipo, pudiera sobrevivir al bloqueo comercial que el gobierno de Estados Unidos acababa de hacer oficial, luego de un par de años de bloqueo informal. Esta visita dio el pistoletazo de salida a un proceso de sovietización de la industria cubana que, aunque imperfecto, le permitió seguir viva. Este proceso fue particularmente tortuoso en el ámbito agropecuario. Recuerden que la casi totalidad de cultivos rusos eran extraños , por razones de clima y cultura, a los cubanos; y viceversa.

Esa disonancia logística convirtió a la agricultura cubana en un verdadero "arroz con mango", para usar una expresión cubanísima. Por eso, nadie tenía el derecho de extrañarse de la movilización de enormes cargamentos de implementos y maquinarias agrícolas hacia Cuba provenientes de su nuevo Hermano Mayor.

Pero resulta que lo que llegaba a Cuba desde la Unión Soviética era mucho más sofisticado de lo que el análisis ingenuo podía considerar como "lógico y natural". Un día cualquiera de octubre de 1962 el gobierno de Estados Unidos anunció a todo el mundo que tenía pruebas contundentes de que el territorio cubano estaba sembrado de plataformas de lanzamiento de misiles nucleares con capacidad de impactar la mayor parte de las ciudades de la costa Este de ese país. Al día siguiente de esa denuncia el representante de los Estados Unidos en las Naciones Unidas presentó fotos detalladas de varias de las ya famosas plataformas. La presentación pública de esas fotos, que fueron tomadas desde aviones U-2 de la Fuerza Aérea de Estados Unidos, dio inicio a la crisis más peligrosa de la Guerra Fría que enfrentó durante más de cuarenta años a los dos poderes militares más grandes del mundo.

Las pruebas presentadas por Estados Unidos a todo el mundo en las Naciones Unidas fueron tan contundentes que la Unión Soviética no tuvo más remedio que aceptar que efectivamente había instalado plataformas de lanzamiento de cohetes capaces de lanzar misiles nucleares de largo alcance en múltiples lugares del suelo cubano. Y al aceptar su pecado lo justificaba con el argumento de que Estados Unidos tenía el mismo tipo de bases en Turquía con capacidad de alcanzar la mayor parte del territorio ruso, incluyendo su capital Moscú. En estas circunstancias, los miles de millones de seres humanos que rezaban al mismo Dios desde distintas confesiones comenzaron a practicar su calistenia espiritual pidiendo al Supremo Creador que evitara el cataclismo nuclear al que podía llevarlo el afán de la Unión Soviética de usar a Cuba para emparejar la carrera armamentista nuclear.

Después del mundo conocer la confesión soviética, toda la atención se concentró en la Oficina Oval de la Casa Blanca, donde el Presidente Kennedy sopesaba con sus asesores la respuesta a los alegatos soviéticos. La reacción estadounidense a la amenaza en su frontera marítima sureste fue al mismo tiempo contundente y moderada. Los Estados Unidos establecieron un bloqueo naval alrededor de Cuba que se mantendría hasta que la Unión Soviética retirara todas y cada unas de las plataformas de lanzamiento de misiles que había instalado en múltiples puntos de la geografía cubana; ni más, ni menos.

Casi cincuenta años después de la Crisis de Octubre de 1962, se conoce en detalle el manejo de ella por parte de los gobiernos soviético, estadounidense y cubano. En el cuadragésimo aniversario de la Crisis se celebró en La Habana una Conferencia Internacional sobre el tema, a la que asistieron por la parte estadounidense Robert McNamara, ex Secretario de Defensa de Estados Unidos y por la parte cubana el Presidente Fidel Castro, quien en el momento de la Crisis era el Primer Ministro cubano y, como siempre, líder absoluto de su revolución. Los detalles que dieron McNamara y

Castro son sencillamente escalofriantes. Voy a compartir algunos de ellos con ustedes. La mayoría de los consejeros de Kennedy, subestimando la amenaza que pendía sobre Estados Unidos, favorecía un ataque fulminante a la isla caribeña, arguyendo que la cantidad de armas nucleares soviéticas instaladas en Cuba listas para ser usadas era mínima, o, en el peor de los casos, moderada. Kennedy, con el apoyo de McNamara, se decidió por dejar un espacio de negociación en el que las Naciones Unidas desempeñaran su papel de mediador y desactivaran la bomba que amenazaba a las dos superpotencias, a la isla malcriada y al mundo enterito. Y resultó que el fino olfato político del presidente Kennedy estaba un cien por ciento correcto.

Recuerdo haber visto por la televisión estadounidense en octubre del 2002 una ponencia de un ya anciano Robert McNamara, en la que informaba al plenario de clausura de la Conferencia Internacional sobre la Crisis de Octubre celebrada en La Habana, que el día anterior había recibido la sorpresa más grande de su vida, cuando escuchó de labios de Fidel Castro el testimonio de que los soviéticos tenían plataformas de misiles nucleares listas para ser usadas a la más mínima señal de ataque estadounidense a Cuba, con capacidad de alcanzar a todas las ciudades de la costa este de Estados Unidos desde Miami hasta Boston. McNamara recordaba con admiración cómo Kennedy le advertía sobre esa posibilidad aterradora a los "halcones" de su círculo más íntimo que llevados por el entusiasmo guerrerista, tan frecuente en las vecindades del Pentágono, favorecían un ataque fulminante a Cuba. De acuerdo a estimaciones retrospectivas de esa Conferencia, el balance de bajas mortales de haberse realizado el ataque a Cuba por parte de Estados Unidos hubiera sido de 10 millones de cubanos, 100 millones de estadounidenses y 120 millones de soviéticos, porque si los rusos hubieran respondido al ataque inicial a Cuba, esto hubiera llevado a una contra réplica desde las bases de lanzamiento de misiles en Turquía; nada menos que unos 230 millones de bajas mortales. Casi nada.

La cuarentena naval y aérea de Cuba, que duró unos diez días, mantuvo al mundo entero en estado de terror. Afortunadamente, U Than, Secretario General de la ONU de la época, consiguió que Kennedy y Kruschev mantuvieran una comunicación fluida durante la crisis, sacando a Fidel Castro de la discusión, mientras el líder cubano aireaba su fiebre antiestadounidense por los medios de comunicación. De esa manera, mientras los dos grandes poderes se pavoneaban ante el mundo de no ceder en sus posiciones, la ONU, Kennedy y Kruschev avanzaron en unas negociaciones de las que casi todos los participantes en la crisis salieron ganando; aunque el gran ganador no fue ninguno de los contendientes, sino el mundo civilizado, que estuvo a punto de sucumbir en medio de una Tercera, y definitiva, Guerra Mundial, de la cual tanto Estados Unidos como la Unión Soviética hubieran salido convertidos en una colección infinita de escombros.
En unas cuantas frases, la solución a la Crisis de Octubre fue la siguiente: La Unión Soviética se comprometía a retirar en un plazo perentorio todas las bases de lanzamiento de misiles que había emplazado en Cuba. A cambio de esto, los Estados Unidos se comprometían a no propiciar ataques a Cuba, ni desde su territorio, ni desde ningún otro lugar. La Unión Soviética fue la que salió, aparentemente, peor parada de la crisis, pues no pudo obtener el retiro inmediato de las bases de lanzamiento de misiles

nucleares en Turquía. El duende del cumplimiento de un acuerdo de "gallo tapao" entre Kruschev y Kennedy hizo posible que las bases nucleares de Turquía desaparecieran completamente antes de que se cumplieran dos años de la Crisis de Octubre.

Obviamente, Fidel Castro, desalojado por Rusia y Estados Unidos del foco de la atención mundial que tanto disfruta, se opuso radicalmente a los acuerdos que solucionaron la Crisis de Octubre; aunque visto en retrospectiva, el Hombre de la Barba fue el mayor beneficiario de los mismos. Veamos el sustento de esta afirmación. Antes de la Crisis de Octubre, Cuba estaba expuesta a los ataques que vinieran de cualquier parte del mundo sin tener una protección de la categoría de un gran acuerdo promovido por las Naciones Unidas. Sin la Crisis de Octubre, es casi seguro que Cuba hubiera vivido enfrentando ataques militares de todo tipo, porque nada hubiera impedido a los cubanos exiliados buscar el apoyo de regímenes conservadores en el continente americano, que abundaban para la época, en procura de lograr el derrocamiento de Fidel Castro. Después de la Crisis de Octubre la cosa era diferente. Ya Estados Unidos se había comprometido a no organizar, ni desde su territorio, ni desde fuera del mismo, ataque militar alguno al régimen de Castro. El precio que hubiera pagado Estados Unidos por un ataque militar que hubiera derrocado a Castro era demasiado alto. El acuerdo que dio salida a la crisis no contenía esa cláusula, pero los conocedores del tema saben que Rusia había hecho entender muy claramente a Estados Unidos que un ataque militar proveniente del territorio norteamericano o de exiliados cubanos nacionalizados estadounidenses que depusiera a Castro iba a ser respondido con la ocupación rusa de Berlín Occidental. Y, obviamente, los Estados Unidos no iban a poner en peligro su vitrina democrática en el Este europeo ocupado por los soviéticos. Menos de treinta años después de la Crisis de Octubre, cuando la ominosa pared que separaba a los dos Berlines cayó, y con ella se desmoronó la Unión Soviética, los Estados Unidos cobraron el pago de resignarse a perder a Cuba con intereses generosos.

En conclusión, la Crisis de Octubre fue ganada por los Estados Unidos, que obtuvieron una victoria propagandística enorme al lograr que Rusia retirara humildemente sus misiles de Cuba; por Rusia que vio desaparecer en menos de dos años las bases de misiles en territorio turco; y por Fidel Castro, quien, por más que protestó por la vergüenza de ser ignorado por los dos grandes imperios del mundo durante la negociación que dio salida a la Crisis, no pudo disimular el alivio de haber obtenido el compromiso formal de Estados Unidos de no intervenir militarmente, ni directa ni indirectamente, el territorio cubano en el futuro, compromiso que cumplieron a pie juntillas; y por casi todo el resto del mundo, que se salvó de una Tercera Guerra Mundial. Si alguien perdió algo en esa crisis, fue una comunidad exiliada en Estados Unidos, que tuvo que entender que el final de Fidel Castro como gobernante había que dejarlo en manos de un atentado personal o del Creador que apaga el motorcito que mueve la sangre en las venas y arterias de los seres humanos cuando le da su grandísima gana.

Que Dios las bendiga.

Papá

El Cerebro del Trujillismo

Trujillo y Balaguer Asesinan al Hostosianismo

Saint Paul, MN, EE UU
13 de mayo 2012

Queridísimas Hijas:

El 16 de agosto de 1952, como les contara hace un tiempo, Rafael Trujillo abandonó formalmente las funciones de presidente de la República Dominicana y se mantuvo tras bambalinas como el único poder real en Santo Domingo. Esa maniobra le permitió revestir al régimen tiránico que encabezaba de cierto barniz "democrático" que hacía más difícil a la oposición dominicana en el exilio denunciar las barbaridades del trujillismo gobernante y más fácil a los herederos políticos de Thomas Jefferson sostener política y económicamente el oprobio al que era sometido el pueblo dominicano.

Tan pronto Trujillo hizo nombrar a su hermano Héctor como su nuevo Presidente títere, una de las primeras disposiciones de éste fue designar al tirano como Embajador Extraordinario y Plenipotenciario del Gobierno Dominicano. Bajo ese paraguas diplomático Rafael Trujillo emprendió un viaje a Europa en 1954 que tendría repercusiones en la vida de los dominicanos que todavía se sienten casi sesenta años después del mentado periplo.

El primer destino europeo de Trujillo fue España, la Madre Patria de cientos de millones de hispanoamericanos. Allí Trujillo fue recibido por el Generalísimo Francisco Franco, Jefe de Estado español, quien, con cantidades iguales de cortesía y valor, le dio una lección de protocolo que el tirano dominicano nunca olvidaría.

Resulta que cuando Rafael Trujillo visitó España no era formalmente un Jefe de Estado sino un Embajador Plenipotenciario, a quien el Estado Español, si seguía el protocolo diplomático de uso universal, no podía darle un trato de Jefe de Estado durante su visita. Los funcionarios

155

españoles encargados de controlar tal protocolo fueron inflexibles en ese sentido, informándoles a sus pares dominicanos que su muy apreciado Generalísimo no tendría el trato que su hermano y títere Héctor Trujillo hubiera tenido de haber visitado España.

La papa caliente de informarle a Trujillo que su capacidad de manejar los asuntos de Estado de manera tiránica se limitaba al territorio dominicano fue saltando de mano en mano hasta que el tirano se dio cuenta de su inferioridad protocolar con relación a su hermano y títere. El ego de un megalómano como Rafael Trujillo estalló en cólera en medio de una fiesta que le ofreció el Gobierno Español en uno de los palacios reales que Franco detentaba para esa época, haciendo que abandonara, justo después de comenzar, la actividad principal de su visita, dejando como excusa que el homenajeado "se había sentido indispuesto repentinamente".

A pesar del papelazo protocolar que hizo, Trujillo trajo desde España en su faltriquera victorias políticas, de las cuales la más importante fue el firmar acuerdos de migración que permitieron a cientos de familias campesinas españolas emigrar hacia Santo Domingo, donde contribuyeron, y continúan contribuyendo hasta el día de hoy, con el mejoramiento técnico del sector agrícola dominicano.

Desde España Trujillo se dirigió al Vaticano, el Estado más diminuto del mundo en extensión territorial, que ejercía en ese tiempo, como todavía lo hace hoy, el poder espiritual más grande de nuestro planeta. Como ustedes saben, el Vaticano está empotrado en una de las colinas de Roma, la Ciudad Eterna que es capital de Italia. Durante esa visita a la Santa Sede, Trujillo firmó, junto al Secretario de Estado del Vaticano, un Concordato que desde entonces ha regulado las relaciones entre la Iglesia Católica y el Estado Dominicano.

El Concordato firmado por Trujillo en el Vaticano en 1954 dio una vuelta hacia atrás al reloj de la historia en varios ámbitos de la vida dominicana que todavía se siente en la Patria de Duarte, siendo la educación pública el aspecto que más sufrió los efectos dañinos de ese pacto entre Estados. El Concordato fue redactado por una Comisión del Gobierno Dominicano encabezada por el Doctor Joaquín Balaguer, la cumbre académica e intelectual más alta del régimen trujillista, quien acompañó a Trujillo en calidad de Secretario de Estado de Relaciones Exteriores en su visita al Rey de Roma para firmar el Acta de Defunción de la Escuela Hostosiana.

Desde los años 1880 hasta la firma del Concordato en 1954 la educación pública dominicana siguió las ideas positivistas de la Escuela Hostosiana, llamada así en honor a Eugenio María de Hostos, eminente pensador puertorriqueño que se hizo dominicano por adopción tras abandonar su país al ver que su sueño independentista fracasaba estrepitosamente. La Escuela Hostosiana era esencialmente laica, es decir, completamente separada de la práctica religiosa. Tras la firma del Concordato que dio al catolicismo la categoría de religión oficial del Estado Dominicano, la Escuela Hostosiana se fue diluyendo, perdiéndose para siempre sus contribuciones a la educación dominicana, excepto los venerables maestros positivistas que trataron en lo posible de seguir sembrando el saber entre los dominicanos apegados a una separación total del Estado y la Iglesia, hasta que por razones de edad se retiraron paulatinamente.

El artículo más importante del Concordato fue el número XXII, cuyo Acápite 2) paso a transcribir íntegramente: " *2) En todas las escuelas públicas primarias y secundarias se dará enseñanza de la religión y moral católicas – según programas fijados de común acuerdo con la competente Autoridad eclesiástica - a los alumnos cuyos padres, o quienes hagan sus veces, no pidan por escrito que sean exentos.*"

Es decir, que la única manera que tenía un padre dominicano que fuera practicante de otra religión de evitar que sus hijos fueran indoctrinados en el catolicismo era firmar una carta oponiéndose a un Tratado firmado por el Generalísimo Trujillo con el Secretario de Estado de la Santa Sede. Ese acápite es sólo el botón de muestra de un documento que hubiera puesto verde de la envidia al juez de la Santa Inquisición que obligó a Galileo Galilei a renegar de su teoría científica más notable bajo la amenaza de morir en la hoguera en caso de no hacerlo. Para el Dr. Joaquín Balaguer y los curas trujillistas que metieron al Papa y la Santa Sede en ese lío, la Revolución Francesa y la Independencia de Estados Unidos, que crearon siguiendo el consejo del divino Rabí de Galilea de "Dad a Cesar lo que es del César y a Dios lo que es de Dios", barreras constitucionales entre Iglesia y Estado, nunca se produjeron.

La imposición del Concordato a la escuela pública dominicana destruyó la Escuela Hostosiana, que era esencialmente positivista, es decir, que mantenía que el único conocimiento digno de enseñarse en las escuelas públicas es el proveniente de la aplicación del método científico, y que, promoviendo el respeto a todas las religiones, delinea claramente los ámbitos religioso y educación pública.

Tanto ustedes como yo somos católicos, por nacimiento y por práctica, aunque ninguno de los tres ganaríamos una competencia de catolicismo practicante en ninguna de las tres diócesis en que vivimos. Pero nuestro amor al catolicismo no nos debe cegar hasta el punto de no ver que desde el Concordato de 1954 la escuela pública dominicana entró en un proceso de franco deterioro cuyo fruto fue el muy deficiente sistema educativo que hoy padecen los estudiantes dominicanos que no pueden pagar una escuela privada adecuada.

Con estas líneas no les sugiero que la culpable del deterioro de la educación pública dominicana desde la firma del Concordato en 1954 ha sido la Iglesia Católica. Dios me libre de que ustedes interpreten esta carta de esa forma. Ese crimen contra la educación pública dominicana tuvo, en mi opinión dos perpetradores principales. Uno de ellos fue Rafael Leonidas Trujillo, tirano desprestigiado que logró involucrar íntimamente a una institución del prestigio universal de la Iglesia Católica con un régimen tiránico que era escándalo en todo el mundo democrático. El otro perpetrador fue Joaquín Balaguer, mano maestra que guió toda la negociación que llevó a la redacción del Concordato, el cual algunos dicen que él mismo redactó de su puño y letra. La indiscutible calidad intelectual de Balaguer lo hace, en mi humilde opinión, más responsable que Trujillo en la comisión de ese verdadero crimen cultural. Trujillo era un megalómano carente de luces intelectuales, capaz de llevarse al mundo de encuentro por alcanzar un fin político. Balaguer, por el contrario, era el intelectual más brillante del trujillismo, él sí estaba consciente de la magnitud del atraso cultural que representaba el Concordato; pero su afán de escalar posiciones en el tétrico aparato gubernamental del trujillismo pudo más que cualquier prurito intelectual o ético que hubiera podido tener.

La Iglesia Católica dominicana, fue, en mi opinión, una de las víctimas de la firma del Concordato, pues a partir de esa firma se hizo cosignataria de las atrocidades de todo tipo que la tiranía trujillista cometió en suelo dominicano desde 1954 hasta su caída en 1961. Ese resbalón de la Iglesia dominicana no borró, en forma alguna, la obra de bien que MI Iglesia ha hecho en Santo Domingo desde el mismo momento en que se organizó el primer establecimiento colonial europeo en territorio americano en el país más lindo del mundo. Sin la labor callada de curas, monjas y otros religiosos católicos en escuelas privadas de todo nivel , cárceles y hospitales dominicanos, Santo Domingo fuera hoy un país mucho menos vivible que el que es hoy.

Quien firma estas líneas fue un beneficiario directo de la escuela privada católica dominicana, a la cual, en unión a mi educación doméstica, le acredita cualquier logro profesional que pueda haber tenido. Lo mismo pueden decir cientos de miles de dominicanos de todas edades. Pero la escuela pública dominicana fuera hoy mucho más funcional y efectiva si el principio de separación de la Iglesia y el Estado hubiera sido respetado y se hubiera preservado el legado educativo de la Escuela Hostosiana.

En síntesis, en 1954 Trujillo hizo un viaje a Europa en el cual firmó el Acta de Defunción de la corriente filosófica en la que se basó el desarrollo de la educación pública en la mayoría de los países civilizados. Esa Acta de Defunción fue una trampa tendida por Trujillo a la Iglesia Católica, cuyos dirigentes de la época se dejaron deslumbrar por las luces del escenario trujillista que les ofrecía prebendas de todo tipo que hundía a la institución que más ha contribuido al crecimiento espiritual de los seres humanos en el lodo de la tiranía más cruel que ha sufrido pueblo alguno en América. Pocos años más tarde la Iglesia dominicana se daría cuenta de la "pata" que había metido, y, cumpliendo con su misión profética, jugaría un papel estelar en la caída del trujillismo . Lamentablemente, para ese tiempo ya el hostosianismo agonizaba.

Que Dios las bendiga.

Papá

Queridísimas Hijas

Fabio Valenzuela Sosa

Entrada al Granero del Sur Dominicano
en los 1950

El San Juan de la Maguana de los 1950

Milwaukee, WI, EE UU
18 de mayo 2012

Queridísimas Hijas:

En múltiples ocasiones ustedes me han pedido que les describa al San Juan de la Maguana de mi niñez. Aprovecho que estoy paseándolas por la historia política dominicana de los años 1950 para cumplir con esa tarea retadora.

A la hora de escribir sobre cosas, sitios o personas que uno quiere, es casi imposible mantener la necesaria neutralidad que permita al lector tener una imagen realista de lo que se quiere describir. Si uno deja que la nostalgia y el cariño ayuden al recuerdo mientras escribe una memoria, lo que sale de la pluma es una carta de amor a un pasado imaginario que nunca existió, no un reflejo medianamente fiel de ese pasado. Para evitar sucumbir al cariño que siempre he tenido a mi estadía en San Juan y a los sanjuaneros, voy a usar datos numéricos para introducirlas con objetividad al sitio donde discurrieron casi toda mi niñez y adolescencia.

San Juan ocupaba en los 1950 un rectángulo de unos tres o cuatro kilómetros de largo, de Este a Oeste, por tres o cuatro kilómetros de ancho, de Norte a Sur. En esa superficie de nueve a diez y seis kilómetros cuadrados vivían unos seis mil habitantes, la gran mayoría de ellos dedicados a la agricultura, sobre todo al cultivo de arroz y habichuela. El justamente llamado Granero del Sur está situado en el segundo valle más extenso y productivo de la Isla de Santo Domingo.

En mis recuerdos San Juan tenía dos estaciones, la sequía y las inundaciones. Durante la sequía el polvo era rey, y en los templos se rezaba para que las lluvias comenzaran. Durante las inundaciones el lodo era rey, y en los templos se rezaba para que las lluvias cesaran y los pobladores de muchos lugares pudieran retornar a las orillas de los ríos, sobre todo del río San Juan, donde vivían los agricultores en tiempos de sequía. Tengo entendido que ese círculo vicioso sequía-inundaciones se rompió cuando ya yo era un

161

campitaleño (campesino convertido en capitaleño). En los gobiernos del Dr. Joaquín Balaguer de los 1970 se construyeron dos grandes presas que permitieron mojar las tierras durante la sequía y disminuir la violencia de las inundaciones durante la estación lluviosa. Conste en el acta que nunca, gracias a Dios, fui balaguerista.

Durante los años 1950 las calles de San Juan eran un verdadero desastre. De Norte a Sur el pueblecito tenía unas diez calles, de Este a Oeste había unas 8 calles. De esas 18 calles solamente una, la Presidente Trujillo, estaba, aunque pobremente, pavimentada. El resto de las calles eran caminos vecinales con una colección infinita de hoyos de todos los tamaños. Por esas calles transitaban muchos más burros, mulos, yeguas y caballos que vehículos de motor, siendo la mayoría de estos últimos usados para labores agrícolas, no para el transporte de personas. La mejor descripción del tamaño de San Juan de la Maguana la escuché de los labios de su abuelo paterno, José Vetilio Valenzuela Bautista, quien afirmaba que "San Juan era muy grande para caminarlo y muy chiquito para trasladarse de un lado a otro en carro". Por eso su abuelo se movilizaba en bicicleta para ir de un lado a otro. Conste que Papacito, así le llamaba yo, era el abogado más importante del pueblo. No por casualidad el Ayuntamiento de San Juan de la Maguana bautizó en los 1970 como Dr. Vetilio Valenzuela Bautista a la corta calle que pasa por el frente del Palacio de Justicia.

El 99 por ciento de las casas de familia de San Juan era de un nivel, siendo las construidas en concreto la excepción. Los techos eran en su mayoría de zinc, pero también abundaban los techos de yagua que permitían que durante las lluvias cayera casi tanta agua dentro como fuera de las casas. Para esa época, en Santo Domingo solamente había una emisora de televisión con relativo alcance nacional, cuya señal era pobrísima debido a la localización del Granero del Sur, empotrado en el medio de un rico valle rodeado de montañas. Es de justicia recordar en este punto que Santo Domingo fue uno de los primeros países del mundo en contar con emisoras de televisión.

Los edificios más altos de San Juan durante mi niñez tenían dos niveles y se podían contar con los dedos de dos manos normales. Casi todos estos edificios albergaban instituciones gubernamentales como el Ayuntamiento, las escuelas públicas, la Gobernación y cuarteles de la Policía y el Ejército.

En cuanto a los servicios públicos, San Juan, como casi todo el territorio dominicano, carecía de estos a un nivel penoso. La energía eléctrica, lo mismo que el agua potable, brillaban por su ausencia. La recogida de basura era simbólica, si acaso, y el mantenimiento de calles, aceras y contenes, si lo había, lo escondían en un sitio donde nadie lo viera. En fin, pobreza casi total en medio de una tiranía sin ejemplo, que mantenía a los dominicanos como ciudadanos del Medioevo en cuanto a sus derechos civiles y políticos.

La descripción objetiva que les he dado hasta el momento podría hacerles pensar que en un pueblecito de esas características mi niñez fue sumamente aburrida y transcurrió entre gentes que no tenía grandes ambiciones desde el punto de vista intelectual y profesional. Nada más lejos de la realidad. En ese pueblecito limitado por el Arroyo

Tenguerengue y el Río San Juan en una dirección y por fincas de arroz y de habichuelas que cubrían uno de los valles más ricos del Caribe en dirección perpendicular a la primera, se vivía una vida plena desde muchos puntos de vista. A esto contribuían factores históricos, migratorios, religiosos y culturales que a continuación les expongo. San Juan fue fundado durante el primer decenio del siglo XVI por colonizadores españoles que sometieron a indígenas que residían a unos cuantos kilómetros de la localización actual de la ciudad, donde todavía hoy se puede identificar una plaza ceremonial indígena que, a la verdad de los sanjuaneros de la generación de mi papá, está colocada en el mismo centro de masa de la Isla de Santo Domingo. Ese sitio, que entonces llamábamos Corral de los Indios, tenía en el centro una piedra enorme donde se supone que la reina taína Anacaona (Flor de Oro en la lengua taína) usaba como trono durante sus ceremonias religiosas. Ir al Corral de los Indios y sentarse en la famosa piedra no es cosa que un niño capitaleño soñara con hacer. Para mí eso era de rigor por lo menos tres veces por verano, pues tuve la suerte de que mi abuela paterna residía con uno de mis tíos justamente frente al mentado Corral.

Desde su fundación, la sociedad sanjuanera fue una de agricultores, creciendo alrededor de un núcleo de una docena de familias tradicionales en la zona, pobres desde el punto de vista material, pero con una cohesión cultural envidiable. A ese núcleo se agregaron durante la Era de Trujillo gentes de distintos confines del mundo, algunas de las cuales se sanjuanerizaron hasta el día de hoy. El menú de inmigrantes en San Juan incluyó árabes, que nosotros llamábamos "turcos", quienes llegaron huyendo de las convulsiones del Medio Oriente que todavía lamentablemente persisten, a españoles que huían de Franco o del hambre que causó el bloqueo al régimen franquista, italianos que escapaban del desastre dejado por la Segunda Guerra Mundial, y chinos que huían de las convulsiones de la llegada al poder de Mao Tse Tung y su Combo. Pasar la niñez entre palestinos, libaneses, españoles, chinos, italianos, entre otras "yerbas aromáticas", aplatanados en el mismo centro de la isla de Santo Domingo, integrados a la mulatería dominicana de mil tonos que disfrutamos como producto del mestizaje más intenso del mundo, fue para mí una experiencia inolvidable que entiendo perfectamente que cualquiera pudiera envidiar.

Por otra parte, San Juan y sus alrededores tenían, y todavía tienen, una identidad religiosa única en Santo Domingo. Desde los tiempos de la colonización, el Sur, del cual San Juan era epicentro político, fue la menos católica de las regiones de nuestro país. Me atrevería a decir que a mediados del decenio 1950 el noventa y pico por ciento de los sanjuaneros era nominalmente católico, y el resto era nominalmente protestante. También me atrevería a decir que un alto porcentaje de sanjuaneros tenía algún tipo de práctica religiosa paralela alejada del cristianismo puro, pero conectada a él de manera sincrética. Cualquiera que haya asistido a una misa de Pentecostés en la Catedral de San Juan sabe perfectamente de lo que estoy hablándoles. Mientras un templo católico a medio llenar participa en una misa en la que menos de la tercera parte de los fieles comulga, cientos de creyentes de esas prácticas sincréticas entonan himnos religiosos honrando a "La Palomita" que representa al Espíritu Santo católico en un idioma muy alejado del castellano, mientras beben triculí, la variante de ron que fabricaban los campesinos de San Juan. Ceremoniales de ese talante nunca se han visto en una celebración católica en La Vega o Higüey, los polos fundamentales del catolicismo dominicano. En otras palabras, el San Juan de mi niñez era una tierra nominalmente católica que estaba en una gran proporción sin evangelizar.

Para encabezar el proceso de evangelización en San Juan de la Maguana y provincias vecinas donde predominaban prácticas religiosas divorciadas del catolicismo tradicional, llegó desde Estados Unidos un refuerzo eclesiástico que iba a probar con el tiempo que era mucho más que un simple religioso en busca de almas que salvar. En el mes de julio de 1956 el Nuncio Papal consagraba frente a la jerarquía católica dominicana a Thomas F. Reilly como primer Obispo Titular de la Prelatura de San Juan de la Maguana. Próximamente les explicaré por qué Monseñor Reilly era mucho más que un obispo católico en misión religiosa en Santo Domingo.

Que Dios las bendiga.

Papá

Queridísimas

Queridísimas

Fabio Valenzuela Sosa

Hijas

Hijas

*Pastor de Almas Estadounidense
con Rol Político*

Reilly y la Escuela Parroquial

Milwaukee, WI, EE UU
19 de mayo 2012

Queridísimas Hijas:

Cuando en Santo Domingo decimos "Fulano no es un flay al catcher" significamos que Fulano no es un improvisado. Esa expresión se podía aplicar con toda justicia a Tomás F. Reilly, el primer Obispo de la Prelatura de San Juan de la Maguana.

Monseñor Reilly pertenecía a una familia de católicos de ascendencia irlandesa de Boston, Massachussetts, Estados Unidos, de una larga tradición de militancia política en el Partido Demócrata, íntimamente ligada al entonces joven senador por Massachussetts John F. Kennedy, aspirante a la candidatura presidencial por los Demócratas en el 1956, cuando fue derrotado por Adlai Stevenson, quien eventualmente perdió las elecciones presidenciales de ese año frente al Presidente y candidato a la reelección Dwight David Eisenhower.

El nombramiento de Reilly como Obispo de San Juan coronaba la obra misionera de un grupo de sacerdotes estadounidenses de la Orden Redentorista encabezados por el Padre Guido Gildea que habían llegado a San Juan de la Maguana en 1946 y que contaba como su obra cumbre la fundación de la Escuela Parroquial, donde su papá, quien les escribe esta cartita, estudió desde el Kindergarten hasta el último año de la Secundaria y quien, tan pronto completó la Secundaria, comenzó a trabajar en el Colegio Santo Domingo en la Capital durante otros nueve años. O sea que su papá estuvo asociado sobre una base diaria con la obra que empezó el Padre Gildea y continuó Monseñor Reilly veintidós de sus primeros 27 años de vida.

La llegada de Reilly a San Juan se reflejó en un súbito aumento de la importancia de esa provincia en la vida nacional. Una Prelatura, en la estructura de la Iglesia Católica, es una Protodiócesis, es decir, una Diócesis en formación. De repente un pueblecito como San Juan tenía un Obispo estadounidense relacionado con una de las familias más influyentes de la nación más poderosa del mundo. Ese hecho no podía ser ignorado por un político tan astuto como el tirano Rafael Trujillo, quien trató por todos los medios y consiguió establecer una relación de amistad estrecha con el Obispo "gringo".

Tan pronto llegó a San Juan, Monseñor Reilly emprendió la ampliación de la Escuela Parroquial, la cual con los años se extendería desde el Kindergarten hasta una Escuela Secundaria completita que se llamó Colegio San Vicente Ferrer, donde su papá se graduó de Bachiller en Ciencias en el año 1969.

En este punto, creo que es importante que ustedes conozcan la génesis del Colegio Santo Domingo de la Capital, del cual la Escuela Parroquial de San Juan era una especie de sucursal.

Resulta que en el Estado de Michigan, situado en el Medio Oeste de los Estados Unidos, rodeado por varios de los Grandes Lagos que hacen rico a ese país, existía y existe todavía la Orden de Hermanas Dominicas, que tiene su casa matriz en Lansing, capital de ese Estado. Esas monjas se han dedicado desde su fundación a la educación de niños y jóvenes en un ambiente católico.

¿Cómo rayos llegó esa Orden a Santo Domingo? La explicación, que parece novelesca, la escuché de labios de una de las cuatro monjas que llegaron a Santo Domingo a comenzar el proyecto que culminó con la fundación del Colegio Santo Domingo durante la segunda parte del decenio 1940. La monjita, ya anciana, relató esa historia frente a decenas de ex alumnas del Colegio durante las celebración del quincuagésimo aniversario de esa institución.

Sucedió que una de las monjas de la Orden Dominica era única heredera de una pareja de millonarios de Michigan, quienes decidieron dejar como heredera única de su fortuna a la Orden Dominica, con el propósito expresado documentalmente de que esa Orden abriera un proyecto misionero en un país subdesarrollado.

La discusión de dónde se abriría el proyecto misionero se prolongó más de lo aconsejable, lo que hizo que la Madre Superiora, para economizar tiempo, dejara a la instancia Divina determinar el lugar de la misión. Para eso vendaron a una de las monjitas presentes, le dieron un alfiler, y le pidieron que lo clavara en un mapamundi que tenía frente a ella. La monja vendada clavó el alfiler exactamente en un pedazo de una isla situada en medio del Mar Caribe que llevaba el nombre de Dominican Republic.

La Orden de Hermanas Dominicas pidió asesoramiento al Departamento de Estado de Estados Unidos en cuanto a la factibilidad de un proyecto misionero católico en el país elegido por Dios. La respuesta fue positiva; ese país estaba gobernado por un amigo de los Estados Unidos. Las diligencias que había que hacer se hicieron, y en cuestión de meses cuatro monjas Dominicas estadounidenses estaban en Santo Domingo presentando su proyecto a Rafael Trujillo, quien encontró en el azar el colegio ideal para educar a su hija menor Angelita en un ambiente estadounidense. Trujillo dio todas las facilidades de lugar a las monjitas y en unos cuantos años estaba encabezando la inauguración de una escuela de niñas que cumplía con todos los estándares estadounidenses. Les repito que esa versión la escuché de los labios de una de las fundadoras del Colegio Santo Domingo durante la celebración de su Cincuentenario.

El mismito año que abrió sus puertas el Colegio Santo Domingo, 1946, llegaron los Padres Redentoristas a San Juan de la Maguana. Era natural que dos órdenes religiosas estadounidenses establecidas en el mismo país subdesarrollado compartieran proyectos misioneros; por eso, cuando el Padre Guido Gildea decide fundar la Escuela Parroquial en San Juan de la Maguana a comienzos del decenio 1950, sus aliadas naturales fueron las monjas Dominicas del Colegio Santo Domingo.

Los párrafos anteriores explican como el Azar, según unos, o la mano de Dios, según otros, entre los que me incluyo, permitieron que un rincón miserable desde el punto de vista material como San Juan de la Maguana se diera el lujo de tener un centro educativo del nivel de la Escuela Parroquial. Del funcionamiento del "Colegio de la monjas gringas de San Juan" les contaré, si Dios quiere, en una próxima cartita.

Que Dios las bendiga.

Papá

Un Pedacito de Michigan en San Juan de la Maguana

Milwaukee, WI, EE UU
20 de mayo 2012

Queridísimas Hijas:

Quien visitara a San Juan de la Maguana en 1956 cuando se instaló la Prelatura encabezada por Monseñor Tomás Reilly hubiera encontrado al pueblecito con la entrada más bonita de la isla de Santo Domingo. La bienvenida que San Juan le daba al viajero era un pequeño Arco de Triunfo empotrado entre los edificios más importantes del pueblecito entre los que se encontraban el Hotel Maguana, de dos pisos y una docena de habitaciones con una piscina de unos cincuenta pies de largo, veinte de ancho y profundidad máxima de 8 pies y medio, y el Palacio de Justicia, también de dos pisos. El edificio del Ayuntamiento de San Juan, que años más tarde sería demolido y sustituido por uno de los más bellos edificios de oficinas municipales del país, era un espejo de la realidad sanjuanera y dominicana de aquella época: pobreza material y orden basado en la disciplina militar de una tiranía feroz.

Había una estructura que golpeaba la vista de quien visitara a San Juan, colocada casi a su entrada: la Escuela Parroquial. En medio de las calles polvorientas en la época de "seca" o completamente enlodadas en la de lluvias, sobresalía un edificio de ocho aulas y algunas oficinas donde las monjas de la Orden de Hermanas Dominicas de Michigan habían dejado caer un pedacito de su Estado en aquel moridero de pobres situado en una región de riqueza agrícola considerable. En ese pedacito de Michigan realizaron sus estudios primarios y secundarios centenares de jóvenes sanjuaneros entre comienzos de los 1950 y comienzos de los 1970, cuando las monjas de la Orden Dominica abandonaron su labor educativa por razones que, si Dios quiere, algún día tendré la oportunidad de explicarles.

Quien entraba a la Escuela Parroquial se hacía cargo inmediatamente de que había llegado a un lugar excepcional. El jardín impecable, las aceras internas nítidas, los zafacones, los letreros, en fin, toda la ambientación externa hablaba de limpieza y orden. La entrada principal llevaba a la Dirección, donde una Secretaria y la Sister Directora despachaban la burocracia que garantizaba que la logística del Colegio de las Monjas Dominicas funcionara a la perfección.

En pocas palabras, se podría describir a la Escuela Parroquial de San Juan como un satélite del Colegio Santo Domingo, con algunas diferencias, incluyendo el carácter integrado de la Escuela Parroquial en oposición al del Santo Domingo, que era un Colegio de Niñas. Las edificaciones del Colegio Santo Domingo eran mil veces más lujosas que las de la Escuela Parroquial, pero los libros de texto y todos los insumos educativos del "Colegio de las Monjas Gringas de San Juan" venían directamente de los depósitos del Colegio Santo Domingo. Esta afirmación la hace una persona, quien firma esta carta, que trabajó directamente en la administración financiera del Colegio Santo Domingo durante nueve años, entre 1969 y 1978.

La Escuela Parroquial estaba dirigida por una Sister Directora a la que acompañaban cuatro o cinco monjas de la Orden Dominica, la mayoría de ellas estadounidenses. El personal docente era seleccionado por las monjas, quienes cedaceaban a cualquiera que no cumpliera con los requisitos de ser un ciudadano ejemplar y un católico practicante. Para los años 1950 todo el personal docente era femenino.

Quien se formó en la Escuela Parroquial, se organizó como individuo o se volvió loco. El Himno Nacional se cantaba todos los días frente a una Bandera Dominicana a la hora en punto, después de que la asistencia de los estudiantes, parados en filas de orden impecable y vestidos de acuerdo con todos los periquitos que el protocolo de la Escuela requería, había sido verificada. Quien no estaba presente al ser pasada la lista, o se salía de la fila, o rompía el orden de cualquier manera, o violaba alguna disposición relativa al uniforme del Colegio, estaba en un problema serio, veía su evaluación en Conducta comprometida y era castigado sin contemplaciones. En ese corsé académico con una gran dosis de disciplina se formaron muchos de sus tíos y su papá. Un ambiente similar, pero diluido, encontrarían ustedes cuando fueron estudiantes del Colegio Santo Domingo en los años 1990, cuando ya el pueblo dominicano había sido expuesto a dosis altas de democracia malentendida.

La Escuela Parroquial tenía una relación estrechísima con el Obispo Reilly y con la Orden de Sacerdotes Redentoristas a la que pertenecía el Obispo. La asistencia a misa dominical en la Iglesia San Juan Bautista, que con el paso de los años se convirtió en Catedral, era obligatoria. Quien no estuviera a las ocho menos diez de la mañana con su uniforme de gala para participar en la misa de las ocho, generalmente oficiada por Monseñor Reilly, había cometido un pecado casi mortal que se pagaba caro en la evaluación académica mensual.

Ustedes podrían pensar que el acceso a una educación de la calidad que se impartía en la Escuela Parroquial estaba restringido por factores financieros, sociales, de raza o de otro tipo. Nada más falso. A la Escuela Parroquial tenía acceso todo el que estuviera dispuesto a someterse a la disciplina que se practicaba en ese pedacito de Michigan plantado por un grupo de monjas soñadoras estadounidenses apoyadas por uno de los personajes fundamentales de la historia dominicana durante los decenios de los 1950 y 1960. Un hombre callado y discreto cuya influencia en grandes decisiones políticas que marcaron la vida dominicana para siempre fue determinante, como veremos, si Dios quiere, un día de estos.

La mensualidad que pagaban los padres de los alumnos de la Escuela Parroquial era mínima. Si la memoria no me falla, para los años 1950 era de unos tres dólares, en una época en la que existía paridad entre el Peso Dominicano y el Dólar Estadounidense. Los que no podían pagar esta cuota eran favorecidos con rebajas a la mensualidad; y los que no podían pagar absolutamente un centavo, y al mismo tiempo cumplían con la disciplina de la Escuela, aunque no fueran estudiantes estrellas, recibían becas. Vista en retrospectiva, esa situación educativa privilegiada para un pueblecito que vivía en medio de la miseria material, cultural y espiritual que imperaba en el trujillismo, parecería una mentira de tomo y lomo, pero era rigurosamente cierta.

En síntesis, se podría afirmar que la niñez y la juventud sanjuaneras de los años 1950 y 1960 tuvieron en la Escuela Parroquial dirigida por las monjas de la Orden de Hermanas Dominicas de Michigan un recurso de promoción social y educativa invaluable, sin paralelo, hasta donde yo sepa, en cualquier otra zona urbana dominicana. Los que tuvimos la suerte de disfrutar de ese recurso tendríamos que ser más malagradecidos que gatos con rabia para no relacionar cualquier mejoría en nuestras condiciones de existencia y cualquier meta profesional o intelectual que hayamos podido alcanzar, con el Poder que guió la mano de la monjita que a principios de los 1940 en un convento de Michigan , con los ojos vendados, plantó un alfiler justo sobre el área de un mapamundi en inglés identificada con el nombre DOMINICAN REPUBLIC.

Que Dios las bendiga.

Papi

La Feria del Ego

Chicago, IL, EE UU
25 de mayo 2012

Queridísimas Hijas:

El ejercicio gubernativo del Presidente títere Héctor Trujillo (1952-1957) fue uno que puede calificarse como de penas y glorias. Las penas se distribuyeron de manera difusa en todas las áreas del territorio dominicano habitado por una población que ya se había acostumbrado a la idea de que Rafael Trujillo era una realidad que duraría hasta que Dios dispusiera de su aliento. Las glorias se concentraban en el círculo íntimo del tirano, más borracho cada día de la gloria que le había dado el Poder absoluto durante más de veinte años, y más necesitado cada día del poder de una gloria que nunca tendría, y que su inmenso ego necesitaba más que lo que necesita un pulmón vivo la combinación mágica de Nitrógeno, Oxígeno y varios gases raros que llamamos aire. Fue tratando de alcanzar esa gloria que el Jefe hizo que sus aduladores organizaran un evento de un año y pico de duración para celebrar los veinticinco años de su dominio absoluto sobre los dominicanos.

Para conjurar la sed de gloria de Trujillo se organizó la llamada Feria de la Paz y Confraternidad del Mundo Libre, para la cual se construyeron varias docenas de edificios que para la época constituyeron verdaderas moles que todavía dominan el panorama de buena parte de la hermosa costa caribeña que limitaba hacia el sur la entonces llamada Ciudad Trujillo. Esas moles acogen todavía el Congreso Nacional, el Ayuntamiento del Distrito Nacional, hospitales, hoteles y las sedes de múltiples Ministerios del organigrama estatal dominicano.

A la construcción de la Feria en honor del Generalísimo Doctor Rafael Leónidas Trujillo Molina, Benefactor de la Patria y Padre de la Patria Nueva, se dedicó casi la tercera parte del Presupuesto Nacional del 1955, que para ese tiempo era de alrededor de 100 millones de dólares. Esa suma les da a ustedes una medida del atraso dominicano antes de que Trujillo desapareciera del mapa de los vivos. Conste que ese Presupuesto era muchas veces mayor que el que el Jefe encontró a su llegada al poder en 1930.

Quien no sabe de dónde viene nunca podrá saber hacia dónde va. Por eso me da pena, y hasta cierto punto me resulta graciosa, la continua queja de muchos dominicanos en el sentido de que "ahora estamos peor que nunca". Ese tipo de afirmación refleja una de dos cosas: o ignorancia, o mala fe. Porque más pobres que lo que éramos hasta que llegó la democracia representativa en 1962 ni nosotros, ni nadie en América, con la posible excepción de Haití, es hoy en día. Quien dude esto que averigüe donde quiera si es verdad o mentira que para los finales de la Era de Trujillo más del ochenta por ciento de los dominicanos vivía en casas con pisos de tierra, bebía agua de tinaja, no usaba desodorante, no tenía acceso a un médico en caso de una emergencia, no había terminado la escuela primaria y apenas sabía leer y escribir. Ciertamente los dominicanos, como el resto de los pueblos que soportan sistemas políticos injustos plagados de corrupción y otras deficiencias, tenemos todo el derecho del mundo a quejarnos, pero de ahí a plantear que durante los gobiernos que siguieron a la Era de Trujillo hemos estado en algún momento "peor que cuando Trujillo" hay una distancia enorme que solamente la más crasa ignorancia en cuanto a historia dominicana puede explicar.

El caso es que a finales de 1956 Trujillo convocó al "Mundo Libre" a celebrar las Bodas de Plata de su tiranía, y el resultado de esa convocatoria fue realmente ridículo. La asistencia de líderes de importancia en ese "Mundo Libre" fue muy pobre. Los Estados Unidos y el resto de las naciones industrializadas estaban dispuestos a respaldar a Trujillo "de lejitos", pero no se arriesgaron a ensuciar su imagen mundial convalidando con la presencia de sus más altos dignatarios el acto grotesco de inauguración de La Feria, en el cual la hija menor de Trujillo, quien para la época era una adolescente de quince o diez y seis años, fue proclamada como "Reina de la Feria" en medio del dispendio más obsceno que algún escritor del realismo mágico pudiera describir.

El balance de la Feria de la Paz (que en dominicano mal hablado pudo llamarse "la pá de lo palo") fue negativo en grado sumo para el megalómano que la pidió y organizó. En primer lugar, al dedicarse la tercera parte del Presupuesto Nacional a la construcción de varias docenas de edificios suntuosos completamente improductivos, numerosas actividades económicas fueron descuidadas, haciendo que las finanzas dominicanas cayeran en una recesión, la cual se agravaría con el comienzo de una recesión estadounidense a partir de 1957; este hecho comenzó a sentar las bases del distanciamiento de Trujillo con la débil clase empresarial dominicana que se iba haciendo consciente de que el ego de un tirano no podía ser más importante que el bienestar de sus empresas.

En segundo lugar, la Feria fue un verdadero fiasco propagandístico que no atrajo ni a la décima parte de visitantes extranjeros que el régimen trujillista esperaba que visitaran Santo Domingo, un lugar para ese tiempo sin ninguna capacidad para atender los miles y miles de turistas que el ego del Jefe necesitaba para convencerse de que su importancia política no se detenía en las aguas territoriales dominicanas. Al final la Feria del Ego se convirtió en un ejercicio de masturbación política de un régimen incapaz de compartir el placer con las masas populares que no podían siquiera , por carecer de un sistema de transporte adecuado, llegar a las docenas de grandes edificios que alojaron las representaciones de los distintos gobiernos amigos de Trujillo. Además, al Jefe no le interesaba exhibir la mulatería de mil tonos que caracteriza racialmente a Santo Domingo desde que los españoles que la "descubrieron" se tropezaron con indias color canelo y trajeron negras desde Africa, cuando las indígenas no pudieron soportar el peso de la explotación de la Madre Patria.

Por una coincidencia del destino, la misma semana que Trujillo clausuraba su Feria del Ego, en diciembre de 1956, Fidel Castro y sus seguidores comenzaban a bailar en la Sierra Maestra de Cuba la guaracha revolucionaria que haría que los oídos de Batista, y los de Trujillo eventualmente, estallaran ante el clamor de la ira popular; uno mientras salía huyendo al exilio, y el otro mientras peleaba como un macho dominicano en una de las carreteras que él había construido.

Tras la llegada de Fidel a la costa sureste de Cuba, sobre todo después que el periódico más importante del mundo, The New York Times, publicara en febrero de 1957 un reportaje que demostraba que el carismático barbudo de voz engolada había sobrevivido a la primera batalla de la guerrilla, no hubo tiempo ni espacio en el alma latinoamericana para ir a Santo Domingo a honrar el exhibicionismo impúdico de un abusador del Poder. Ni los merengues de la Orquesta de Xavier Cugat, el músico catalán de prestigio internacional que le puso pantalones largos al aire musical más alegre y sensual del mundo, ni el carisma lascivo de Porfirio Rubirosa que trasladó su harén a Ciudad Trujillo en la última etapa de La Feria del Ego, ni los espectáculos extravagantes de todo tipo que pudo comprar el oro corrompido y corruptor de Trujillo fueron suficientes para que la prensa internacional se concentrara un minuto en el primer punto geográfico donde la cultura europea sentó sus reales en el Nuevo Mundo. Ya era tarde para celebrar una Era que no podía ser. Había llegado el tiempo del crujir de dientes para dos dictadores caribeños, uno en Juana y otro en su hermana La Española.

Que Dios las bendiga.

Papá

El Némesis de Balaguer

Una Serruchadera de Palo Histórica

Queridísimas Hijas:

Como buenas dominicanas que son, ustedes deberían saber el significado de "serrucharle el palo" a alguien. Por si no lo saben, recuerden que cuando alguien está sentado en una de las ramas de un árbol y otra persona serrucha el tronco de ese árbol o la rama en la que está sentada la víctima, como mínimo, ésta pierde su asiento, si no es que pierde la vida por estar en una rama muy alta del árbol. La expresión metafórica pues, describe la traición o jugada de mala fe que uno de dos contendientes usa para salir gananciaso en una competencia.

Eso fue lo que pasó en 1957 cuando Rafael Trujillo se disponía a seleccionar el candidato a vicepresidente de la República por el Partido Dominicano, el único que para fines prácticos existía en Santo Domingo. Para esa posición "sonaban" los nombres de los dos más destacados burócratas del régimen. Uno de ellos era el Doctor Joaquín Balaguer, el más brillante de los oradores dominicanos de su generación, poseedor de una memoria enciclopédica y de una cultura apabullante que había sido reforzada en el extranjero, donde sirvió como Embajador dominicano en México, Ecuador y Colombia, además de haber servido como Secretario de Estado de Educación y de Relaciones Exteriores. El otro candidato era el Licenciado Rafael Bonelly, uno de los juristas más preclaros del país, con una hoja de servicios igualmente impresionante, quien, para hacer más fuerte su candidatura, pertenecía a una influyente familia cibaeña, lo cual lo hacía ver como favorito en un momento en que regímenes dictatoriales como el de Rojas Pinilla en Colombia y el de Perón en Argentina, habían sido derrocados en medio de enfrentamientos con grupos oligárquicos de esos países.

Cuentan malas, pero muy bien informadas, lenguas dominicanas, que la noche en que El Jefe se disponía a lanzar a la opinión pública su endoso a la candidatura vicepresidencial acompañando al hermano y títere de Trujillo, Héctor, quien se presentaba como candidato a la reelección sin oposición, le pidió a Balaguer, su eterno ayudante, su opinión respecto a Bonelly como vicepresidente. Balaguer, hombre frío y calculador como el que más, con una cara de jugador profesional de Póker le espetó al Dueño de la Vaca Nacional más o menos lo siguiente: "Me parece Jefe, que esa sería una excelente y merecida designación. El Licenciado Bonelly es un consumado hombre de leyes, conocedor como el que más de los asuntos del Estado. Según informes que me han llegado, cuenta con una simpatía considerable en todo el País especialmente en el Cibao, donde su arrastre popular es impresionante. Creo que en estos momentos de incertidumbre en América Latina Bonelly es el tipo de hombre que necesitará eventualmente el Estado Dominicano para garantizar la estabilidad política a mediano y largo plazo." Trujillo respondió al comentario de "buena fe" que hizo Balaguer sobre Bonelly con el silencio con que los hombres fuertes responden a sus burócratas, a quienes no deben ninguna explicación, dejando a Balaguer muerto de la risa en sus adentros por haber podido tirar al blanco trujillista la flecha de su intriga. A la mañana siguiente, mientras leía el diario El Caribe, el más importante durante la Era Gloriosa, el Doctor Balaguer confirmaba que la flecha de su intriga había impactado en el mismo centro del blanco hacia donde la había proyectado. El Padre de la Patria Nueva, según un reportaje de El Caribe, había presentado a Joaquín Balaguer como candidato a vicepresidente gomígrafo para las próximas elecciones generales.

Con la serruchadera de palo a Bonelly, Joaquín Balaguer se colocaba en la posición que le permitiría, tal como le dijera a Juan Bosch en La Habana, cuando el gran político y hombre de letras le ofreció el liderazgo del PRD si abandonaba al régimen trujillista y se quedaba en el exilio, atrapar el mango del poder político cuando estuviera maduro y listo para caer en sus manos. Las puertas de una enemistad política que terminaría solamente con la muerte de Bonelly unos veinte y pico de años más tarde se abrían; como también se ensanchaba el camino de hazañas políticas del dominicano más poderoso en el siglo XX después de Rafael Trujillo.

Que Dios las bendiga.

Papá

La Raza Inmortal

Queridísimas Hijas:

La política es una actividad cíclica, en la que de tiempo en tiempo se repiten situaciones que, si bien no son exactamente iguales, guardan una simetría admirable. Recuerden que hace un tiempo analizamos los enfrentamientos de Trujillo con los presidentes democráticos de Cuba y Venezuela durante el decenio de los 1940. Para ese tiempo, Trujillo supo sortear las dificultades que presentaron esos gobiernos enemigos, viendo al cabo de unos años surgir tanto en Cuba con Fulgencio Batista, como en Venezuela con Marcos Pérez Jiménez, dictadores con los cuales sus relaciones fueron de "paños y manteles". Ningún vecino es mejor para un dictador que otro dictador. Entre dictadores, mucho más cuando son del mismo sesgo ideológico, la amistad crece como los cactus crecen en los desiertos, sin necesidad de que llueva mucho.

En la segunda parte de los 1950 la estabilidad de los dictadores amigos de Trujillo en Cuba y Venezuela comenzó a ser cuestionada; en Cuba, como ya sabemos de memoria, por una guerrilla montañosa con gran apoyo urbano, y en Venezuela por una oposición urbana que no dio tregua a Pérez Jiménez hasta que, con apoyo de las Fuerzas Armadas, lo derrocó en enero de 1958. La caída de Batista incluyó a Trujillo como protagonista a disgusto, pues, como sabemos, a Santo Domingo fue a parar Don Fulgencio con un grupo reducido de adláteres cuando vio que su pellejo valía menos que un cigarro barato en medio del inminente triunfo de la revolución castrista. Es decir, que de repente, casi igual que en los 1940, a fines de los 1950 Rafael Trujillo se encontró cercado políticamente por gobiernos enemigos en Cuba y Venezuela los cuales promovían "a la franca" su derrocamiento vía una guerrilla que todo el mundo sabía que llegaría a Santo Domingo en algún momento de 1959. Fue así que a mediados de junio de 1959 unas cuantas docenas de guerrilleros de distintas nacionalidades, predominantemente dominicanos y cubanos, aterrizaron en el corazón de la Cordillera Central dominicana para tratar de emular la hazaña de Fidel. Como ya les he contado antes, la guerrilla de junio de 1959 fue un completo fracaso militar, pero fue un síntoma claro de que el poder sin límites de Trujillo en Santo Domingo se acercaba a su final.

La sangre de los invasores de Constanza, Maimón y Estero Hondo lugares por donde los invasores entraron a territorio dominicano, cayó en un terreno muy fértil, un terreno abonado por el ejemplo cubano, donde un dictador considerado por casi todo el mundo como invencible había tenido que hacer sus maletas a toda prisa para no dejar su piel como trofeo de guerra de algún guerrillero taxidermista. Fue así como los meses finales de 1959 fueron testigos del surgimiento en múltiples rincones de la geografía dominicana de grupos que inspirados en la Invasión de Junio se organizaban para promover el derrocamiento del régimen trujillista y su sustitución por un gobierno democrático. Esos movimientos eventualmente se dieron una Dirección Nacional, de la cual surgió de manera espontánea un líder natural, el Doctor Manuel Aurelio Tavárez Justo, conocido popularmente como Manolo Tavárez.

Trujillo fue informado por los Judas que se infiltraron en el movimiento antitrujillista, que tomó el nombre de Movimiento Patriótico 14 de Junio, de la existencia de grupos de oposición interna. Lo que el Jefe no se imaginaba era hasta dónde había llegado la oposición a su régimen despótico. Resulta que en la numerosa lista de conspiradores contra su régimen aparecían centenares de jóvenes que de una forma u otra estaban relacionados con funcionarios de su régimen o con gentes que él consideraba amigos incondicionales. Es en ese momento que Trujillo cometió el que fue probablemente el más grande error político de su vida. El Jefe ordenó a sus colaboradores más cercanos organizar una batida represiva en contra de todos los que figuraban en la lista de miembros del Movimiento 14 de Junio (1J4) sin hacer distinciones de apellidos, sexo o clase social. Simplemente, todo el que estuviera promoviendo la democracia en Santo Domingo merecía la cárcel, la tortura, y, si era necesario, la muerte. De esa manera en unos cuantos días las cárceles dominicanas se llenaron de valiosos jóvenes de ambos sexos de clase media y media alta que fueron torturados, vejados, violados, desaparecidos y hasta muertos en no pocos casos. Esta represión masiva contra toda la oposición antitrujillista fue denunciada en el extranjero por todo el exilio dominicano, que comenzó a sentir el viento de cola que la empujaba hacia la victoria contra el odiado tirano dominicano. Esas torturas y muertes se reflejarían, como les contaré un día de estos, en el abandono del barco trujillista de uno de los aliados del régimen que el tirano juraba que había comprado en 1954 durante su visita al Vaticano.

A los antitrujillistas que llegaron a tratar de acabar con la tiranía de Trujillo desde Cuba en junio de 1959 con el apoyo de los gobiernos de Fidel Castro y Rómulo Betancourt y a los que murieron en las luchas posteriores del 1J4, se les conoce en la historia política dominicana como La Raza Inmortal. Los miembros de La Raza Inmortal que sobrevivieron, en su mayoría, no hicieron de la política un negocio, y han pasado a representar en el imaginario popular dominicano la excepción a la regla según la cual política y negocio son sinónimos.

La admiración y el respeto del pueblo dominicano a la Raza Inmortal fue expresada en un hermoso himno que pone la piel de gallina a todos los que aun siendo niños a comienzos de los 1960 entendimos el martirologio de estos hombres de carne y hueso que renunciaron a sus vidas y comprometieron las de sus hijos, padres y hermanos en su afán desprendido y temerario de hacer que la dignidad retornara a la vida pública dominicana. Comparto ahora con ustedes las letras del Himno del 14 de Junio.

Himno del Catorce de Junio

Letra: Vinicio Echavarría
Música: Héctor Jiménez

Llegaron llenos de patriotismo
enamorados de un puro ideal,
y con su sangre noble encendieron
la llama augusta de la libertad.

Su sacrificio, que Dios bendijo
la Patria entera glorificará
como homenaje a los valientes
que allí cayeron por la libertad.

14 de junio, gloriosa gesta nacional
tus mártires están en el alma popular
Hermanas Mirabal, heroínas sin igual,
tu grito valiente es el alma de la Patria inmortal.

Que Dios las bendiga.

Papi

El Concordato se Va a la Porra

Saint Paul, MN, EE UU
1 de junio 2012

Queridísimas Hijas:

El último domingo de enero de 1960 comenzó para los estudiantes de la Escuela Parroquial de San Juan de la Maguana como otro cualquiera, en medio del afán de estar a las ocho menos diez de la mañana listos, enfundados en un uniforme de gala que incluía una insignia que en mi caso era más difícil de localizar que una aguja en un pajar, probablemente por las poquísimas ganas que tenía un muchacho de 8 años de asistir con el estómago vacío, porque había que tener el estómago vacío durante tres horas para comulgar correctamente, en medio del calor de un templo sin aire acondicionado y sin abanicos, a una ceremonia tan tediosa como una misa dominical con un sermón kilométrico, la mayoría de las veces pronunciado por Monseñor Reilly, cuyo castellano era peor que mi mandarín.

Después de pasar el riguroso examen de la maestra que comprobaba que todo lo relativo al uniforme de gala de cada uno de los alumnos estaba en regla, el tercer curso de la primaria se colocó en fila india y ocupó uno de los bancos delanteros del ala derecha de la nave eclesial donde tendríamos que combatir la debilidad causada por el hambre desde la noche anterior, el sueño y el aburrimiento consustancial a una misa para muchachos de Escuela Primaria.

Desde que el Kyrie de la misa arrancó nos dimos cuenta de que esa no sería una ocasión común y corriente. Todos los padres redentoristas que vivían en San Juan, encabezados por Monseñor Tomás Reilly, estaban concelebrando la Sagrada Liturgia sin que hubiera de por medio una fiesta religiosa conocida.

A la hora del sermón Monseñor Reilly, en vez de empezar a torturarnos con su castellano mal hablado, tomó asiento en la silla obispal e hizo una seña a uno de los curas concelebrantes, quien comenzó a leer el más aburrido de los documentos que yo haya escuchado en mi vida. Lo peor del caso es que ese día la mayoría de los "timacles" varones del tercer curso teníamos acumulados ocho o nueve deméritos en la Hoja de Conducta del mes de enero que estaba a punto de finalizar. Un relajo de muchachos, una postura incorrecta, una risa para romper con el tedio del bla-bla-bla del cura, hubiera significado diez deméritos acumulados ese mes, que era equivalente a una pela con una correa mojada administrada por un papá que pudo haber sido un sargento mayor en una academia de cualquier ejército. En esas condiciones, los cadetes enanos del tercer curso de primaria soportaron estoicamente la inmerecida tortura de la "plepla" curial.

Al día siguiente, en el recreo de la Escuela Parroquial el tema favorito era que "los curas estaban contra El Jefe". El tema surgió en varias clases, con la profesora imponiendo el orden bajo la amenaza de ponerle tres deméritos a quien hablara de eso. La leche del documento de la misa dominical reciente ya estaba regada por todo el suelo sanjuanero. Los recreos se convirtieron en relatos de que fulano o zutano estaba preso. La lista de los presos incluía miembros de las familias más tradicionales y prestigiosas del pueblo, incluso algunas familias de conocida filiación trujillista. Algo grande estaba pasando en Santo Domingo que hasta la Iglesia y algunos trujillistas estaban en contra del Jefe.

Entre los mencionados por mis compañeros de recreo como presos por antitrujillistas figuraban José Vetilio Valenzuela Herrera (QEPD) y Nelson Valenzuela Herrera, mis hermanos de padre, muy queridos en mi casa materna. Preguntarle a Don Vetilio o a mi mamá sobre el tema pudiera haber traído un castigo, de manera que mi antipatía por la correa se impuso y controlé las ganas de saber más de lo que yo debía. Unas cuantas semanas después fui informado oficialmente por mis padres que "el problemita" que mis hermanos de padre habían tenido ya estaba resuelto. Para el tiempo que fui informado hace rato que yo dominaba detalles de su puesta en libertad que probablemente mis padres no supieran, porque la situación de los militantes del 14 de Junio siguió siendo durante meses el tema favorito de los muchachos de la Escuela Parroquial, donde ya algunos habían avanzado la hipótesis de que "Trujillo era un asesino". En cuanto a mis hermanos de padre, como casi todos los catorcistas que he conocido, nunca presumieron de su participación en el movimiento antitrujillista. Durante horas incontables de celebraciones familiares durante toda una vida no los escuché dedicarle un segundo a ese período tenebroso durante el cual sus vidas colgaron del débil hilo del capricho trujillista.

Cuando leí a conciencia, ya adolescente, la Carta Pastoral de la Jerarquía Católica de enero de 1960, entendí perfectamente por qué a Trujillo le había molestado tanto. En ella la Iglesia Católica, por boca de sus máximos representantes en Santo Domingo, encabezados por el Nuncio Apostólico, es decir el Embajador del Papa, rompía "a la franca" con el tirano que había firmado el Concordato que le concedía ventajas y prebendas de todo tipo a esa jerarquía. Los jefes religiosos llamaban a rezar por las familias de los miles de jóvenes presos en las cárceles, quienes estaban sufriendo maltratos injustificados, y por la paz en la República Dominicana. La Pastoral estaba firmada por el Nuncio Zanini, el Arzobispo de Santo Domingo Octavio Beras, el Obispo de Santiago Hugo Polanco Brito, el Obispo de La Vega Francisco Panal, el Obispo de Higüey Félix Pepén y el Obispo Tomás Reilly de San Juan. En pocas palabras, la Pastoral mandaba el Concordato a la PORRA. Nunca me dijeron donde estaba la dichosa PORRA, pero estoy seguro de que si existe está muy lejos de cualquier cosa. Ahí mismito mandó la Iglesia Católica los beneficios que le garantizaba el Concordato. Quedaba solamente ver si Trujillo recibiría la Pastoral con humildad o con su tradicional arrogancia.

Rafael Trujillo reaccionó a la Pastoral de forma completamente irracional, sin mostrar una pizca de la astucia que le había permitido convertirse en el político dominicano más poderoso e importante del siglo XX. Simplemente, el Jefe se negó a cualquier tipo de negociación con la Iglesia que lo hubiera mostrado a la opinión pública nacional e internacional como un líder fuerte y magnánimo al mismo tiempo. Trujillo dio instrucciones para que todo el que se considerara trujillista abandonara la práctica del catolicismo, y comenzó a favorecer a las iglesias protestantes con presencia en suelo dominicano, invitando públicamente a las que no tenían misiones en el país a trasladarse inmediatamente a Santo Domingo para cristianizarlo verdaderamente.

El paso de los años me ha permitido entrar en contacto con personas que me dieron testimonio de primera mano de la situación incómoda que atravesaron los millones de dominicanos y extranjeros residentes en Santo Domingo que querían, al mismo tiempo, cumplir con los preceptos de su fe católica, y evitarse problemas con el todopoderoso tirano que se sentía traicionado por los jefes de la Iglesia Católica dominicana. Un testimonio privilegiado en ese sentido lo recibí de su abuela materna Doña Helen Cassidy de Carrión, quien vivió durante un año en Santo Domingo para la época del divorcio entre Trujillo y la Iglesia. Doña Helen me contó en múltiples ocasiones cómo los templos católicos dominicanos se quedaron prácticamente vacíos a partir de la lectura de la famosa Pastoral. Su abuelo materno, Don Juan Bautista Carrión, de quien fui en sus últimos años confidente privilegiado, me contaba cómo a él se acercaron varios funcionarios de la Era de Trujillo para aconsejarle que le dijera a su esposa que abandonara su rutina católica dominical. Don Juan se reía recordando su argumento para salir del apuro: "Es que mi esposa nunca va a hacerme caso. En su país hay completa libertad religiosa. Y ella está segura de que el Jefe nunca limitaría esa libertad." Yo le respondía a Don Juan que probablemente el cumplimiento de los preceptos católicos por parte de Doña Helen facilitó su regreso al Consulado Dominicano en San Francisco, California, desde donde había sido llamado por Trujillo en 1959, cuando El Jefe ordenó a casi todo su personal consular en el exterior regresar a Ciudad Trujillo cuando su barco político comenzó a hacer agua. Ante mi argumento Don Juan sonreía con picardía.

La Pastoral de la Iglesia tuvo un efecto muy positivo en mi calidad de vida. A partir de ella la asistencia a la misa dominical encabezada por Monseñor Reilly dejó de ser obligatoria. Las monjas de la Escuela Parroquial, herederas de la inteligencia que le ha permitido a la Iglesia Católica sobrevivir en un continuo proceso de crecimiento y perfeccionamiento durante casi veinte siglos, comprendieron que no tenía sentido obligar a sus alumnos a participar en una actividad que indudablemente ponía en peligro los intereses de sus familias. A partir de la Pastoral mi estómago pudo recibir el cálido saludo de un desayuno dominical de mangú de plátanos con huevo frito precedido por el mejor café del mundo preparado por mi mamá.

Que Dios las bendiga.

Papi

Trujillo Continúa Cavando su Tumba Política

Minneapolis, MN, EE UU
2 de junio 2012

Queridísimas Hijas:

La pastoral de la Iglesia Católica de enero de 1960, a la cual Trujillo reaccionó de manera visceral e inmadura, puso al Jefe en una situación difícil. De las cuatro patas en las que se sostenía su control sobre los dominicanos (Las Fuerzas Armadas, La Iglesia Católica, Los Estados Unidos y el Empresariado dependiente de su régimen) Trujillo había perdido completamente el apoyo de una, la Iglesia, que él juraba hasta el momento de la Pastoral que tenía controlada en base a las prebendas del Concordato que había firmado con la Santa Sede en 1954. Pronto otra de las patas iba a dar señales de que se quería mudar de mesa.

Para 1960 el gobierno de los Estados Unidos estaba lidiando con la radicalización de un proceso revolucionario en Cuba que había puesto en estado crítico sus relaciones internacionales, en particular su influencia en los países latinoamericanos, en los cuales Fidel Castro se proyectaba como el líder regional que estaba en condiciones de exportar su revolución a múltiples confines de América, un continente donde faltaban muchas cosas, excepto hambre y miseria. Lo que menos necesitaba la política exterior estadounidense en esas circunstancias era un tirano septuagenario que facilitara a Fidel Castro su proyecto revolucionario regional. Los Estados Unidos, que de acuerdo a uno de los Secretarios de Estado más astutos de su historia "no tienen ni amigos ni enemigos, sino intereses" concluyeron que Trujillo, su amigo de conveniencia durante tres decenios, era en 1960 un obstáculo a los intereses estadounidenses en su vecindad caribeña.

Fue en ese entendido que múltiples diplomáticos estadounidenses que no viene al caso mencionar aquí se acercaron al Jefe dominicano para hacerle ver su debilidad política, y la conveniencia, a su edad ya provecta, de un retiro honorable que lo hiciera salir por la puerta grande de la historia, y le garantizara seguridad fuera de territorio dominicano, porque, obviamente, mientras Trujillo permaneciera en Santo Domingo, el peso de su influencia sería un factor desestabilizante en cualquier proyecto democrático que impidiera que los dominicanos atravesaran por el Niágara en Bicicleta que estaban sufriendo los cubanos en esos momentos.

La respuesta de Trujillo a las "sugerencias" del Dueño de la Fiesta Geopolítica fue contundente: solamente en un ataúd él saldría de su país. El no era Juan Domingo Perón, ni Fulgencio Batista, ni Gustavo Rojas Pinilla, ni Marcos Pérez Jiménez, dictadores de segunda categoría que no habían sabido enfrentar la oposición "comunista" en Argentina, Cuba, Colombia y Venezuela, respectivamente. El era el Generalísimo Doctor Rafael Leonidas Trujillo Molina, Benefactor de la Patria y Padre de la Patria Nueva, entre otros muchos títulos, a quien los dominicanos siempre habían respetado y querido como su Jefe. Era cierto que Cuba representaba un problema para Estados Unidos, pero no para él, que había derrotado a la invasión que Fidel Castro había enviado unos meses atrás. Y él, Trujillo, estaba en condiciones de enfrentar, y derrotar, cualquier intento de desestabilizar la paz que habían disfrutado los dominicanos desde su ascenso al Poder en 1930. El gobierno de Estados Unidos tenía que hacerse cargo, como lo hizo, de que no estaba bregando con uno, sino con dos líderes malcriados en el Caribe, uno de extrema izquierda y otro de extrema derecha.

Mientras los Estados Unidos presionaban a Trujillo para que aceptara un retiro "voluntario" en un dorado exilio donde su vida y sus bienes fueran respetados, su enemigo mortal Rómulo Betancourt, presidente de Venezuela, seguía estimulando la comunidad internacional para buscar salir de Trujillo antes de que la situación en Santo Domingo degenerara al extremo de la que se produjo en Cuba el año anterior. Trujillo, siguiendo más los mensajes hormonales provenientes de sus testículos que los razonamientos provenientes del centro del cerebro humano que se encargan de promover la moderación y la astucia, ordenó que sus sicarios en Venezuela dispusieran de la vida del presidente Betancourt.

La cuarta semana de junio de 1960, mientras se dirigía a encabezar la celebración de la Batalla de Carabobo, fiesta patria venezolana, una bomba colocada al lado del camino que recorría Betancourt a plena luz del día en Caracas impactó el automóvil del presidente venezolano. El fenomenal estallido mató al instante al jefe de la seguridad personal de Betancourt e hirió de consideración al chofer de su automóvil. Betancourt sufrió quemaduras considerables, sobre todo en sus manos, pero se empeñó en salir del hospital el mismo día y denunciar a la prensa internacional a Rafael Trujillo como el responsable del fallido magnicidio. Las imágenes de Betancourt en la televisión y prensa escrita internacionales electrizaron al mundo entero. La figura de Trujillo aparecía comprometida en una violación flagrante del Derecho Internacional que la comunidad internacional, encabezada por Estados Unidos, no iba a pasar por alto.

Unas semanas después del atentado a Betancourt, el Consejo de la Organización de Estados Americanos (OEA) frente a las pruebas contundentes que presentó el gobierno venezolano, decidió, con 19 votos a favor, ninguno en contra, y la abstención lógica de los países involucrados en el conflicto, llevar el asunto a una Asamblea Especial convocada para el mes siguiente, agosto de 1960 en San José de Costa Rica, para conocer la solicitud venezolana del establecimiento de sanciones económicas y diplomáticas al gobierno dominicano basadas en el atentado contra el presidente Rómulo Betancourt. La solicitud de sanciones económicas y diplomáticas contra el régimen trujillista se conoció la cuarta semana de agosto de 1960 durante una Conferencia de Cancilleres de la OEA celebrada en San José de Costa Rica. Trujillo, consciente de lo que le venía encima, trató de darle un barniz "democrático" a su gobierno títere, haciendo que su hermano Héctor renunciara a la Presidencia dominicana, y promoviendo al vicepresidente Joaquín Balaguer a esa posición. Pero ya la comunidad internacional no estaba dispuesta a que Trujillo se burlara de ella una vez más. La Conferencia de Cancilleres de San José, después de escuchar el Informe presentado por una Comisión formada por los Cancilleres de Estados Unidos, Argentina, Uruguay y Panamá, que demostraba palmariamente la participación del gobierno dominicano en el intento de magnicidio al presidente venezolano, decidió de forma unánime, 19 votos contra 0, imponer la suspensión de relaciones económicas y diplomáticas de todos los gobiernos americanos con la República Dominicana.

Las sanciones económicas y diplomáticas significaban, simplemente, la asfixia del régimen trujillista. América preparaba el cafecito que iba a servirse en el entierro de la tiranía más cruel de su historia, que, como veremos próximamente, no se iría sin magnificar su larga cadena de crímenes.

Que Dios las bendiga.

Don Vetilio y Doña Consuelo: AMOR ETERNO

Una Broma Pesada
del Destino

Minneapolis, MN, EE UU
2 de junio 2012

Queridísimas Hijas:

En un tiempo en que el tirano Trujillo continuaba cavando su tumba política el destino jugó, durante el mes de septiembre de 1960, una broma muy pesada a la familia Valenzuela, muy particularmente a los diez y seis hijos del Dr. José Vetilio Valenzuela Bautista.

El recuento de los hechos que hago a continuación está basado en la memoria de un niño de 8 años, 8 meses y tres días de edad, que observó impotente su conversión a la categoría de huérfano de padre en cuestión de unas horas. Es muy posible que haya inexactitudes en mi relato; eso no me importa. Prefiero relatar mi percepción infantil de los hechos y no la impresión de uno de los espectadores adultos. A fin de cuentas, nadie vivió esos hechos más intensamente que uno de los huérfanos del día.

Al caer la tarde del 9 de septiembre de 1960, la casa donde vivía Don Vetilio, como le llamaban la mayoría de los sanjuaneros, con su esposa Doña Consuelo Mercedes Sosa Hernández de Valenzuela y sus ocho vástagos, comenzó a recibir visitantes infrecuentes, los cuales entraban a la habitación donde él estaba recluido padeciendo de quebrantos que sus pequeños hijos no entendíamos. Era preocupante que esos visitantes, algunos de los cuales tenían años sin visitarlo, salían de la habitación sollozando y con el ánimo en el suelo. Naturalmente, la situación preocupó a la "recua" de hijos que tenían Don Vetilio y Doña Consuelo, algunos de los cuales verbalizaron esa preocupación; los muchachos recibieron como explicación que "Papacito", así llamábamos los hijos de Doña Consuelo a Don Vetilio, se sentía mal, pero que no se preocuparan, que el problema era pasajero. En esa onda se acostaron los muchachos Valenzuela Sosa esa noche.

A las seis y pico de la mañana del día 10 de septiembre de 1960, que si la memoria no me falla era un sábado, una movilización de enfermeras y médicos se sintió en la casa. El grupo lo encabezaba el Dr. Julio Méndez Puello, un petromacorisano que había llegado a hacer su pasantía médica de ley a San Juan unos años antes y quien se había robado el corazón de Amantina Valenzuela, una querida prima a la que unió su vida para siempre, y la estima de un pueblo que lo tenía como su galeno estrella.

Con el paso del tiempo, a eso de las 7 y media de la mañana, la casa se iba llenando de gente llorando. Yo me acerqué en ese momento a la habitación principal de la casa, donde estaba acostado Papacito conectado a una máscara de oxígeno. Alguien intentó, de muy buena fe, evitar mi exposición a la situación traumatizante en curso, pero yo lo empujé forzando mi entrada al escenario de los hechos. El Dr. Méndez Puello me miró y le dijo al resto: Déjenlo quieto. Yo me coloqué, entonces al lado de mi mamá que lloraba desconsolada, mientras veía al amor de su vida ahogarse en seco tratando de sacar inútilmente de la máscara que cubría su cara oxígeno para prolongar una vida que se escapaba con los segundos. Serían las 8 menos veinte minutos de esa mañana cuando el Dr. Méndez Puello, dando un puñetazo sobre el colchón de la cama donde yacía el moribundo que había iniciado su viaje hacia lo ignoto exclamó con frustración: Carajo, lo perdimos. Desde ese momento los 16 hijos de Don Vetilio fuimos huérfanos de padre.

En cuestión de minutos un gentío llenó completamente la amplia casa y su extenso patio y la acera de enfrente. Así San Juan de la Maguana comenzó a despedir para siempre al más notable de sus abogados. En cuestión de horas, familiares, amigos y colegas de todo el país se hicieron presentes para participar en una manifestación de duelo de una intensidad inusitada en un pueblo pequeño como era San Juan para ese tiempo.

Recuerdo como si fuera hoy cuando salimos a las tres y media de la tarde de la residencia de la familia Valenzuela Sosa encabezando a pie, junto con los hijos varones que pudieron resistir la ocasión, el multitudinario desahogo colectivo sanjuanero, escoltado por mis amigos de infancia Arturito Ramírez Martínez y Manolín Cintrón Castillo. A eso de las cinco y media de la tarde, el fino poeta azuano Don Raúl García Bidó despedía el duelo con un panegírico de leyenda envuelto en el celofán de su verbo alado.

Después de regresar del cementerio escoltado por mis amiguitos, alguien me montó en una camioneta con alguna ropa y me dejó en la casa de Don Joaquín Garrido, donde pasé la noche a cuerpo de rey. Al día siguiente, domingo 11 de septiembre, asistí a la misa de las 8 de la mañana, donde Monseñor Reilly lamentó la muerte de "mi gran amigo Vetilio Valenzuela". Conste que Don Vetilio nunca fue católico practicante; al contrario, fue, desde que lo aceptaron, un entusiasta miembro de la Logia Masónica de

San Juan, que para aquella época estaba proscrita por la jerarquía católica. Monseñor Reilly no hablaba para consolar a nadie al decir esas palabras, sino para consolarse él mismo. El fue un auténtico amigo de Papacito, a quien vi en varias ocasiones visitarlo en nuestra casa para conversar sobre temas de un nivel que sólo una élite de dominicanos dominaba para ese tiempo.

Hablarles de mi niñez sin hacer una pequeña semblanza de su abuelo paterno sería como llevarlas a visitar Nueva York por primera vez y no llevarlas a Broadway. Don Vetilio fue parte integral de mi crianza aunque abandonó el mundo de los vivos días antes de yo iniciar el cuarto grado de la Primaria. La Viuda Valenzuela, Doña Consuelo, mi mamá idolatrada, mi abuelo paterno que tuvo en mí a un nieto enteramente tocayo, mis hermanos mayores, mis tíos y demás familiares, amigos, relacionados y hasta conocidos, se encargaron de mantener su memoria viva de manera tal, que nunca me sentí huérfano de padre. La sombra del prestigio, y de todo el bien que Vetilio Valenzuela hizo durante sus cuarenta y tres años de vida terrenal sustituyeron con creces su ausencia física.

De los cientos de testimonios espontáneos que han mantenido esa memoria latiendo como el corazón de un corredor de maratones, comparto uno que aconteció en 1994, la última ocasión que visité San Juan de la Maguana. Para la primavera de ese año Juan Bosch visitó a San Juan como parte de su última campaña presidencial, una campaña que todos sabíamos no tenía opción al triunfo, pero que permitió proyectar nacionalmente al Dr. Leonel Fernández, quien sería candidato ganador de las elecciones generales del 1996 en la boleta del PLD, el único partido político al que he pertenecido en mi vida. El acto central de esa visita de Juan Bosch a San Juan en 1994 fue una conferencia magistral dictada por el Dr. Euclides Gutiérrez Félix, uno de los intelectuales y políticos más importantes de la era democrática que con altibajos ha disfrutado el pueblo dominicano desde el 1978, cuando el neotrujillismo representado por Joaquín Balaguer fue derrotado electoralmente por el PRD.

El Dr. Euclides Gutiérrez Félix, además de ser uno de los principales intelectuales dominicanos, es, probablemente, el menos simpático de todos. Ese hombre no desperdicia elogios, ni, mucho menos, anda haciéndose el simpático con individuos que no son sus amigos. A él yo lo había visto hasta ese día en cientos de actividades partidarias durante más de diez años de militancia en el PLD sin que se hubiera acercado a mí ni siquiera para decir "Buenos Días". Esa noche, después de concluir su exposición magistral sobre un tema político ante cientos de simpatizantes peledeístas, que vitoreaban a Juan Bosch como próximo presidente de la República con la convicción de que íbamos a quedar en un lejano tercer lugar, mientras yo me encontraba socializando con amigos sanjuaneros a quienes no había visto en más de veinte años, el Dr. Gutiérrez Félix interrumpió la conversación diciendo "Excúsenme que los interrumpa, alguien me ha dicho que aquí hay un hijo de Vetilio Valenzuela. ¿Quién es?". Yo me identifiqué, y el político dominicano menos lisonjero en varias generaciones me dijo emocionado: "Quiero que sepas que yo conocí muy bien a tu papá. Yo era un novato cuando él era uno de los mejores abogados de nuestro país. Inclusive, yo llegué a litigar con él algunos casos. Y en esa época litigar con Vetilio Valenzuela le daba ranking a un abogado nuevo como era yo. Excúsenme, pero quería dejar constancia de eso frente a ti como hijo de Vetilio ".

Espero que este recuento agridulce de hechos y situaciones relacionadas con su abuelo paterno les sirva para entender por qué mis dos hijas han elegido la ruta de las Leyes como forma de vida. El espíritu de Vetilio Valenzuela, lo mismo que su pelo crespo, que aporta consistencia, gracia y masa al de ustedes, las acompañará mientras ustedes respiren. Como las acompañará una buena cuota de su ADN privilegiado.

Que Dios las bendiga.

Papi

Una Viudez de Leyenda

Chicago, IL, EE UU
8 de junio 2012

Queridísimas Hijas:

Alguien, quien debió ser muy inteligente, dijo hace unos cuantos siglos que la mejor madre es la que cada hijo tiene o tuvo. El vínculo más importante de cualquier ser humano normal con otra persona es el que tiene o tuvo con su madre, por lo cual espero que ustedes no se sorprendan cuando yo les diga que mi mamá, su abuela paterna, Ina, como la llama una proporción sustancial de sus nietos, fue la persona más importante en la formación de sus hijos desde que ellos nacieron.

Por otra parte, al hablar de su madre, cualquier ser humano corre el peligro de que el vértigo del amor filial le haga caer por el precipicio de la subjetividad que necesariamente le llevará a conclusiones apartadas de la realidad objetiva. En mi caso, creo que es de justicia que ustedes, que ya han pasado la adolescencia, sean informadas de la dimensión de la epopeya de crianza que protagonizó su abuela paterna. Lo haré usando datos objetivos que mis sentimientos no pueden contaminar.

Estamos hablando de una mujer de treinta y siete años que vive en un pueblito de unos ocho a diez mil habitantes en 1960, quien, semanas después de que sobre su país había sido impuesto un embargo económico y diplomático por parte de todo el continente americano que colocó de rodillas a Santo Domingo en todos los sentidos, es informada de que su esposo tiene un diagnóstico fatal que lo llevará a la muerte en unos tres meses. Esa muerte se produce alrededor de mes y medio después del diagnóstico, dejando a nuestra mujer en orfandad económica junto con ocho hijos, tres hembras y cinco varones, la mayor de doce años, la menor de menos de dos años.

La recién estrenada viuda no tiene trabajo ni profesión y tiene como fortuna material una de las casas más amplias del pueblo, sin terminar y sin pintar, y unas cuantas miles de tareas de tierra, el noventa por ciento de ellas no cultivables; y las cultivables están en manos de gente que ella prácticamente no conoce. El esposo no ha dejado dinero en el banco para más de un mes, si acaso, de gastos corrientes.

El pueblo donde la mujer y sus hijos viven es uno donde lo único que abunda, además de habichuela y arroz en los campos, es la miseria generalizada. Pues bien, ese era el estado de situación de su abuela paterna , su querida Ina, la viuda de José Vetilio Valenzuela Bautista, un día después del Novenario que tradicionalmente celebraban los dolientes o deudos de un difunto en esa época en Santo Domingo.

A quien hubiera apostado en San Juan de la Maguana, justo después del Novenario de Vetilio, que los ocho hijos de la viuda Valenzuela, en cuestión de veinte y pico de años, iban a estar graduados de distintas profesiones, le hubieran dicho que estaba loco o bajo la influencia de una sustancia psicoactiva; pero eso fue exactamente lo que sucedió. ¿Y cómo eso fue posible? . La verdad es que no estoy seguro de tener una respuesta satisfactoria, pero tengo una teoría para presentar a su consideración.

Resulta que la viuda Valenzuela, quien vivía en un pueblo extraño a ella en gran medida, donde no tenía raíz familiar alguna, lleno de gente buena que no podía ofrecerle a ella y sus hijos nada que no fuera palabras de simpatía, no se amilanó frente a su drama, y se quedó en el pueblo de su esposo a dar la batalla más importante de su vida: la de la crianza de ocho huérfanos de padre.

Lo primero que hizo La Viuda, porque cuando en San Juan se hablaba de La Viuda, sin usar apellido, todo el mundo sabía de quien se hablaba, fue despedir a 2 de las tres empleadas domésticas que tenía en los tiempos de bonanza en que Don Vetilio era el abogado más prestigioso y buscado de San Juan, limitando a la restante a un trabajo de medio tiempo. Cualquier gasto superfluo desapareció y el nivel de vida de su familia se redujo dramáticamente.

Una sentencia dominicana dice que Dios aprieta pero no ahorca. De ahí deduzco que fue El quien propició la visita de alguien inesperado a conversar con mi mamá cuando ella comenzaba a acostumbrarse a la idea de que sus hijos, quienes habían asistido a la Escuela Parroquial de las Monjas Dominicas hasta ese momento, tendrían que pasar a estudiar a la Escuela Pública debido a la reducción en los ingresos familiares como consecuencia de la muerte de Papacito.

Días después de la muerte de Don Vetilio la Sister Directora de la Escuela Parroquial, que en mi memoria se llamaba Sister James O´Patrick, quien no había pisado la casa de Don Vetilio hasta ese momento, se presentó sin avisar, preguntando por la viuda Valenzuela. Después de recibir el saludo afectuoso de La Viuda, Sister James y ella se introdujeron en una salita que les permitió sostener una reunión de más de una hora. Cuando Sister James se fue, mi mamá mostraba en su cara una alegría y un alivio que ni siquiera su luto pudo esconder. La Sister Directora fue a decirle a La Viuda que en lo adelante sus hijos no tendrían que pagar más mensualidad que una cantidad simbólica. Eso significó que los ocho huérfanos de La Viuda nunca tuvieron que sufrir el estrés de no tener dinero para pagar la mensualidad de su escolaridad, porque esa mensualidad, simplemente, era mínima. Por algo les he dicho en varias ocasiones que en mi opinión el mundo fuera mucho menos humano sin la vocación de muchos religiosos de todas las confesiones, particularmente católicos, quienes, como decía la Madre Teresa de Calcuta, dan hasta que les duela sin pedir nada a cambio.

Les decía que el nivel de vida de los Valenzuela Sosa descendió abruptamente. Ese descenso no implicó hambre; recuerden que San Juan tiene por apodo El Granero del Sur, pero las estrecheces de todo tipo nos sobraron. Aun en medio de esas estrecheces, La Viuda nunca cedió a la tentación de distraer la atención de sus hijos en actividades de trabajo infantil. El sonsonete constante de ella era que éramos hijos de Vetilio Valenzuela, quien, sin haber nacido rico, llegó a ser el mejor Abogado de su pueblo, y que el reto existencial que cada uno de nosotros tenía de frente era el de igualar al difunto. Las ofertas de trabajo infantil que recibimos, muy bien intencionadas, pero mal concebidas, fueron rechazadas con firmeza y cortesía. La obligación de los huérfanos era sentarse en los pupitres de la Escuela Parroquial para hacer quedar bien la memoria de su papá.

Antes de que nos diéramos cuenta, los 1960 estaban expirando, y los cuatro hijos mayores de La Viuda estaban en la UASD pasando páginas para la izquierda tratando de hacerse profesionales en la única verdadera ciudad dominicana para ese tiempo, Santo Domingo de Guzmán. El tiempo y un palito darían su veredicto final en cuanto al balance del trabajo de La Viuda en sacar adelante a sus hijos. Con la ayuda indispensable de Dios, la inteligencia, dulzura y relaciones humanas excepcionales de Consuelo Mercedes Sosa Hernández viuda Valenzuela habían logrado el milagro.

Espero que esta carta les ayude a valorar a su abuela paterna a partir de datos, no simplemente de sentimientos puros de nietas, que no son más que hijas de segunda generación en el caso de nietas apegadas a su querida Ina como ustedes.

Es posible que después de leer estos apuntes sobre mi niñez ustedes se pregunten cómo es posible que su abuela Ina, La Viuda, sea todavía, cuando se acerca a los noventa años, la personificación de la alegría y el goce pleno de la vida.

Francamente, creo que la mejor fuente para una respuesta satisfactoria a esa pregunta sería ella misma. Si ella se negara a contestarla, yo aventuraría una explicación al respecto. Creo que Ina es tan alegre por ser una creyente ferviente en la gracia de Dios. En momentos duros, como los que ella vivió durante una viudez súbita en el San Juan de los 1960, ella se agarra de su fe católica, como se agarra alguien que no sabe nadar que es arrastrado por una corriente de agua de las ramas de un árbol que están al alcance de sus manos. Yo, francamente, le envidio esa fe, y quisiera, algún día, tener aunque fuera una mínima parte de ella. Porque quien está vivo, más temprano que tarde necesita de ese combustible espiritual para salir de los baches existenciales que el camino de la vida nos presenta, la mayoría de las veces de repente.

Que Dios las bendiga.

Papá

Clara, Florinda y la Alegría de los Valenzuela Sosa

Chicago, IL, EE UU
9 de junio 2012

Queridísimas Hijas:

A partir de las dos cartas anteriores en las que les relato la muerte de su abuelo paterno y las vicisitudes que su abuela Ina tuvo que pasar para criar ocho hijos en medio de limitaciones económicas, ustedes pudieran concluir erroneamente que mis hermanos de padre y madre y yo tuvimos una niñez infeliz. La verdad monda y lironda es que los hijos de La Viuda tuvimos, antes y después de morir Papacito, una niñez llena de momentos felices promovidos por una mujer superdotada en el arte de criar niños.

La vida de los hijos de La Viuda se resumía en tres actividades: escuela, iglesia y diversión, incluyendo en la última categoría todo tipo de "tremendidades" que eran muy comunes, sobre todo en los varones, de ese tiempo. Les envío con la presente carta un botón de muestra de una de las variantes favoritas de La Viuda para mantener entretenidos a ocho "angelitos" que le dejó Don Vetilio como regalo antes de morir. Espero que disfruten la muestra, que era la favorita de Ina durante la época navideña.

LA NAVIDAD

(Diálogo navideño popular en los 1930-1940. Recolección de Consuelo Sosa viuda Valenzuela, quien no recuerda el nombre del autor).

Personajes: Clara y Florinda. Florinda es una niña rica acostumbrada a celebrar la Navidad con mucho lujo, abundancia de comida, dulces y diversiones. Clara es una niña más vieja, pobre y madura que Florinda.

Lugar: Sala de la casa de Florinda.

Diálogo:

Florinda: ¡Siempre con ansia aguardé la llegada de este día! ¡Oh! Que gozo, que alegría, embargan mi corazón. ¡Es la época mejor, ricos dulces, qué delicia! Celebraremos la cena. ¿Regalos? Al por mayor. Después de Pascua tres días y en ellos mil diversiones, pastelillos y bombones; música, fiesta y algarabía. ¡Oh! ¿Tú aquí mi querida Clara? ¿A qué esa gran cortedad? Entra. Entra y charlaremos, que hoy es día de Navidad.

Clara: Debes estar muy gozosa. ¿No es verdad?

Florinda: ¿Y acaso tú no lo estás? ¿Quién no lo está en este tiempo?

Clara: Sí, sí. Da gusto ver tan bellos preparativos.

Florinda: ¡Ya se ven sacos repletos de nueces y avellanas, carros cargados de cosas que están gritando: ¡Comedme!

Clara: Sí, sí. Ya sé que te inspiras al hablar de golosinas.

Florinda: Es mi delicia mayor.

Clara: Pero dime. ¿Cómo piensas pasar la Navidad?

Florinda: ¿Que cómo pienso? Que todo el año lo llevo pensando en ello. He de estrenar dos vestidos, al cual más ricos los dos, con unas cintas preciosas y unos encajes……. primor. Mira. Papá me ha ofrecido llevarme a pasear en auto. Tengo sombrero muy chic y zapatitos de moda. Ay Clara, pensando estoy que el auto lo detendrán frente a las lindas vitrinas que ponen y a los tableros, y allí, cuando oigo gritar "el rico membrillo, fresquecito queso crema, que hay de turrones, uvas, almendras". No me podré contener, y tirando a papá del brazo le haré que compre de todo. Tu harás lo mismo. ¿Verdad?

Clara: Pienso pasar la Navidad de manera muy distinta, aunque todo el año me lo llevo pensando en ella.

Florinda: ¿Y, qué piensas? Di tontuela. ¿Habrá diversión más grata que cenar y vestir bien, pasear, comprar golosinas e ir al teatro después?

Clara: Muy bien; y al salir de ahí ver al prójimo tirado en la primera bocacalle, que al irse tambaleando cae pesadamente al suelo.

Florinda: ¿Y habrás visto cosa más divertida y chistosa que un hombre que quiere ser equilibrista por vino?

Clara: Yo les temo a esos sujetos. Es más, en sus desgracias le sirven al necio de diversión. Yo también tengo, Florinda, un vestido que estrenar. No es rico, pero mamá con tanto amor lo ha bordado que está bonito en verdad a pesar de que no tiene grandes lazos ni gran costo.

Florinda: Vamos Clara. ¿Estás conforme?

Clara: Y gozosa. En nuestra escuela todos los años se celebra el árbol de Navidad.

Florinda: ¿Y que es ello?

Clara: Es una fiesta simpática por demás. Fíjate. Un arbolito muy verde de cuyas ramas penden guirnaldas plateadas, juguetes, bolas doradas y algunos adornos más. Lucecitas de colores y algodón que simboliza la nieve de la estación. Y dulce para obsequiar a los chicos y a los grandes. Habrá música, poesía y todos los rostros dicen la expansión que goza el alma.

Florinda: !Qué bonito! !Qué bonito! Si me llevaras allá dejaría de ir al teatro.

Clara: Con sumo gusto y placer.

Florinda: Siempre me has querido. Gracias.

Clara: Y más te querría si tú..............

Florinda: Si yo..........Dilo. ¿Qué?

Clara: Supieras algo que sé y pensaras como yo. Años atrás, siglos hace, nació un niñito en Belén.....

Florinda: Ah, sí, yo sé. Aquél a quien los Reyes Magos le ofrecieron oro, mirra y no recuerdo qué mas.

Clara: Incienso.

Florinda: Bueno, prosigue.

Clara: Aquel niño fue del mundo el Redentor, y siendo Dios humanado, tipo fue de la humildad; en su rostro reflejaba la llama de la verdad. En esa época dichosa celebra la Cristiandad de Jesús el natalicio, y de Dios la gran bondad, porque al fin se reconcilia Jehová con la humanidad.

Florinda: Espera, que alguien llama.

Clara: Es el aura que susurra entre las tilas tal vez.

Florinda: No, espera. Es alguien que habla dentro de mi corazón.....Y recuerdo que vi recostada en un pilar una mujer macilenta y una niña como yo. Al verlas me conmoví;

pero después, acallando la voz de mi corazón, me dije: Hoy es día de Navidad y no día de compasión.

Clara: Flora, querida Florinda………

Florinda: Calla. No me reproches, que ya tu bello discurso ha cambiado mis ideas. Ya que tengo dos vestidos, a cual más ricos los dos, he de cederle el mejor y los zapatos también. Además si tu quisieras…….

Clara: ¡La llevamos a la fiesta!

Florinda: Eso mismo. Bueno, bueno.

Las Dos: ¡Oh, qué alegre Navidad! (Fin del Diálogo)

Espero que después de disfrutar de la lectura de este hermoso diálogo ustedes se convenzan de que niños que crecieron en un ambiente rodeado de la calidad humana de la declamadora de Clara y Florinda, su abuela Ina, tenían que ser los niños más felices del mundo. Porque haber tenido a una mamá de esa calidad fue un regalo de Dios que no podíamos desaprovechar. De ella recibimos los estímulos que facilitaron el desempeño académico y emocional que nos permitió crecer desde todos los puntos de vista.

Que Dios las bendiga.

Papi - Papá

Heroínas sin Igual

El Crimen más Asqueroso de Trujillo

Chicago, IL, EE UU
9 de junio 2012

Queridísimas Hijas:

Durante la última semana de noviembre de 1960, Rafael Trujillo, con toda probabilidad el más criminal de todos los tiranos de la historia americana, viendo que su Poder omnímodo sobre los dominicanos se disolvía como una pastilla de Alka Seltzer en un vaso de agua fría, cometió el más asqueroso de sus crímenes.

Minerva Mirabal había sido, desde comienzos de los 1950, una decidida opositora del régimen trujillista. Proveniente de una familia acomodada de la provincia Salcedo, en el Cibao Central, la más rica región dominicana, Minerva había crecido en medio del abuso cometido por Trujillo contra sus padres, a los que había despojado de tierras y los había convertido en ciudadanos no gratos al régimen, lo que en esa Era era un poco menos que ser declarado muerto civil.

Minerva se distinguió desde jovencita por su inteligencia y aplomo. Completó su educación secundaria en un exclusivo internado dirigido por monjas en La Vega, y a finales de los 1940 ingresó a la Facultad de Derecho de la Universidad de Santo Domingo. Sus estudios universitarios se vieron continuamente obstaculizados por su condición de antitrujillista. En 1949 esa persecución se exacerbó poco después de la fracasada invasión de Luperón, cuando el trujillismo logró poner freno temporal a la carrera universitaria de Minerva, pero el tesón y la inteligencia de la valiente mujer pudieron más que la represión contra ella, obteniendo en 1957, contra viento y marea, el Doctorado en Derecho.

Durante sus estudios de Derecho, Minerva conoció al amor de su vida, Manuel Aurelio Tavárez Justo (Manolo), quien estaba llamado a convertirse en el líder más importante de la izquierda dominicana del post trujillismo. Manolo y Minerva casaron en 1958 y formaron una familia ejemplar en Montecristi, cerca de la punta noroeste del mapa dominicano. Allí vivían cuando la invasión del 14 de junio de 1959 dio el pistoletazo que marcó la arrancada del conteo regresivo del último cuplé trujillista.

Manolo Tavárez Justo encabezó, como hemos dicho anteriormente, un movimiento de profesionales y miembros de la clase media dominicana que, tomando como bandera la invasión del 14 de Junio, proponía la lucha contra el trujillismo y el establecimiento de una democracia genuina en la Patria de Duarte. Ese atrevimiento llevó a Manolo a las ergástulas trujillistas. En ellas también cayeron Minerva Mirabal y su hermana menor María Teresa, quienes sufrieron todo tipo de torturas y vejaciones.

Trujillo, en un intento de lavar su imagen ante la opinión pública internacional horrorizada por la organización del atentado contra el Presidente Betancourt en junio de 1960, mientras se discutían las sanciones al Jefe en la Conferencia de Cancilleres de la OEA en San José de Costa Rica, en agosto de 1960, liberó a un grupo de catorcistas, incluyendo a Minerva y María Teresa. Su gesto de aparente ablandamiento no surtió efecto alguno; la OEA, convencida de que había llegado el momento de darle la estocada final al toro trujillista, impuso un bloqueo económico y diplomático a Trujillo. En respuesta a ese revés que anunciaba que su régimen estaba sentenciado a muerte en cuestión de meses, no años, fue que El Jefe concibió, ordenó y dirigió su crimen más asqueroso.

El Jefe ordenó, personalmente, trasladar, desde los centros de tortura capitalinos hasta la cárcel de Puerto Plata a Manolo Tavárez Justo y a Leandro Guzmán, esposo de María Teresa Mirabal. Puerto Plata está ubicada en la costa norte, en esa época casi inaccesible por carreteras sinuosas, pobremente asfaltadas, y solitarias, desde la casa de la Familia Mirabal en la zona rural de Salcedo, donde se encontraban las hermanas Mirabal refugiadas.

Minerva y María Teresa, esposas abnegadas, se vieron forzadas, para ver por un par de horas a sus esposos cada dos o tres semanas, a recorrer las peligrosas y solitarias carreteras antes descritas para garantizar un seguimiento relativamente continuo de la seguridad personal de sus consortes. Trujillo, quien había ordenado al brazo operativo del temido Servicio de Inteligencia Militar (SIM) en la zona norte del país la eliminación de las Hermanas Mirabal, reclamaba con disgusto a sus sicarios el cumplimiento de sus órdenes. Pero resultó que los sicarios del SIM, aunque muchas veces no lo aparentaban, habían llegado al mundo de los vivos desde vientres de mujeres, y no se sentían inclinados, como dominicanos al fin, a desperdiciar sus dotes criminales en matar dos pobres mujeres. En ese tenor los sicarios del SIM comenzaron a poner todo tipo de excusas para no cumplir las ordenes de Trujillo. Un día decían que habían encontrado testigos oculares potenciales al cruzarse con el carro que transportaba a las Mirabal, otro día que todavía no era de noche al encontrarlas en la carretera. Pero llegó un momento que Trujillo dejó establecido claramente que si no "arreglaban" a las Mirabal las cabezas de los sicarios no estarían seguras; y el miedo de los cancerberos a la ira del Jefe pudo más que su humanidad.

El 25 de noviembre de 1960 un hado maldito hizo que Patria, la hermana mayor de Minerva y María Teresa, quien nunca se interesó en asuntos políticos, acompañara a sus hermanas para visitar a sus maridos en la cárcel de Puerto Plata. Cuando regresaban por la zigzagueante y oscura carretera que las llevaría de regreso a Ojo de Agua, Provincia Salcedo, el carro de las Mirabal fue detenido por los sicarios de Trujillo, armados hasta los dientes, que ocupaban dos carros del SIM. En cuestión de minutos las tres Hermanas Mirabal y su chofer Rufino de la Cruz fueron asesinados, y un montaje fingiendo un accidente de tránsito, que no convenció a nadie, se puso en escena. La sed de sangre del Chacal de San Cristóbal había cobrado sus víctimas más indefensas.

Inmediatamente la muerte de las Mirabal se hizo pública, el asco social fue tan tremendo que hasta los colaboradores más cercanos de Trujillo trataron de alejarse del tirano en la medida en que se lo permitieron las circunstancias. El Jefe negó con insistencia a propios y extraños su participación en el atroz crimen. La verdad histórica quedaría establecida de manera incontrovertible durante un juicio celebrado tras el ajusticiamiento del sátrapa. Los familiares de Trujillo han gastado ríos de tinta y mucho dinero para tratar de limpiar la memoria de su deudo de esa sangre de mujeres inocentes e indefensas. La verdad histórica que ha prevalecido sobre las versiones novelescas de neotrujillistas disimulados es que Rafael Trujillo ordenó, organizó y supervisó personalmente el crimen más horrendo que haya cometido cualquier gobernante en cualquier época y lugar.

Que Dios las bendiga.

Papi

Una Monjita Dominica Estadounidense

La Escuela Parroquial de San Juan Colapsa

Chicago, IL, EE UU
9 de junio 2012

Queridísimas Hijas:

El jueves 15 de septiembre de 1960, tan pronto los muchachos del cuarto curso de la Primaria de la Escuela Parroquial llegaron al primer día de clases del año lectivo que comenzaba, se dieron cuenta que algo andaba mal en su querido "Colegio". En vez de tener a una de las monjas estadounidenses que estaban supuestas a educarnos, nos encontramos con una mujer de cara antipática vestida de "civil", no de monja, quien se identificó como "la señorita Fulana", quien sería la maestra encargada de nuestro grupo durante todo el año.

En cuestión de días, yo, quien acababa de perder para siempre a mi papá hacía menos de una semana, comprobé que ésa no era la única desgracia que podía ocurrir en mi vida. En unos cuantos días, los alumnos de cuarto de primaria nos convencimos de que el método alegre, ágil de las monjas "americanas" había sido sustituido por la disciplina hecha carne que nos había mandado Franco desde España para llenar el vacío dejado por monjas estadounidenses, con religiosas vestidas de civil que dejaban verde de envidia a un sargento de una academia militar. Con el paso de los años, entendí que las sanciones impuestas a Trujillo por la OEA el mes anterior se habían encargado de amargarnos la vida por un año a los "angelitos" del cuarto curso.

La señorita Fulana vive en mi recuerdo como una de las maestras académicamente mejor formadas que he tenido en cualquier nivel de escolaridad. Con cara de pocos amigos, que cuando quería sonreír le regalaba a sus estudiantes una mueca que inducía miedo, era, al mismo tiempo, una mujer buena e inteligente, que llevó la disciplina franquista a nuestras clases, convirtiendo el placer de aprender en la obligación de saber. A Fulana la acompañaban otras dos religiosas de su estirpe que fueron a sustituir a tres monjas estadounidense que hicieron mutis en medio del bloqueo diplomático y económico a la agonizante tiranía de Trujillo.

En el aspecto académico los cuartocurseños del "Colegio" nos enfrentamos con retos inesperados. De un tercer curso con unas Matemáticas "babitas", así le llamábamos a las asignaturas fáciles, pasamos a largas sesiones en las que soportábamos la cara de machete de la Señorita Fulana calculando rápidamente áreas de paralelogramos y volúmenes de paralelepípedos de todas las formas imaginables. La Gramática Española de Fulana tenía más nivel que la que recibían los alumnos de octavo curso en la Escuela Pública de San Juan. Obviamente, la mayoría de los estudiantes no entendían ni "papa" de lo que Fulana quería enseñarnos, pero, los que logramos ponernos al nivel que ella quería ponernos, aprendimos más Lengua Española en un mes con Fulana que la que habíamos aprendido en los primeros tres años de la Primaria. La Geografía Dominicana que estábamos supuestos a recibir en el Cuarto, fue sustituida por una Geografía Española en la que la Señorita Fulana nos exigía que recitáramos de memoria las cuchumil ciudades, provincias y regiones de España, su población y localización en el mapa de la Madre Patria, y los detalles más intrascendentes que a un geógrafo español se le hubiera ocurrido aprender. Para la asignatura Historia, Fulana tenía un método muy simple: Abran su libro de Historia Dominicana, y copien en su cuaderno tal o cual capítulo, y escriban claro porque si no lo hacen lo van a tener que repetir. Para la clase Religión, Fulana miraba hacia el techo e improvisaba un sermón de cuarenta y cinco minutos, al cabo del cual la clase entera estaba tranquilita durmiendo con los ojos abiertos, porque quien los cerraba, recibía un moderado reglazo en uno de sus hombros que lo devolvía a la triste realidad de la Escuela Parroquial sin sus monjas originales.

El mayor abuso que Fulana cometió en San Juan fue uno que ella probablemente nunca supo que había cometido. Sucede que en Santo Domingo, entonces como ahora, entre los meses de octubre de un año y enero del año siguiente, se celebra un Campeonato de Beisbol que acapara la atención de toda la población dominicana. Cuatro equipos; Licey, Escogido, Aguilas y Estrellas se dividían en forma desigual las preferencias de los fanáticos de beisbol, que eran para la época, mucho más que ahora, fanáticos en todo el sentido de la palabra.

El equipo que acaparaba la simpatía de la enorme mayoría de los sanjuaneros, más del noventa por ciento, era el Licey. Yo era hijo, y huérfano reciente, del escogidista más furibundo del mundo, José Vetilio Valenzuela Bautista. Tenía muchos amiguitos en mi escuela, excepto en cuanto al beisbol, pues yo era el único con una "cachucha" escarlata, color del Escogido, que tenía en su cara frontal la imagen de un león, mascota de mi equipo. Y esa "cachucha" era para ese tiempo casi una parte integral de mi cuerpo que le recordaba a mis "enemigos" beisboleros, es decir, al resto de la veintena de muchachos del Cuarto, que eran Liceistas, que a pesar de su aislamiento en cuanto a simpatías, el Escogido era el equipo campeón en el beisbol dominicano en ese momento. Esa gorra o "cachucha" era, además, una manera de mantener vivo en mi mente infantil a un gran escogidista quien me había dicho adiós para siempre apenas unos meses antes.

Un día cualquiera, mientras Fulana daba uno de sus sermones disfrazados de clase de Religión se acercó a mi pupitre donde me encontraba durmiendo el sueño de los justos y me arrebató mi "cachucha" del Escogido, gritándome "Durmiendo y además con una gorra en la cabeza en plena clase. Pues te fastidiaste, perdiste la gorra". Acto seguido, tiró la gorra en una bolsa donde se habían recogido ese día regalos para la Navidad a los niños de las barriadas más pobres de San Juan. Antes de que yo pudiera reaccionar, Fulana había entregado la bolsa con mi "cachucha" del Escogido a la monja encargada del "ropero" de los niños pobres.

Probablemente Fulana no se dio cuenta del abuso que cometía en ese momento. Tal vez el haber crecido en medio de la represión franquista y estar trabajando con niños en medio del terror trujillista le hizo perder la perspectiva. Pero la verdad es que si he sentido una sola vez en mi vida ganas de matar a alguien, ése fue el momento. Al llegar a mi casa ese día y explicarle a mi mamá el crimen de Fulana tuve que calmarla para que no fuera a quejarse al "Colegio". A fin de cuentas, ya yo era, gracias a la torpeza de la maestra franquista, además de huérfano de padre, huérfano de "cachucha".

Como ya les he dicho anteriormente, la misa dominical obligatoria desapareció de nuestras vidas tan pronto la Iglesia Católica declaró su oposición franca a Trujillo durante la represión post 14 de Junio. De manera parecida desaparecieron casi todos los venduteros que habían hecho de nuestro Recreo un festival de la freiduría sanjuanera de lunes a viernes a media mañana. Y no era para menos. Vender fritanga y frío-frío a enemigos del Jefe no era una actividad libre de peligro. Aunque debilitada, la Escuela Parroquial seguía bajo los auspicios de una Prelatura dirigida por un enemigo de Trujillo, el Obispo Tomás F. Reilly.

Con el nuevo año 1961, los Estados Unidos estrenaron un nuevo Presidente, John F. Kennedy, quien hasta su elección había sido Senador por el Estado de Massachussetts, y cuya familia se distinguía, y todavía se distingue, por ser de conocida militancia en el Partido Demócrata.

Tan pronto Kennedy asumió la Presidencia de su país, las sanciones contra Trujillo se endurecieron, agravando la escasez de productos de todo tipo en el mercado dominicano. Esta situación radicalizó al régimen de Trujillo en contra de todo lo relacionado con la Iglesia Católica. Recuerdo escuchar en la radio de mi casa las diatribas que se transmitían continuamente contra el Obispo Reilly a toda hora los siete días de la semana. La sede de la Prelatura frente al Parque de San Juan lucía los domingos casi vacía, con la mayoría de los curas refugiados en la Capital o "de vacaciones en Estados Unidos"; Reilly, bravo como una de las águilas calvas de Massachussetts, se mantenía desafiante en San Juan desarrollando su labor pastoral que en esos momentos tenía visos de profética.

Al llegar la primavera del 1961, la población estudiantil de la Escuela Parroquial se redujo sensiblemente. De repente, hijos de familias relativamente acomodadas del pueblo mandaron a sus hijos a colegios de la Capital; otros pasaron a estudiar en el pequeño Colegio Evangélico, cuyos promotores religiosos fueron cortejados por el régimen trujillista, siendo favorecidos por las prebendas de un "Concordato de Facto". El ambiente de nuestro "Colegio" se iba haciendo cada vez más difícil, al punto de que los recreos tenían lugar en áreas restringidas del patio, desde donde se podían observar los famosos "caliés" trujillistas importunando a las muchachas, y a los "cepillos" Volkswagen del servicio de inteligencia del régimen trujillista circular sin cesar alrededor de nuestra escuela. Como en todo proyecto que presenta problemas, los traidores comenzaron a aparecer. Maestras de planta, tal vez presionadas por esferas de poder, abandonaron el cuerpo docente de la Escuela Parroquial y se dedicaron a dar testimonios negativos de las monjas dominicas que fueron aireados en la cloaca radial de Radio Caribe, donde Reilly y sus subalternos eran blancos favoritos.

Una mañana a principios de abril del 1961, los muchachos de la Escuela Parroquial fuimos sacudidos por un evento realmente traumatizante. Los curas Redentoristas que trabajaban con el Obispo Reilly se presentaron uno por uno en romería por los ocho cursos de Primaria y el Kindergarten, para despedirse de nosotros. Todavía están fijas en mi memoria las figuras de Padre Miguelito, Padre Luis, Padre Gerardo, Padre Tomás y Padre Clemente, vestidos por primera vez de civil en San Juan, porque el gobierno trujillista acababa de prohibirles usar su hábito religioso en las calles, anunciando con cara sombría que se tenían que despedir de nosotros porque no había condiciones en nuestro país para ellos desarrollar su labor religiosa.

Al día siguiente la Escuela Parroquial cerraba sus puertas, creíamos nosotros que para siempre. La tarde de ese día la Casa Curial, vecina a la Iglesia de San Juan Bautista, fue asaltada por turbas trujillistas que robaron todos los objetos de valor que encontraron y golpearon a los dos o tres curas que encontraron en ella. En unos minutos los asaltantes removieron muebles, artículos de cocina, ropa y todo lo que hallaron dentro de la Casa Curial; algo similar sucedió en la residencia del Obispo Reilly a la entrada de San Juan. Recuerdo como si fuera hoy ver a las hordas trujillistas cerca de mi casa emborrachándose con vino robado de la sacristía de la Iglesia. Neveras, estufas, escritorios, joyas, y otros artículos que pertenecían a la Prelatura de Reilly desaparecieron en medio de ese desorden alocado.

Lo único que salvaron los curas y las monjas que dirigía Reilly en San Juan ese día fue la vida. Y eso fue en sí un milagro facilitado por la valentía del Obispo, quien, cuando acudió a protestar ante la autoridades locales por los desmanes que ocurrían en la Casa Curial, fue atacado por agentes de los servicios de inteligencia de Trujillo. Reilly, valientemente, resistió la represión trujillista, recordando a los atacantes que si algo le pasaba a él Trujillo la pasaría muy mal. Todo esto sucedía a plena luz del día en una tarde soleada de San Juan con las calles llenas de gente, y con la Policía Nacional Dominicana brindando protección y apoyo moral a los que vejaban a quien Trujillo consideraba en ese momento como su peor enemigo. En medio de golpes y empujones, el Obispo logró llegar al Convento de las monjas estadounidenses, donde vivían todavía tres Sisters.

Desde el Convento, Reilly se comunicó con las monjas del Colegio Santo Domingo en la Capital para pedir ayuda. En cuestión de horas, un vehículo diplomático de una embajada europea que representaba los intereses de Estados Unidos llegaba al Convento. Temprano al día siguiente, cuando ya el gobierno de Estados Unidos había advertido a Trujillo por las vías correspondientes que si Reilly o cualquier estadounidense moría como consecuencia de la barbarie trujillista se produciría una intervención militar de la gran potencia para poner las cosas en orden, Reilly y su Combo fueron trasladados al Colegio Santo Domingo, en la Avenida Bolívar de la Capital. Los curas Redentoristas abandonaron prontamente Santo Domingo, pero Reilly insistió en quedarse, lo cual Trujillo consintió con la condición de que quedara bajo arresto domiciliario en los terrenos del Colegio Santo Domingo.

Después de la salida accidentada del Obispo Reilly, de las Hermanas Dominicas de Michigan y de los Padres Redentoristas de San Juan de la Maguana, la Escuela Parroquial murió de muerte natural, tan natural como la muerte de cualquiera de las miles de víctimas de la sed de sangre de Trujillo; lo más natural del mundo es que alguien que reciba diez balazos en el pecho muera. De forma parecida, era natural que después de que la Prelatura que la mantenía en todos los sentidos fuera asaltada, su Obispo y sacerdotes vejados y hasta los cálices y ornamentos usados en la Sagrada Liturgia fueran robados y vendidos en las calles llenas de piedra y polvo del pueblo miserable que era San Juan en ese tiempo, la Escuela Parroquial muriera, sin que nadie la llorara, la velara ni la enterrara.

Por cierto, es de justicia recordar que el mismo día en que el trujillismo fanático destruía los teneres de la Iglesia Católica en San Juan de la Maguana, en medio del terror generalizado de un pueblo que a fuerza de ser golpeado se había convertido en masoquista, la Viuda Valenzuela se puso sus mejores ropas del luto cerrado que exhibió por muchos años después de la muerte de su esposo, y se presentó al Convento de las Monjas Dominicas para despedirse de Sister James y agradecerle todo lo que había hecho hasta ese día para que sus hijos huérfanos disfrutaran de una enseñanza de la mejor calidad. Esa Viuda, quien nunca se metió en el lodo político, nos dio a sus hijos ese día una lección muda que nunca hemos olvidado. La amistad incluye, necesariamente, la solidaridad con el amigo caído, hasta en los momentos peligrosos que invitan a la cobardía y a la indiferencia.

Que Dios las bendiga.

Papá

Balaguer Anuncia la Muerte del Jefe

Saint Paul, MN, EE UU
10 de julio 2012

Queridísimas Hijas:

No voy a contarles el acontecimiento que sacudió a los dominicanos desde las 10 de la noche del 30 de Mayo de 1961. Ese acontecimiento ha sido registrado, disecado, analizado, explicado y distorsionado en numerosos libros que han tratado de arrimar la brasa del análisis histórico a la sardina del escritor, y/o de quien ha pagado las plumas brillantes que se han detenido en el suceso convirtiéndolo en el más contado de nuestra historia. Simplemente, les haré un resumen de la película que se activa en mi memoria cuando alguien menciona el Ajusticiamiento de Trujillo.

El día 31 de mayo de 1961 comenzó como uno más en la vida de los sanjuaneros que sobrevivían en un pueblo sin Iglesia, sin su Escuela Parroquial, en medio de la cantinela constante de Radio Caribe que presentaba a Trujillo como el clavo caliente del que tenían que agarrarse los dominicanos para no caer en las manos de Kennedy, Castro y Betancourt, tres emisarios del demonio que querían convertirnos en esclavos de no se sabe quién, porque, en esos precisos momentos, Castro y Kennedy se enfrentaban agriamente en medio de los enconos post Cochinos, teniendo a Betancourt como mediador que trataba de que el aceite y el agua se mezclaran armónicamente.

Una señal de que algo raro pasaba en Santo Domingo llegó cuando la Escuela Pública despachó a sus alumnos sin dar explicaciones a media mañana. A eso del mediodía yo observé a mi mamá, quien no acostumbraba a salir de su casa en medio de afanes domésticos que la abrumaban, como tener comida lista para ocho bocas hiperactivas que tenía que satisfacer con un presupuesto magro, movilizarse a la farmacia de la esquina porque "Doña Lourdes me mandó a decir con su ayudante que quiere verme".

Al regresar a los pocos minutos de la farmacia, La Viuda tenía en su cara una expresión extraña de alegría y tensión. Ella, que no era muy amiga de la radio a la hora de la comida, encendió la única emisora que llegaba a San Juan de día sin el martilleo de la estática hertziana.

Como a la una de la tarde de ese 31 de mayo, la radio oficial suspendió su programación regular, y comenzó a transmitir música clásica, que en mi niñez se conocía como "música de muertos". Cada cinco o seis minutos se pasaba por esa radio oficial un anuncio de un minuto de duración en la voz inconfundible del presidente Joaquín Balaguer, para la época un títere del Jefe, que tras dos o tres repeticiones llamó la atención de los hijos de La Viuda, que en ese momento disfrutaban del reposo postpandrial muy justificado después de disponer de la "bandera dominicana" que caracterizaba el almuerzo dominicano de aquellos tiempos, arroz blanco, habichuelas rojas y carne de res. El mensaje de Balaguer decía más o menos lo siguiente: Ha fallecido, víctima de un alevoso atentado, el Generalísimo Doctor Rafael Leonidas Trujillo Molina, Benefactor de la Patria y Padre de la Patria Nueva. El Gobierno Dominicano invita a todos nuestros compatriotas a elevar preces al Altísimo por el alma de nuestro gran líder y garantiza a la comunidad nacional y a la internacional que la paz en todo el territorio nacional está en el presente, y estará en el futuro, completamente garantizada. Observen que no entrecomillo el mensaje del Presidente Balaguer. No lo hago porque no estoy haciendo la transcripción de un documento histórico, sino resumiendo la impresión que causó ese documento en mi mente de nueve años y pico.

Obviamente, tras hacernos cargo de la idea de que habían matado al Jefe, las preguntas de sus hijos a La Viuda con relación al hecho llovieron a cántaros. La respuesta de La Viuda, cauta, era al mismo tiempo, despreocupada: No se preocupen mis hijos que Papá Dios nos va a proteger siempre. Sigan jugando y pórtense bien que nada malo va a ocurrirnos. A continuación, La Viuda cerró la casa de los Valenzuela Sosa excepto la puerta que comunicaba al patio trasero, desde el cual se podían ver los movimientos de las tres casas cuyos patios tenían fronteras con el nuestro.

Desde las casas fronterizas se acercaron a mi mamá las vecinas inmediatas de La Viuda para compartir con ella la "infausta" nueva. La reacción de las tres vecinas era idéntica, de total tristeza, angustia y desolación al verse sin la protección del Benefactor de la Patria. El llanto de las tres, combinados con gritos y alaridos de los vecinos más lejanos se podía escuchar perfectamente desde la sala de mi casa donde La Viuda nos tenía confinados aquella tarde. El lamento que se grabó en mi mente lo martilleaba insistentemente Doña Chepí, una anciana de unos sesenta y pico de años, porque en ese tiempo la ancianidad comenzaba a los cincuenta y pico, que martilleaba colgada de La Viuda: Ay Doña Consuelo, que será de las madres dominicanas sin PAPA TRUJILLO.......

El ambiente en las calles de San Juan ese día y los siguientes fue de luto cerrado, de un luto que no puede fingirse, de un luto que llegaba hasta el tuétano de un pueblo trujillista de corazón. El color negro se adueñó de repente de la ropa de pobres y menos pobres y de la clase media. Los únicos dos o tres verdaderos ricos del pueblo eran amigos y compadres fieles del Jefe, quienes dejaron de ser trujillistas el día en que murieron. En fin, una nube negra cubrió los corazones y las pieles de los sanjuaneros de manera masiva al conocerse la muerte de Trujillo en el San Juan de mi niñez. Lo mismo pasaba en el país entero, de acuerdo a los testimonios que he recibido durante los cincuenta años y pico que han transcurrido desde ese día.

Esa fue la reacción de los pobres dominicanos ante la muerte de Trujillo: Llantos, alaridos, angustia y tristeza, salidos de una mezcla de pobreza material y de baja autoestima que les hizo ver a los dominicanos durante treinta años como salvador, al abusador que los había convertido en individuos con menos derechos que los vasallos de la Edad Media en plena segunda mitad del siglo XX. Quien les haga un recuento que discrepe del que les hace su padre al respecto estará haciéndoles, simplemente, un cuento chino.

Que Dios las bendiga.

Papi

El Trujillismo como Síndrome de Estocolmo

Saint Paul, MN, EE UU
10 de julio 2012

Queridísimas Hijas:

Desde temprano en la mañana del día 1 de junio de 1961 La Voz Dominicana, única emisora dominicana con alcance nacional, comenzó a pasar fílmicas de las manifestaciones de dolor que se estaban produciendo en todo el territorio nacional con motivo de la muerte de Trujillo, que muchos trujillistas negaban alegando que el Jefe estaba fingiendo su muerte para saber quiénes eran sus verdaderos amigos. Sin embargo, las imágenes del carro en que se transportaba Trujillo a San Cristóbal, su ciudad natal, y de Zacarías de la Cruz, chofer de ese carro que sobrevivió a más de 20 impactos de bala que recibió cuando enfrentó a los que los habían entrampado, no dejaban lugar a ninguna duda. Trujillo estaba tan muerto como muchos miles que él había mandado a matar durante su carnicería gubernamental que cubrió más de tres decenios.

Eran las 11 de la mañana de ese día cuando la figura elegante de Don Fabio Emiliano Valenzuela Santos (tocayo de primer nombre, segundo nombre y de iniciales del padre más dichoso del mundo), se hizo presente, trayendo con él su típico sombrero de pajilla, un traje de etiqueta tropical impecable, un elegante bastón que escondía un estilete capaz de ensartar a cualquiera que se interpusiera en su camino y un habano oloroso con el cual era capaz de construir villas y castillas en el aire sanjuanero.

Después del abrazo de rigor a La Viuda, a quien quiso desde que la conoció como a una verdadera hija, Papabuelito, así le decíamos sus nietos Valenzuela Sosa, repartió caramelos y bendiciones entre nosotros, que nos retiramos al amplio "aposento de Papacito", brindando al visitante y a La Viuda la discreción indispensable en el momento que vivíamos.

213

Fue evidente cómo, tras cerrar puertas y ventanas de la casa sin pintar que nos dejó Don Vetilio, La Viuda y Papabuelito se abrazaron como lo hacen los fanáticos de un equipo que acaba de ganar un campeonato, gritando Don Fabio Valenzuela Santos su característico "Caaaaaaarajo". Esta reacción a la muerte de Trujillo de parte del Presidente del Partido Dominicano en la Provincia de San Juan era, para nosotros, que veíamos por la televisión y en calles y patios el duelo popular generado por la muerte del Jefe, como mínimo, muy sospechosa.

Cuando tras una hora de visita coronada por el típico cafecito dominicano mi tocayo de nombres e iniciales se marchó, la pregunta lógica del por qué de la risa y el abrazo de celebración en medio de tanto dolor por la muerte del Jefe puso en apuros a La Viuda, ésta salió del paso con su típico: Mira muchacho, esos son cosas de la gente adulta. Sigue en tus juegos y no hables más de la cuenta, y mucho menos de política, que la política es muy sucia.

Después de Papabuelito irse de la casa, tras degustar la "bandera dominicana", me conecté al regalito que Don Fabio le había traído a La Viuda: Un ejemplar del periódico El Caribe de la fecha, uno de los 30 o 40 que llegaban diariamente a media mañana a San Juan. El Caribe estaba dedicado casi en su totalidad a la muerte del Jefe, dominando la primera plana un cintillo de fotos de los complotados contra Trujillo, casi todos pertenecientes en algún momento a su círculo más cercano. Entre ellos se destacaban Juan Tomás Díaz, Antonio de la Maza, Tunti Cáceres, Amado García Guerrero, Modesto Díaz, Huáscar Tejeda, Antonio Imbert Barreras, Luis Amiama Tio y otros héroes que escapan a mi memoria. Por la localización de estos "bandidos" y "criminales", vivos o muertos, se ofrecían jugosas recompensas. Además, El Caribe traía una síntesis biográfica laudatoria de Trujillo y una verdadera colección fotográfica de las realizaciones de todo tipo de la Era de Trujillo.

A media tarde de ese día, La Viuda le pidió a uno de sus hijos que la acompañara para visitar a Fulana la de Fulano. Tras una caminata de unos cinco minutos, llegamos a la meta, donde Doña Fulana nos recibió con la simpatía arrolladora que la caracterizaba. Tras cerrar las puertas y ventanas de la casa y dejarme acompañado de un dulce de piña en la sala, las dos amigas, abrazadas y riéndose, se metieron en una habitación que les brindaba privacidad, pero no la suficiente para acallar completamente las risotadas de dos mujeres que compartían uno de los momentos más felices de sus vidas.

Mientras caminaba con mi mamá de regreso a casa, mi mente de nueve años no podía entender a cabalidad cómo era posible que el Presidente del Partido Dominicano y la esposa de un hombre que había sido Síndico de San Juan, que se suponía fueran trujillistas furibundos, estuvieran celebrando con La Viuda la muerte del Jefe, mientras los pobres de solemnidad, situados en la base de la pirámide social dominicana, lloraban a quien fue su verdugo por tantos años como a un hermano querido.

Las canas que crecieron en mi pelo desde antes de cumplir los cuarenta años me han convencido de que a quienes más ofenden los excesos de los tiranos no es a sus víctimas más indefensas, sino a personas que están lo suficientemente cerca, o dentro, del aparato del Poder, que pueden apreciar la magnitud de los abusos que los gobernantes cometen. Eso explica el por qué la totalidad de los complotados del 30 de mayo de 1961 había estado muy cerca de Trujillo en algún momento de su régimen de oprobios, y ninguno que yo recuerde era un pobre de solemnidad como los que participaban en escenas de histerismo colectivo que testimoniaban de manera irrebatible el afecto de los dominicanos más pobres por quien hubiera podido ser Rector en cualquier Universidad de la Maldad que se hubiera fundado en el mundo. Fue esa cercanía la que amamantó su odio hacia Trujillo. Los pobres de solemnidad, los "malcomíos", como se les llamaba en mi niñez, no tenían tiempo ni formación intelectual alguna para conceptualizar su situación y ver en la rebelión a Trujillo una opción válida para salir del agobio a que lo sometía la tiranía. Para ellos era mucho más lógico el aplicar la táctica del "sálvese quien pueda", que no era compatible con un proyecto como el que finalmente consiguió extirpar a Trujillo del mundo de los vivos.

Una de las explicaciones que mis noches sin sueños han inventado para explicar el comportamiento paradójico de los dominicanos ante la desaparición física de Trujillo, es que nuestras capas económicamente desfavorecidas sufrieron, tras ser sometidas por un tiempo al yugo tiránico del Jefe, un Síndrome de Estocolmo colectivo que produjo una identificación entre pueblo abusado y tirano que se expresó de manera genuina e innegable durante las horas y días que siguieron al tableteo de ametralladoras que liberó a Santo Domingo del secuestrador de su condición humana.

Como ustedes saben, el Síndrome de Estocolmo, bautizado en los años 1970 durante un episodio de secuestro ocurrido en la capital sueca que no viene al caso reseñar en esta carta, describe la ocurrencia paradójica de una corriente de simpatía y afecto de una parte apreciable de las personas que han pasado por el trauma inenarrable de verse privadas de su libertad por un abusador que tomando cualquier excusa las despoja de uno de los derechos humanos sin los cuales el hombre pierde la condición de criatura de Dios. La mayoría de los dominicanos que no pudo escapar a la tiranía de Trujillo, en mi humilde opinión, fue víctima de un Síndrome de Estocolmo masivo desde que a mediados de los 1930 se convencieron de que era mejor querer al secuestrador de su condición humana que agravar la miseria de su secuestro con cualquier actitud que sugiriera su oposición a la férula trujillista. Ese hecho aumenta el valor de las hormonas masculinas que comenzaron a curar ese Síndrome de Estocolmo popular un 30 de mayo glorioso en la carretera que conducía de la entonces mal llamada Ciudad Trujillo hacia San Cristóbal.

Que Dios las bendiga.

Papá

Balaguer Salva a Reilly de una Muerte Segura

Saint Paul, MN, EE UU
18 de julio 2012

Queridísimas Hijas:

Varios testigos presenciales, que no viene al caso identificar, me contaron cómo Monseñor Tomás F. Reilly, primer Obispo de San Juan de la Maguana, estuvo a punto de ser ejecutado por el Servicio de Inteligencia Militar (SIM) la madrugada del 31 de mayo de 1961.

Les recuerdo que a raíz de su violenta expulsión de San Juan de la Maguana en abril de 1961, Monseñor Reilly se negó a salir de Santo Domingo, viviendo bajo arresto domiciliario en el Colegio Santo Domingo. Para esa época el edificio Santa Catalina de ese Colegio albergaba a las jóvenes internas y a las monjas. Una de esas habitaciones, con entrada individual desde el exterior, fue acondicionada para que Monseñor Reilly la ocupara. Durante su asilo en el Colegio Santo Domingo, Reilly funcionó como un contacto de gran utilidad entre el gobierno de los Estados Unidos y sectores de la sociedad dominicana que serían de gran importancia luego de que la tiranía fuera descabezada.

Tras el enfrentamiento entre Trujillo y su chofer con la media docena de atacantes que los entramparon en las afueras de la Capital, en la carretera que bordea la costa del Mar Caribe camino a San Cristóbal, el cadáver del Jefe fue colocado en el baúl de uno de los carros del grupo de acción. Uno de los carros se dirigió hacia la casa de Juan Tomás Díaz, situada en los alrededores del Palacio de Bellas Artes; el otro carro trasladó a uno de los que la historia reconocería como Los Héroes del 30 de Mayo hacia una clínica que quedaba en los alrededores del Palacio Nacional.

Los conspiradores del 30 de Mayo estaban constituidos por un grupo encargado de ajusticiar al tirano, que cumplió a cabalidad con su cometido, y por otro que daría un golpe de Estado encabezado por varios de los jefes militares del régimen, que fracasó. La causa de ese fracaso es un tema de polémica que no me interesa tocar. El caso es que

216

fracasó el golpe de Estado supuesto a completar la eliminación de la tiranía trujillista, que quedó descabezada, pero no muerta, el 30 de mayo de 1961.

Cuando los ajusticiadores se dieron cuenta de que el golpe de Estado había fracasado, optaron por buscar refugio en casa de amigos y allegados, dejando en la casa de Juan Tomás Díaz el carro conteniendo el cadáver de Trujillo. En cuestión de dos o tres horas el SIM identificó a los complotados y localizó carro y cadáver en cuestión, a partir de una pistola que quedó en el suelo del sitio donde Trujillo dejó su vida peleando como un verdadero macho dominicano, trasladando desde allí el cuerpo exánime del Jefe al Palacio Nacional.

Trujillo no siguió el ejemplo de dictadores como Fulgencio Batista, que salió huyendo como una señorita asustada cuando vio que las campanas de la Catedral de la Habana comenzaban a doblar por él. Otra prueba más de que el agravio del Arroz Carolina a los dominicanos era completamente inmerecido. Los dominicanos, buenos o malos, trujillistas y antitrujillistas, eran, y son, en mayoría aplastante, valientes.

Los perros sabuesos del SIM comenzaron a "recoger" a los enemigos más notorios del Jefe para cebar en ellos su sed de venganza. En primera fila figuraba el Obispo Reilly, con domicilio conocido. Así fue que oficiales del SIM irrumpieron, sin pedir permiso y sin identificarse, en el edificio Santa Catalina del Colegio Santo Domingo, donde Reilly dormía como un lirón, entre dos y tres de la mañana del 31 de mayo de 1961. Sin explicar la razón de su sorpresiva "serenata" los oficiales del SIM tomaron al Obispo de San Juan a las malas y lo metieron como si fuera un saco de papas en uno de los carritos del SIM con ruta hacia el Palacio Nacional. Varias personas que fueron testigos de estos hechos, me describieron, separadamente, cómo Reilly fue tomado descalzo y en pijama hacia lo que ellas creían una muerte segura, en medio del llanto y los gritos de monjas e internas horrorizadas.

Al llegar al Palacio Nacional, Reilly fue llevado a un salón de conferencias en medio del cual, sobre una mesa, reposaba el cuerpo sangrante del hombre que había dominado a los dominicanos como un verdadero monarca, como muy bien lo califica el Dr. Euclides Gutiérrez Félix en su obra TRUJILLO, MONARCA SIN CORONA, en mi humilde opinión el más ameno y completo resumen de la tiranía trujillista. Monseñor se paró impertérrito frente al cadáver de Trujillo y, haciendo la Señal de la Cruz, le impartió su bendición.

El plan de los bárbaros del SIM era claro y conciso. Ramfis había impartido a Johnny Abbes, cancerbero mayor de Trujillo, instrucciones precisas de torturar y asesinar sumariamente a un grupo de opositores al Jefe entre los cuales figuraba Monseñor Reilly, como desquite inicial "lógico" de la muerte de su padre. Ahí fue que Joaquín Balaguer comenzó a demostrar que en el momento en que Trujillo exhaló su última bocanada de aire su condición de Presidente títere había terminado.

Joaquín Balaguer, el más brillante de los intelectuales, y el más consagrado de los burócratas de la Era de Trujillo, comprendió que si la sed de venganza de Ramfis tocaba a Tomás F. Reilly, se hubiera producido una invasión estadounidense a Santo Domingo. En ese entendido, con la voz autoritaria que siempre tuvo cuando hablaba con hombres de uniforme, estableció que si Reilly era tocado con el pétalo de una rosa por el SIM o por cualquier otro estamento del trujillismo, renunciaría, ipso facto, a la presidencia de la República Dominicana, en cuyo caso, ellos, los del SIM, lamentarían para toda la vida su error. Asustados, los del SIM trasladaron a Monseñor Reilly hasta la oficina de Balaguer en el Palacio Nacional, donde el refinado intelectual le dio sus más sentidas excusas por la torpeza cometida por la gente de Johnny Abbes. A continuación, Reilly fue devuelto a su asilo del Colegio Santo Domingo, desde donde continuó desarrollando contactos críticos para evitar que la situación se saliera de madre en Santo Domingo, donde el vacío enorme que dejara Trujillo iba a ser llenado por Balaguer, a quien sus enemigos políticos continuarían molestando con el mote de Muñequito de Papel, sin comprender que se enfrentaban con el verdadero sucesor del Jefe. Mientras tanto, en Washington, los responsables de la política exterior estadounidense tomaban nota de que el Palacio Nacional de la República Dominicana era dominado por un hombre de figura pequeña y débil, y maneras delicadas, pero de inteligencia enorme y carácter marmóreo.

Que Dios las bendiga.

218

El Colmo de la Mezquindad y la Insidia

Saint Paul, MN, EE UU
19 de julio 2012

Queridísimas Hijas:

Mucha inteligencia y tinta han gastado distinguidos académicos y cientistas sociales dominicanos y extranjeros en establecer con claridad el papel jugado por el gobierno de Estados Unidos en la conjura que dio al traste con la vida y la tiranía de Rafael Trujillo. La evidencia documental acumulada hasta la fecha apunta a que el gobierno "gringo" vio con ojeriza a Trujillo desde que determinó que Santo Domingo se podía convertir en una segunda Cuba, guerrilla incluida, unos tres años antes de la muerte del tirano dominicano. Pero nadie ha presentado evidencia de que la participación estadounidense en la muerte de Trujillo pasara de una contribución logística marginal. Algunos intelectuales dominicanos, sobre todo trujillistas de toda la vida y plumas pagadas por los familiares de Trujillo, han hecho hasta lo imposible por proyectar a los Héroes del 30 de Mayo como simples peones ambiciosos del gobierno de los Estados Unidos. Para estos analistas, esos hombres que, aún sabiendo que muy probablemente iban a morir en el intento de sacar a Trujillo del Poder y del mundo de los vivos, pusieron los intereses de su Patria por encima de los suyos, eran simples resentidos que por distintas razones personales habían traicionado a su Jefe. Esta evaluación es no sólo pérfida, sino muy injusta. Conste que no tengo ningún familiar o amigo, directa o indirectamente, relacionado con la Gesta del 30 de Mayo.

Es cierto que entre los conjurados de la Carretera a San Cristóbal, y entre los que fracasaron en el intento de Golpe de Estado que debió darse la misma noche de la muerte del Jefe, hubo muchos cuyas familias habían sido abusadas de una u otra manera por el Jefe o por sus adláteres. Siguiendo esa línea simplista de razonamiento para explicar la muerte de Trujillo y la falta de importancia histórica de los que lo ajusticiaron, pudiéramos concluir que Trujillo debió haber muerto a comienzos de los 1930, cuando comenzó a cometer abusos, crímenes y robos en todo el territorio dominicano. Algo diferente, muy ESPECIAL, debieron tener esos hombres de pelo en pecho que renunciaron, conscientemente, al decidirse a matar a Trujillo, a los goces de una vida familiar a la que ellos, como todo el que pueda leer esta carta, tenían perfecto derecho.

Para salir al Malecón de Santo Domingo armados para matar al Jefe, en un país donde reinaban el terror y la represión más absolutos, había que tener un material colgante productor de hormonas masculinas realmente saludable. Ese material no lo tuvieron muchos que prefirieron salir de Santo Domingo y vivir vidas personales y familiares plenas de felicidad sin preocuparse por la nación que dejaban en manos de un criminal como Trujillo.

Los habitantes de República Dominicana, nativos y extranjeros, estuvieron sometidos a la omnímoda voluntad de un hombre durante más de tres decenios. Nadie tenía derecho a tener propiedades, buen nombre, trabajo, o cualquier otra cosa o condición sin contar con la bendición del Jefe. Solamente los que vivieron el absolutismo trujillista conocieron el infierno que vivieron los dominicanos entre 1930 y 1961. Los hombres, y sus mujeres, hijos, padres y otros familiares, que se sobrepusieron a ese poder absoluto, lo retaron, y lo ajusticiaron, no podían ser simples ex – trujillistas disgustados. Porque durante la Era de Trujillo hubo cientos de miles de personas disgustadas por haber sido afectadas por los gobiernos de Trujillo, y sólo un grupito insignificante en número, pero de calidad humana excepcional tuvo las hormonas y el ánimo patriótico lo suficientemente altos para proponerse y lograr descabezar el monstruo de San Cristóbal.

No se trata, pues, de sobredimensionar a nadie; ni de justificar las acciones privadas o públicas, antes o después del 30 de mayo del 1961, que pudieren cometer los conjurados antitrujillistas. Se trata, simplemente, de reconocer que el balance vital de esos hombres y sus familias, fue, en casi todos los casos, positivo. Y es que lograr terminar con la tiranía más cruel que haya conocido América hizo a esos héroes merecedores de un millón de indulgencias plenarias. Sobre todo, porque muchos de ellos pagaron con su sangre el gran servicio que rindieron a su Patria; precio que ninguno de los que cuestionan la dimensión histórica del Grupo 30 de Mayo ha mostrado estar dispuesto a pagar por nada que beneficie a su pueblo.

El Grupo del 30 de Mayo, pues, deberá ser consignado en el juicio definitivo de la memoria histórica dominicana, que de seguro tomará generaciones para formarse, como un grupo de hombres con quien todos los nacidos en la tierra de Duarte tendrá una deuda moral absolutamente impagable. Porque no tiene precio el habernos transmutado desde la condición de siervos sin ningún derecho hasta la de ciudadanos de una nación ciertamente atrasada, pero sedientos de disfrutar de las libertades que muchos otros pueblos disfrutaban en el momento en que el Jefe abandonó el mundo de los vivos a fuego limpio de ametralladoras liberadoras. Y conste que la mayoría de esos héroes no recibió ni un peso dominicano por su participación en esa epopeya. Porque en cuestión de días y semanas fueron exterminados por la mano larga de un sistema tiránico descabezado que desencadenó una orgía de sangre que los convirtió a ellos y a muchos de sus familiares y amigos en mártires de la Patria.

En síntesis, creo que, hasta donde prueban los documentos, los "americanos" vieron con simpatía los planes de ajusticiar a Trujillo, pero no se comprometieron frontalmente con la empresa. Y entre los que dejaron su vida en el empeño por sacar del cuerpo social dominicano el cáncer que representaba Rafael Trujillo, nadie ha presentado prueba fehaciente de que hubieran, de manera directa o indirecta, recibido un centavo de manos del gobierno estadounidense por haber prestado a la nación dominicana un servicio tan eminente. Eso, por lo menos, es lo que muestran los documentos desclasificados de un gobierno como el de los Estados Unidos, que ha probado durante siglos que no tiene amigos ni enemigos en ningún sitio del mundo, sino intereses nacionales que defiende con uñas y dientes. Basado en esa realidad, yo, que no estoy relacionado de manera alguna con ninguno de los Héroes del 30 de Mayo, considero que es una muestra penosa de perversidad y pobreza espiritual tratar de disminuir la importancia histórica de esa gesta, que dio por primera vez desde el 1930 a los varones dominicanos de más de diez y ocho años el derecho de usar con propiedad los pantalones largos que marcan la transición entre la adolescencia y la adultez.

Que Dios las bendiga.

Papá

La Orgía de Sangre de Ramfis

Saint Paul, MN, EE UU
24 de julio 2012

Queridísimas Hijas:

Rafael Trujillo Molina tuvo, que se sepa, dos varones, el mayor de ellos, tocayo de su padre apodado Ramfis, y otro llamado Leonidas Radhamés. Ninguno de esos hijos heredó de su padre la capacidad de mando y la habilidad política que le permitieron al Jefe ser, para bien o para mal, el personaje histórico más poderoso, determinante e importante del siglo XX dominicano.

Lo que sí heredaron los varones de Trujillo, especialmente Ramfis, fue el instinto criminal del Jefe. Ese instinto se desplegó con intensidad máxima tan pronto Ramfis descendió del avión que lo condujo a Santo Domingo desde París, donde se encontraba ejerciendo sus "obligaciones" de playboy multimillonario.

Un segundo después de llegar al aeropuerto, Ramfis se entrevistó con Johnny Abbes García, Director del Servicio de Inteligencia Militar (SIM), grupo paramilitar creado por Trujillo en 1957 para eliminar a cuanto opositor se interpusiera en su trayectoria hacia la tiranía de por vida. Las órdenes que Ramfis dio a Johnny Abbes fueron una reiteración de las que le había dado justo antes de abordar su avión en París; había que exterminar a cualquier persona, hombre o mujer, que hubiera estado, aunque fuera indirectamente, ligada a la trama que acabó con la vida de su padre. El ejemplo de Monseñor Reilly no debía repetirse. La sangre antitrujillista debía correr a borbotones para apaciguar la sed de venganza de Ramfis.

Las órdenes de Ramfis se cumplieron a pie juntillas. Unos días después del ajusticiamiento del tirano, el teniente Amado García Guerrero, quien filtrara a los hombres del 30 de Mayo datos claves relativos a los movimientos del Jefe que permitieron la concreción del Plan, murió combatiendo a los sabuesos del SIM que lo ubicaron en la casa de un pariente en la Avenida San Martín de la Capital. Juan Tomás Díaz y Antonio de la Maza, identificados por el Gobierno trujillista como los cabecillas de la trama fueron muertos en las inmediaciones del Parque Independencia, a una cuadra de la Puerta del Conde, mientras trataban de escapar de la casa del Dr. Robert Reid Cabral, quien, por razones humanitarias, les había dado protección por un par de días. El Dr. Reid Cabral, por ese gesto amistoso hacia los líderes del 30 de Mayo, fue apresado, torturado y muerto bajo la dirección personal de Ramfis Trujillo.

Los casos que relatan el párrafo anterior son un simple botón de muestra del empeño cruel del varón mayor de Trujillo en vengar la muerte de su padre. Centenares, quizá más de mil en total, antitrujillistas, trujillistas, apolíticos, personas que tuvieran la mala suerte de ver alguna tropelía del SIM, o que fueran enemigos personales de algún miembro del aparato de represión trujillista, fueron perseguidos, encarcelados, torturados, muertos y desaparecidos durante la orgía macabra que organizó Ramfis para despedirse de la vida pública dominicana. Ese carnaval ignominioso concluyó la tercera semana de noviembre de 1961, cuando el gobierno de Estados Unidos le dio un plazo perentorio a los parientes más cercanos de Trujillo para que abandonaran el suelo dominicano cargados de sus riquezas mal habidas y le dieran la oportunidad al pobre pueblo que había tenido la desgracia de contarlos entre los suyos de organizarse democráticamente a través de un proceso electoral libre. Esa presión estadounidense llegó al punto de colocar barcos de guerra a dos o tres millas de las costas del Malecón capitaleño. Esos barcos fueron fotografiados y mostrados en la primera plana del periódico El Caribe el día antes de que Ramfis se fuera al exilio definitivo.

A Ramfis le quedaba un "asuntico" pendiente antes de tomar las de Villadiego. Para resolver el "asuntico", se trasladó a la cárcel donde estaban detenidos, garantizados en su vida por el Presidente Balaguer y organismos de supervisión de los Derechos Humanos, los miembros del grupo 30 de Mayo que sobrevivieron a la cacería en los días que siguieron al ajusticiamiento del tirano. Ramfis, teniendo como cómplices las sombras de la noche y la tolerancia de Balaguer y de los supuestos defensores de los Derechos Humanos, trasladó a esos hombres indefensos a una finca que tenía en las inmediaciones de San Cristóbal, donde se dio el gustazo de torturarlos por última vez y fusilarlos uno por uno mientras los que todavía estaban vivos observaban sus devaneos de vampiro.

Llena en exceso la copa inmensa de su venganza, y bebida la sangre que ella contenía, Ramfis se trasladó a Francia, de acuerdo a la mayoría de los historiadores en su Yate Angelita, acompañado de los restos mortales de Trujillo y de la mayor parte de su familia más cercana. En Francia continuó con su vida de excesos por unos meses, tras los cuales, temiendo que la vida democrática francesa no le brindara toda la impunidad que él necesitaba para escapar de las penas que ameritaban su prontuario criminal, se refugió en España bajo las anchas alas tiránicas de Francisco Franco, hasta que un extraño accidente de tránsito, que todavía es objeto de especulación en círculos que vieron en él la mano maestra de un brillante alumno del Jefe, terminó con su vida rica en abusos y crímenes. Ese Ramfis fue el hombre a quien Joaquín Balaguer designó en junio de 1961 como Secretario de las Fuerzas Armadas Dominicanas.

Que Dios las bendiga.

Papá

Balaguer y Bosch se Colocan en Primera Fila

Saint Paul, MN, EE UU
25 de julio 2012

Queridísimas Hijas:

Cuando Ramfis llegó desde Francia a cobrar con sangre la muerte de su padre, se encontró con la sorpresa inesperada de un Joaquín Balaguer completamente distinto al que él había conocido desde su niñez. Balaguer fue, como les he dicho un montón de veces, el más brillante de los burócratas de la Era de Trujillo, además de ser el más elocuente orador y uno de los más cultos intelectuales de su generación. Fue la pluma de un Balaguer en sus veinte y pico la que parió el Manifiesto del Movimiento Cívico que sirvió de bandera al derrocamiento de Horacio Vázquez sin disparar un tiro en febrero de 1930, bajo la aparente dirección política de Rafael Estrella Ureña y el apoyo militar del General Rafael Trujillo, quien en cuestión de meses mandó a Estrella Ureña a un retiro forzado y se convirtió en Jefe único de los dominicanos hasta el 30 de mayo de 1961.

Ramfis, inmerso en su vida de playboy en París y Hollywood, no reparó en que mientras él disipaba su tiempo entre faldas, tragos y locas bacanales, Balaguer, cual perro fiel de su padre, iba en una trayectoria ascendente que lo había convertido en Jefe de Estado títere en agosto de 1960, cuando Trujillo, para dar apariencia de "democracia" en Santo Domingo, había quitado a su hermano Héctor de la presidencia de la República. Cuando Ramfis trató de manipular a quien él llamaba desde su niñez "Elito" se encontró con el político más pulido del régimen moribundo ordenándole lo que se debía hacer para tratar de prolongar tanto como fuera posible el trujillismo sin Trujillo.

A dos semanas de la muerte de Trujillo, Balaguer y Ramfis, quien había sido nombrado como Secretario de las Fuerzas Armadas Dominicanas a su llegada a Ciudad Trujillo en junio de 1961, hicieron una presentación conjunta donde Balaguer, maestro de la palabra escrita y hablada, jugó con su dama ante una prensa nacional e internacional sorprendida por la elocuencia, elegancia y destreza política del ex títere de Trujillo. Ese día el mundo descubrió que Ramfis como político era un mediocre jugador de Polo y un excelente playboy; que para discutir temas políticos, el trujillismo contaba con un nuevo "Dueño de la Vaca" cuyo nombre era Joaquín Balaguer. Ese hombrecito de figura ridícula, voz dominante e ideas aladas, anunció al mundo ese día que la apertura democrática en Santo Domingo sería una realidad en pocos días, contando con los auspicios de una comunidad internacional vigilante que le daría seguimiento estrecho al proceso de apertura, para, a partir de los hechos, considerar un ablandamiento de las sanciones que mantenían a Santo Domingo como un rehén de los Estados Unidos y sus aliados, quienes, a las buenas o a las malas, querían mandar al trujillismo al zafacón de la historia dominicana.

No había transcurrido un mes desde la muerte del Jefe, cuando Emilio Rodríguez Demorizi, Secretario de Estado del trujillismo que se tambaleaba, se entrevistaba, con el patrocinio del gobierno de Estados Unidos, con Juan Bosch, el más destacado de los dirigentes políticos dominicanos en el exilio. Balaguer, Bosch y Rodríguez Demorizi tenían en común cosas que facilitaban la comunicación entre ellos, aunque dos de ellos, Balaguer y Rodríguez Demorizi, eran consumados trujillistas, y el otro era un antitrujillista de corazón y de práctica. Balanceando esa realidad, estaba el hecho de que los tres eran hombres de pluma educada y de intelectualidad privilegiada, que se habían destacado, aún en medio de la secular pobreza de los dominicanos, en sus afanes de investigación histórica y creación literaria. En adición a esa feliz coincidencia, los tres amigos eran hombres de "segunda" en la sociedad dominicana, es decir, de origen económico humilde, que no pertenecían a la reducida élite que vivía en Santo Domingo creyéndose ricos, cuando en realidad no calificaban ni para clase media pobre en países medianamente desarrollados. De manos de esos tres eximios intelectuales dominicanos la democracia dominicana trataría de levantarse del suelo abyecto del totalitarismo para dar un primer pasito que ayudara a los hijos políticos de Duarte a salir del cieno tiránico en que los había hundido el "hombre fuerte necesario" que tanto Balaguer como Rodríguez Demorizi apoyaron con su genio intelectual por decenios sin que sus manos se mancharan con sangre.

El 5 de julio de 1961 arribó a Ciudad Trujillo una Comisión de mensajeros de Juan Bosch, todos conocidos de Balaguer, Angel Miolán, Ramón Castillo y Nicolás Silfa, para preparar la llegada del presidente y líder del PRD. Esa Comisión fue recibida por el Presidente Balaguer en el Palacio Nacional. A la salida de la reunión en Palacio, Angel Miolán, Secretario General del PRD, hablando en nombre de Juan Bosch, anunció a los dominicanos y a la comunidad internacional que el PRD había llegado a Santo Domingo para ayudar en la conformación de un sistema democrático representativo que promovería la unión de todos los dominicanos en busca de un mejor futuro.

Los hechos demostraron en los meses siguientes que los comisionados de Bosch no hablaban por hablar. Locales del PRD surgieron aparentemente de la nada en campos y ciudades, convenciendo poco a poco a los dominicanos de que la democracia era un proyecto posible en su nación. El hielo de miedo que rompieron los mensajeros de Bosch continuó debilitándose con el surgimiento de dos agrupaciones políticas que dieron la cara al público por primera vez la semana siguiente al hoy histórico 5 de julio de 1961. Una de esas organizaciones se hizo llamar Unión Cívica Nacional, (UCN), que proclamaba su "apoliticidad" y aparecía encabezada por una de las figuras salientes de la resistencia antitrujillista que no pudo, o que no quiso, salir huyendo del país cuando los hombres dominicanos eran tratados, aunque fueran viejos en sus camas de muerte, como simples muchachos que no merecían el respeto que sus canas y su condición de hombre garantizaba a los habitantes de los países democráticos del mundo. La otra organización que dio la cara ese julio histórico, fue el 14 de Junio, heredero de la sangre de los invasores de 1959, encabezado por Manolo Tavárez Justo, líder absoluto de las juventudes de la clase media dominicana en los meses que siguieron al 30 de Mayo.

Es decir, que mientras Ramfis Trujillo coordinaba la persecución de los héroes que mandaron a su padre al destino que merecía, Balaguer y Bosch abrían las compuertas del ancho río democrático que en cuestión de meses iba a sepultar, creían los dominicanos que para siempre, el estado de oprobio en que había vivido la mayoría de ellos desde el día en que nacieron. Desde ese momento estelar de la historia dominicana, el pueblo de Duarte, poco a poco, con avances que muchas veces parecieron insignificantes en su momento, y con retrocesos lamentables que ha tenido que cargar sobre sus espaldas de pobre, ha construido una democracia representativa plagada de problemas, pero con un disfrute mínimo de los derechos individuales que diferencian a los hombres libres de los esclavos. Ese proceso que comenzó el 5 de julio de 1961, además de consagrar a Balaguer y Bosch como los actores principales del drama democrático dominicano, mandó para siempre a los Trujillo al rincón más oscuro y sucio del zafacón de la historia dominicana.

Que Dios las bendiga.

Papá

Reilly y su Prelatura Vuelven a San Juan

Saint Paul, MN, EE UU.
26 de julio 2012

Queridísimas Hijas:

Tan pronto el Presidente Balaguer dio las señales que abrían las ventanas de la esperanza democrática para muchos dominicanos que inicialmente creyeron que la muerte violenta de Trujillo iba a causar una radicalización del trujillismo descabezado todavía en el gobierno, la vida cotidiana en pueblos y ciudades tendió a normalizarse, y San Juan de la Maguana no fue la excepción.

El signo más inequívoco de que las aguas estaban volviendo a su nivel en San Juan fue el paulatino regreso de la Prelatura Católica que había fundado Monseñor Tomás Reilly en 1956. Poco a poco, la Iglesia San Juan Bautista, hoy Catedral, fue recobrando la actividad que tuvo antes de que la Carta Pastoral de enero 1960 estallara en la cara de Trujillo. Y uno por uno fueron reapareciendo algunos de los curas redentoristas que meses atrás, vestidos de civil, fueron a despedirse de nosotros en medio de la disolución de nuestra Escuela Parroquial.

Para mediados de septiembre de 1961 las clases del año lectivo 61-62 dieron inicio como si nada anormal hubiera ocurrido el año lectivo anterior, que como les he contado antes quedó suspendido, siendo "deportados" todos los estudiantes del "Colegio de las Monjas Americanas" a una Escuela Pública de la que es mejor no hablar para no despertar el fantasma de los malos ratos vividos hace más de 50 años, a pesar del esfuerzo de la mayoría del personal docente de esa escuela por hacer que la transición súbita desde un pedacito de Michigan hasta un almacén de estudiantes muy pobres en todos los sentidos no fuera realmente traumática.

En las apariencias todo había vuelto a la "normalidad" en la Escuela Parroquial, pero en retrospectiva muchas veces he pensado que ésta jamás volvió a ser la misma. Y es que por muy religiosas que fueran las monjas que fueron sacadas a la fuerza de San Juan como si fueran animales infectados de un virus peligroso para los humanos, la reintegración a esa misma sociedad sin secuelas en el trato a los mismos que habían sido indiferentes hacia ellas en los momentos en que se vieron "bajitas", hubiera requerido que las monjas fueran santas y no seres humanos que sentían y padecían de las limitaciones propias de nuestra especie.

Veo en mis recuerdos una Escuela Parroquial diferente, con un cuerpo docente considerablemente renovado.   Les contaba hace días que una parte considerable de las maestras pusieron pies en polvorosa en medio del enfrentamiento entre Trujillo y Reilly. Las nuevas profesoras eran excelentes, y llenaron la mayor parte de mi vida estudiantil en San Juan, pero el ambiente no era el mismo. Ya se podía percibir una actitud reservada de la sociedad sanjuanera hacia las monjas, y viceversa. Y es que el trauma de abril de 1961 no había sido pequeño. Se había producido un reencuentro de San Juan con las Hermanas Dominicas de Michigan; pero un reencuentro limitado por el trauma recién pasado que, aunque no impidió que los estudiantes de la Escuela Parroquial disfrutáramos de una educación de primera calidad, rompió para siempre el ambiente de espontaneidad y distensión que había existido en mi querido "Colegio" durante mis primeros tres años de Primaria.

En cuanto a Monseñor Reilly, poco a poco fue haciendo sentir su presencia carismática y su castellano de horrible pronunciación y precioso contenido, y un buen día representantes comunitarios que comprendieron que San Juan le debía un desagravio a su Obispo, invitaron al pueblo "barriga verde" a una procesión para celebrar el regreso de la Prelatura de San Juan a la normalidad.

Ese día miles de sanjuaneros se reunieron frente a la residencia particular de Monseñor Reilly localizada en la entrada del pueblo, y desde allí, encabezados por su Obispo desfilaron, con palmas en las manos, hacia la Iglesia San Juan Bautista, situada frente al Parque, donde una misa coronó el regreso triunfal de Reilly a la comunidad sanjuanera. Las tres lecturas principales de la Misa de reencuentro con Monseñor Reilly, lo mismo que el Sermón, estuvieron dedicadas a los conceptos de perdón y arrepentimiento, las dos caras indispensables de la moneda de la reconciliación que necesitaba la sociedad sanjuanera ese día para poner fin al reciente trauma social y religioso. Un recordatorio de que faltaba camino por recorrer antes de proclamar como resuelto el rechazo que sufrió Reilly en San Juan durante su Vía Crucis de abril de 1961, lo constituyó la forma en que el Obispo manejó la distribución de la Comunión en esa histórica misa.

En el momento de repartir el Pan Divino, Tomás Reilly dejó a varios fieles católicos conocidos por haber repudiado a los religiosos expulsados de San Juan por Trujillo con la lengua afuera mientras esperaban que su Obispo les colocara la hostia consagrada sobre el órgano que esos traidores al catolicismo habían usado en el pasado reciente para difamar a sus pastores. Al momento de negarles la Comunión Reilly le dijo a uno que estaba arrodillado casi al lado mío "tienes que confesar tus pecados antes de poder comulgar" mientras le cerraba la boca. Esa escena retrataba a Reilly de cuerpo entero: dispuesto a perdonar a los arrepentidos que confesaran sus pecados, pero severo con los pusilánimes que se presentaban como Gaticas de María Ramos meses después de mostrarse incapaces de dar al César lo que era del César y a Dios lo que era de Dios, durante el enfrentamiento entre un tirano tambaleante que buscaba saciar su apetito de sangre en plena caída libre y la Iglesia que trataba de evitar que ese tirano arrastrara al pueblo dominicano entero con él hacia el Infierno.

Que Dios las bendiga.

Papi

Juan Bosch Hace las Veces de Profeta Político

Saint Paul, MN, EE UU.
26 de julio 2012

Queridísimas Hijas:

La forma más fácil que se me ocurre para ayudarlas a evaluar la dimensión intelectual de Juan Bosch, líder de la Oposición dominicana en el exilio en el momento de la muerte del Jefe, es pidiéndoles que lean la carta pública que El Profesor, así llamamos los dominicanos a Bosch desde que regresó a Santo Domingo en 1961, dirigió a Rafael Trujillo el 27 de febrero de 1961, día en que se conmemoró el aniversario número ciento diez y siete de la Independencia Dominicana. Después que lean esta joya del análisis político, pasaré a compartir con ustedes algunas reflexiones sobre el tema.

> *General:*
> *En este día, la República que usted gobierna cumple ciento diez y siete años. De ellos, treinta y uno los ha pasado bajo su mando, y esto quiere decir que durante más de un cuarto de su vida republicana el pueblo de Santo Domingo ha vivido sometido al régimen que usted creó y que usted ha mantenido con espantoso tesón.*
>
> *Tal vez usted no haya pensado que ese régimen haya podido durar gracias, entre otras cosas, a que la República Dominicana es parte de la América Latina, y debido a su paciencia evangélica para sufrir atropellos, la América Latina ha permanecido durante la mayor parte de este siglo fuera del foco de interés de la política mundial. Nuestros países no eran peligrosos, y por tanto no había que preocuparse de ellos. En esa atmósfera de laissez faire, usted podía permanecer en el poder por tiempo indefinido; podía aspirar a estar gobernando todavía en Santo Domingo al cumplirse el sesquicentenario de la República, si los dioses le daban vida para tanto.*

Pero la atmósfera política del Hemisferio sufrió un cambio brusco a partir del 1 de enero de 1959. Sea cual sea la opinión que se tenga sobre Fidel Castro, la historia tendrá que reconocerle que ha desempeñado un papel de primera magnitud en ese cambio de atmósfera continental, pues a él le correspondió la función de transformar a pueblos pacientes en pueblos peligrosos. Ya no somos tierras sin importancia que pueden ser mantenidas fuera del foco de interés mundial. Ahora hay que pensar en nosotros y elaborar toda una teoría política y social que pueda satisfacer el hambre de libertad, de justicia y de pan del hombre americano.

Esa nueva teoría es un aliado moral de los dominicanos que luchan contra el régimen que usted ha fundado, y, aunque llevado por su instinto realista y tal vez ofuscado por la desviación profesional de hombre de poder, usted puede negarse a reconocer el valor político de tal aliado, es imposible que no se dé cuenta de la tremenda fuerza que significa la unión de ese factor con la voluntad democrática del pueblo dominicano y con los errores que usted ha cometido y viene cometiendo en sus relaciones con el mundo americano.

La fuerza resultante de la suma de los tres factores mencionados va a actuar precisamente cuando comienza la crisis para usted; sus adversarios se levantan de una postración de treinta y un años en el momento en que usted queda abandonado a su suerte en medio de una atmósfera política y social que no ofrece ya alimento a sus pulmones. En este instante histórico, su caso puede ser comparado al del ágil, fuerte, agresivo y voraz tiburón, conformado por miles de años para ser el terror de los mares, al que el inesperado cataclismo le ha cambiado el agua de mar por ácido sulfúrico; ese tiburón no puede seguir viviendo.

No piense que al referirme al tiburón lo he hecho con ánimo de establecer comparaciones peyorativas para usted. Lo he mencionado porque es un ejemplo de ser vivo nacido para atacar y vencer, como estoy seguro que piensa de sí mismo. Y ya ve que ese arrogante vencedor de los abismos marítimos puede ser neutralizado y destruido por un cambio en su ambiente natural, imagen fiel del caso en que usted se encuentra ahora.

Pero sucede que el destino de sus últimos días como dictador de la República Dominicana puede reflejarse con sangre o sin ella en el pueblo de Santo Domingo. Si usted admite que la atmósfera política de la América Latina ha cambiado, que en el nuevo ambiente no hay aire para usted, y emigra a aguas más seguras para su naturaleza individual, nuestro país puede recibir el 27 de febrero de 1962 en paz y con optimismo; si usted no lo admite y se empeña en seguir tiranizándolo, el próximo aniversario de la República será caótico y sangriento; y de ser así, el caos y la sangre llegarán más allá del umbral de su propia casa, y escribo casa con el sentido usado en los textos bíblicos.

Es todo cuanto quería decirle hoy, aniversario de la fundación de la República Dominicana.

Juan Bosch

Este poliedro epistolar de Juan Bosch tiene tantas aristas que es difícil decidir por donde empezar su disección y análisis.

Comienzo comentando el tono respetuoso que usa Bosch con Trujillo; no hay ataques personales, y cuando usa al tiburón en una metáfora brillante por demás, aclara que no lo hace con ánimo peyorativo.

En segundo lugar, hay que quitarse el sombrero frente a la capacidad de Bosch de predecir el futuro, tanto a corto como a largo plazo. A Trujillo, le advierte que antes de un año, si no escapaba de Santo Domingo, acabaría muerto por vías violentas, como en efecto ocurrió. A Fidel, apenas dos años después de su entrada triunfal a La Habana, meses antes de la derrota estadounidense en Bahía de Cochinos, le asigna la categoría de personaje histórico que más tarde el mundo entero le reconocería.

Todo esto lo hace Bosch usando palabras comunes, sin afectación, con la brillantez del mejor escritor dominicano de todos los tiempos. Un verdadero portento humanístico que los dominicanos tuvimos la suerte de disfrutar por muchos años.

Finalmente, quiero invitarlas a que revisen los contextos en los cuales Bosch usa los términos República Dominicana, Santo Domingo y Hombre Americano . El término República Dominicana es usado en los párrafos dos, siete y ocho de la carta, en los cuales Bosch se refiere al ESTADO bajo el poder de Trujillo por treinta y un años. El término Santo Domingo lo usa Bosch en los párrafos uno, dos y siete, para referirse al PAIS donde viven los dominicanos. Al final del tercer párrafo de su carta a Trujillo el Profesor se refiere al "hambre de libertad, de justicia y de pan del HOMBRE AMERICANO". Es decir que para Juan Bosch los dominicanos que luchaban contra la tiranía de Trujillo eran HOMBRES AMERICANOS.

Sería el hombre más hipócrita del mundo si no les confieso que sentí satisfacción al descubrir hoy, en retrospectiva, que Juan Bosch en 1961, ya había llegado a la misma conclusión que su padre compartió con ustedes en una de las primeras cartas de este humilde epistolario en un solo sentido que comenzó hace unos meses en mi afán de pagarles una deuda impagable en dólares. Es lamentable que El Profesor, el mejor de nuestros pedagogos políticos no fuera capaz de convencer a muchos académicos dominicanos que su PAIS se llama SANTO DOMINGO y que el ESTADO que gobierna a los dominicanos desde 1844 se llama REPUBLICA DOMINICANA. También es lamentable que la pedagogía política prodigiosa de Bosch no pudiera convencer a los dominicanos que luchaban contra Trujillo de que ellos, lo mismo que los cubanos, paraguayos, ecuatorianos y todos los nacidos en el territorio comprendido de Norte a Sur entre Alaska y Tierra de Fuego, eran auténticos AMERICANOS.

Combinando los refranes que rezan "Más vale tarde que nunca", y "Lo último que se pierde es la esperanza", yo mantengo la esperanza de que más temprano que tarde la élite intelectual dominicana asimile definitivamente los conceptos de ESTADO y PAIS y AMERICANO y los disemine en el seno de un pueblo inteligente y hambriento de educación como el dominicano. Porque a fin de cuentas, como escuché decir al recientemente elegido Presidente dominicano Danilo Medina, alumno de la última y definitiva escuela política del Profesor, en uno de sus discursos más recientes, la educación es el otro nombre de la libertad. Es a los políticos del PLD que gobiernan en estos momentos al pueblo AMERICANO que vive en Santo Domingo, y a los del único partido de oposición con opción realista de alcanzar el poder por la vía inmaculada del voto libre, el PRD, también hijo del genio político de Bosch, a quienes les toca completar la asignatura pendiente que les dejó su fundador e ideólogo. Entonces podríamos comenzar a tener esperanzas de que la Educación dominicana, como Lázaro, se levante y ande.

Que Dios las bendiga.

Papi

El Profesor para Unos, el Ovejo para Otros

Saint Paul, MN, EE UU.
26 de julio 2012

Queridísimas Hijas:

El mismo día de octubre de 1961 que Santo Domingo vio asomar por primera vez la cabeza blanca de Juan Bosch, El Profesor pudo constatar en primera persona que el horno político dominicano no estaba para galletitas. Porque ese mismo día las calles de la vieja Capital se tiñeron de sangre joven.

Para ese tiempo, los estudiantes de la Universidad de Santo Domingo habían tomado las calles de la Zona Colonial más vieja de América rechazando el nombramiento del Rector de la única universidad dominicana de esos días, y exigiendo la promulgación de una ley de autonomía universitaria. Estos reclamos se mezclaron perfectamente con la efervescencia política de la primavera democrática promovida por la comunidad política americana, encabezada por el Gobierno de Estados Unidos, de tal manera que los manifestantes tomaron total control de una veintena de cuadras del casco colonial de la todavía llamada Ciudad Trujillo y comenzaron a destruir las numerosas estatuas, tarjas y otras referencias urbanas que recordaban al tirano ajusticiado.

Cuando Juan Bosch llegó a la casa de una de sus hermanas para pasar su primera noche en Santo Domingo tras veinte y pico de años de exilio, el país, tal como él le había pronosticado a Trujillo en su memorable carta del 27 de febrero de 1961, apenas ocho meses antes, estaba al borde de una guerra civil. En las calles de la vieja ciudad prevalecía un toque de queda de hecho, con centenares de estudiantes combatiendo a militares y policías que trataban de desalojarlos de los techos de las casas de varias cuadras del casco colonial. El combate desigual entre un ejército armado hasta los dientes tuvo un final muy parecido al que describió Víctor Hugo en Los Miserables; una masacre con por lo menos diez muertos y centenares de heridos de gravedad que fueron trasladados al Hospital Padre Billini, localizado en las cercanías del centro neurálgico de la revuelta popular, en la Calle Espaillat entre las calles Arzobispo Nouel, y Arzobispo Portes. Ese fue el balance de esa revuelta popular conocida desde entonces como la Masacre de la Calle Espaillat.

El día siguiente al de la llegada de Juan Bosch, los periódicos dominicanos de circulación nacional, El Caribe y La Nación, para esa época bajo una censura oficial diluida, reportaron los trágicos sucesos de la Calle Espaillat a ocho columnas y con grandes fotografías que eran mucho más elocuentes que la prosa de los reporteros moderada por los censores. En una esquinita de la página principal aparecía una foto de Juan Bosch de tamaño microscópico, con una reseña de un par de párrafos de contenido insulso para los lectores que vivían la fiebre antitrujillista a niveles paroxísticos.

En su primera declaración pública tras llegar a Santo Domingo, El Profesor hizo un llamado al pueblo dominicano, particularmente a los estudiantes y a la fuerza pública para que el orden ciudadano fuera restablecido, de manera que las actividades económicas y comerciales no se vieran afectadas de manera considerable. Bosch proclamó que la línea política del PRD era promover la reconciliación entre todos los dominicanos para poder sacar a la nación de la miseria en la que se encontraba. Este planteamiento de Bosch fue recibido con antipatía por las juventudes de clase media organizadas en la Unión Cívica Nacional y en el 14 de Junio, agrupaciones políticas que promovían la movilización popular que provocara la caída de los restos del trujillismo que encabezaba Balaguer antes de que la reconciliación nacional tuviera lugar. Desde ese momento los opositores antitrujillistas de Bosch comenzaron a llamarlo con el mote despectivo de El Ovejo, mientras sus simpatizantes comenzaron a llamarlo El Profesor. El tiempo, que se encarga de demostrar quien en política tiene la táctica más apropiada en un momento determinado, le dio la razón a Juan Bosch. A un político que llega desde un exilio de más de veinte años a un país al borde de la guerra civil lo que menos le conviene es echarle gasolina al fuego de la discordia. Bosch, un político ducho entrenado en los entresijos de la maraña democrática cubana de los 1940, comprendió que las masas populares dominicanas, en su mayoría trujillistas, eran los únicos aliados potenciales que el PRD podía encontrar en medio del desorden reinante a su llegada a Santo Domingo. Esos miles y miles de trujillistas infelices vieron en El Profesor a un político pacífico con un lenguaje de armonía que proyectaba la estabilidad que la nación dominicana necesitaba. Del otro lado de la inecuación se encontraban el 14 de Junio y la UCN, quienes al acusar a Bosch de aliado del trujillismo en capa caída empujaron al pueblo trujillista hacia los brazos del astuto Profesor.

El Movimiento 14 de Junio, compuesto en su mayoría por jóvenes valiosos pertenecientes a la clase media profesional y por jóvenes estudiantes universitarios, empujado por el entusiasmo generado en toda América en los sectores progresistas por la revolución cubana, trató de calcar el modelo cubano en cartulina dominicana y el calco no sólo no prendió, sino que se desvaneció antes de que pudiera convertirse en una opción de poder en la sociedad dominicana.

Irónicamente, le tocó a Juan Bosch, amigo de Fidel Castro desde los tiempos del fracaso de Cayo Confites, tratar de convencer a los catorcistas de que la realidad objetiva dominicana distaba mucho de la realidad cubana en tiempos de la caída de Batista. Lamentablemente, Bosch y el 14 de Junio no se entendieron, y ese divorcio de tácticas políticas y la radicalización innecesaria del 14 de Junio evitó que el capital humano valioso de Manolo y sus muchachos nutriera las venas del sistema político dominicano durante el post trujillismo.

En esas condiciones, el 14 de Junio prefirió convertirse en caja de resonancia de los sectores empresariales antitrujillistas representados por la UCN, empeñados en el derrocamiento inmediato de Balaguer, limitando su accionar político a la agitación callejera. Mientras tanto, Juan Bosch, El Profesor para sus amigos, El Ovejo para sus enemigos, comenzaba una cátedra política popular que lo llevaría a dominar el panorama político dominicano, a ratos en pareja con el Dr. Joaquín Balaguer, a ratos en contraposición al ex títere de Trujillo, por más de una generación.

Que Dios las bendiga.

Papá

Queridísimas Hijas

Fabio Valenzuela Sosa

¡Siete Látigos y un Basta Ya!

Estados Unidos Salen del Closet del Favoritismo

Saint Paul, MN, EE UU
10 de agosto 2012

Queridísimas Hijas:

Nadie tenía dudas durante la segunda mitad del año 1961 sobre la prioridad que el gobierno de Estados Unidos asignaba en su agenda internacional a la situación política dominicana tras la muerte de Trujillo. Por no "atender a su cartón" años antes al poder más grande del mundo le habían "cantado BINGO" en el vecindario caribeño, lo que se había reflejado en múltiples derrotas políticas y hasta en una humillación en el campo militar, cuya repetición Washington no estaba dispuesto a tolerar en el futuro.

Documentos desclasificados del Departamento de Estado "americano" han dado testimonio de que inmediatamente después de la muerte del Jefe, los Estados Unidos veían venir una de tres salidas posibles a la crisis dominicana en curso: Una transición pacífica hacia la democracia, una continuación de la dictadura trujillista o un proceso revolucionario parecido al de Cuba. Washington se propuso desde el primer momento de la crisis alentar la primera opción, sin descartar la segunda para evitar la tercera. Es decir, que la única opción intolerable para el gobierno estadounidense era una segunda Cuba en el Caribe.

Para promover un proceso democrático era esencial contar con partidos políticos funcionales. En ese momento no había nada que se pareciera a un partido político en la sociedad dominicana, con excepción del Partido Dominicano (PD), hecho a imagen y semejanza de Rafael Trujillo. Además del PD, los dominicanos contaban con el recién llegado Partido Revolucionario Dominicano (PRD) que había sido el partido político mayoritario del exilio antitrujillista, la "agrupación patriótica" Unión Cívica Nacional (UCN) formada unos días después del arribo del PRD a suelo dominicano y que planteaba su asco por los partidos políticos y juraba que nunca se convertiría en uno de ellos, y el Movimiento 14 de Junio que representaba los sectores antitrujillistas más radicales que se debatían entre convertirse en un partido del sistema democrático o calcar el triunfo de la revolución cubana en Santo Domingo. Ese era el menú político, además de varias organizaciones que eran realmente poco más que siglas en busca de simpatizantes, que se presentaba a las esferas de poder en Washington que trataban de inmunizar a los dominicanos en contra de una revolución de extrema izquierda.

Washington no tardó mucho en identificar su favorito en el ajedrez político dominicano, y lo hizo poniéndose del lado de la UCN. A los pocos días del regreso de Bosch a Santo Domingo, dos comisiones de invitados del Departamento de Estado se trasladaron a las orillas del Potomac para discutir el mapa de ruta hacia la democracia dominicana. Una de las comisiones estaba encabezada por Viriato Fiallo, presidente de la UCN y futuro candidato a las elecciones que se veían venir más temprano que tarde; la otra comisión la encabezaba Manolo Tavárez Justo, presidente del Movimiento 14 de Junio. Los encargados de la política caribeña del Departamento de Estado recibieron con paños y manteles a Viriato y sus acompañantes por un par de horas. Cuando Manolo y sus acompañantes se disponían a consumir su "turno al bate", fueron informados por el "ampaya americano" que ya se había pasado el tiempo reglamentario en que ellos podían presentarse al "jom", y que tendrían que regresar a Santo Domingo con las manos vacías y con el moño hecho. De esa forma los muchachos del 14 de Junio se hicieron cargo de la realidad de que ellos no contaban en los planes estadounidenses para salir de los remanentes de la tiranía trujillista.

Nunca se supo oficialmente de qué hablaron los dirigentes "cívicos" en el Departamento de Estado, pero las acciones de los estadounidenses, inmediatamente después que la comisión de la UCN regresó a Santo Domingo, no dejaron dudas de que Viriato y su gente fueron convencidos de que para fortalecerse en medio del proceso postrujillista la UCN tenía que convertirse en partido político. El Presidente Balaguer comenzó a recibir presiones de los encargados estadounidenses del caso dominicano para que integrara miembros de la UCN a su gobierno. Los estadounidenses pensaban, con toda la razón del mundo, que dejar a Balaguer indefinidamente en el poder llevaría a una situación parecida a la que se vivió en la Cuba Batistiana, que no sería capaz de llevar a los dominicanos hacia la democracia, salida preferida por ellos.

Si Estados Unidos seguía negociando con Balaguer era porque sacarlo de repente del poder podía crear un vacío político que empeorara la situación. Balaguer trató de escurrir el bulto cuando comenzaron las presiones de "civilizar" su gobierno, pero eventualmente se convenció que si continuaba su reticencia ante las "sugerencias" estadounidenses su fin como Presidente era inminente. El argumento que convenció a Balaguer definitivamente de la necesidad de "civilizar" su gobierno fue el de que mientras no diera curso a ese proceso las sanciones draconianas sobre la economía dominicana establecidas en Costa Rica en 1960 serían mantenidas. Fue en estas circunstancias que Balaguer decidió entregar varios ministerios importantes a dirigentes nacionales de la UCN que estaban supuestos a ser, a la verdad de Washington, la semilla perfecta que al germinar se transmutaría en el árbol saludable de la democracia dominicana, que estaría plantado, claro está, en los sacrosantos principios de la "libre empresa".

¿Qué defectos podía tener Juan Bosch que hiciera a Washington ponerse del lado de los "cívicos"? Desde mi punto de vista, El Profesor tenía varios "defectos" que lo descalificaban ante los ojos de los accionistas mayoritarios del mundo. Bosch era políticamente un producto cubano, formado en las cercanías del Partido Revolucionario Cubano Auténtico que abrió las compuertas entre 1944 y 1952 a la dictadura de Batista. Esa no podía ser una buena carta de presentación ante una potencia hegemónica que quiere evitar una segunda Cuba. En segundo lugar, Bosch nunca había escondido sus tendencias izquierdistas moderadas, con relaciones políticas estrechas con gobernantes no del todo obedientes a Estados Unidos, siendo su obra literaria un prontuario de agravios sociales a resolver en un eventual gobierno suyo. En tercer lugar, como bien lo estableció en su profética carta a Trujillo en febrero de 1961, Bosch no era un antifidelista radical, que era lo que andaban buscando los Estados Unidos para el Santo Domingo post Trujillo. En cuarto lugar, la participación de Fidel, no dirigencial pero participación al fin, en la fracasada Expedición de Cayo Confites, que contó a Bosch como uno de sus jefes políticos, no podía ser bien vista en Washington.

En cuanto al Movimiento 14 de Junio, un grupo de jóvenes que no ocultaban su simpatía por Fidel Castro y su revolución tenían que ser descartados de antemano. Es decir, que los Estados Unidos, en su afán por organizar una democracia obediente a sus intereses de todo tipo en Santo Domingo, solamente tenía en su Menú un plato que no los indigestara, la UCN. Y ese plato se comieron, aunque como veremos, su gusto político no era compartido por el pueblo dominicano, que era quien tenía que elegir democráticamente, por voto secreto y limpio, a sus gobernantes post Trujillo.

Al dominicano de la calle, de más en más, las maniobras politiqueras de la UCN, sin importar cuánto apoyaran los "americanos" a los "cívicos", lo empujaban cada vez más en dirección del Profesor que ofrecía el sancocho del Borrón y Cuenta Nueva, y a tomar distancia de los Siete Látigos que ofrecía Viriato Fiallo a un pueblo que había sido trujillista para satisfacer su instinto de sobrevivencia durante treinta y pico de años.

Que Dios las bendiga.

Papi

El Año Nuevo 1962 Trae Brisas de Cambio Político

Saint Paul, MN, EE UU
11 de agosto 2012

Queridísimas Hijas:

A pesar de que el Presidente Balaguer le dio una parte considerable del pastel burocrático del Gobierno, la UCN continuó durante los últimos meses de 1961 insistiendo en que Balaguer se fuera del país y dejara el control completo del poder en Santo Domingo en manos de los antitrujillistas . Bajo las ofensivas consignas de "Balaguer Muñequito de Papel", y "Navidad sin Balaguer o Balaguer sin Navidad", la UCN logró convertir al ex presidente títere de Trujillo en el ser más odiado del Caribe.

Muy pocos analistas de la situación dominicana creían que el hombre de voz meliflua en volumen bajo y dominante cuando el volumen aumentaba iba a soportar las protestas sociales con las que los "cívicos" amenizaron las primeras Navidades dominicanas libres en treinta y dos años. Para sorpresa de todo el mundo, al comenzar el año 1962 Balaguer todavía era Presidente, después de capear con destreza huelgas, mítines, turbas y constantes llamados a la insurrección que cada día le ganaban a la UCN el miedo de todo lo que oliera a trujillismo.

El día de Año Nuevo de 1962 Balaguer se dirigió por radio y televisión al pueblo dominicano, trayendo una verdadera sorpresa. La sala de cine de mi memoria se entretiene a veces con la figura del supuesto Muñequito de Papel que la UCN insultaba por todos los medios de comunicación, erguido en la televisión nacional frente a su pueblo como el maestro de la oratoria que siempre fue, delineando el plan de ruta definitivo hacia la democracia, al que había llegado luego de negociar con la "comunidad internacional", es decir, con el gobierno estadounidense.

Balaguer explicó en su discurso que ese mismo día el Congreso trujillista se había declarado en receso y delegado todos sus poderes a un Consejo de Estado encabezado por él y completado por dirigentes y simpatizantes de la UCN de reconocida solvencia pública. Llamaba poderosamente la atención que el Vicepresidente de ese Consejo de Estado lo sería el Lic. Rafael F. Bonelly, enemigo político acérrimo de Balaguer, quien había sido víctima de la Serruchadera de Palo histórica que lo desbancó de la Vicepresidencia títere que creía Bonelly que tenía en el bolsillo, y que eventualmente permitió que Balaguer asumiera la Presidencia en víspera de las sanciones de la OEA en agosto de 1960.

Horas después de la instalación del Consejo de Estado, la Organización de Estados Americanos anunciaba en Washington el levantamiento del embargo diplomático y económico que tenía a los dominicanos atravesando la peor crisis económica desde la Depresión de 1929. Los responsables de la política estadounidense, titiriteros de la OEA desde que ese organismo interamericano se fundó, convalidaban de esa forma el sometimiento de Balaguer al poder omnímodo de Estados Unidos sobre una pequeña nación caribeña que en medio del agitado oleaje político internacional de comienzos de los 1960 trataba de escapar, al mismo tiempo, del caos izquierdista y de la tiranía derechista.

Como veremos próximamente, si Dios quiere, la UCN no iba a dar tregua a Balaguer hasta que el Muñequito de Papel, que estaba demostrando ser mas bien un Gallo Cibaeño, fuera erradicado del mapa político dominicano. El horno "cívico" de agitación en calles y campos dominicanos iba a seguir calentando la olla social en Santo Domingo hasta que sus aguas estuvieran lo suficientemente calientes para hacer un asopao de gallo cibaeño que las turbas antitrujillistas comieran para neutralizar la resaca del poder "cívico" absoluto.

Que Dios las bendiga.

Papi

El Desquite de Bonelly

Saint Paul, MN, EE UU
12 de agosto 2012

Queridísimas Hijas:

Mezclar armónicamente agua y aceite hubiera sido mucho más fácil que lograr que Rafael Bonelly y Joaquín Balaguer desempeñaran sus altas funciones sin fricciones en el seno del Consejo de Estado que nació al despuntar el año 1962. Desde su primera reunión con los consejeros, Balaguer se convenció de que no tenía la menor oportunidad de ser un genuino presidente de la República a menos que convirtiera al Consejo de Estado en un organismo decorativo; sucedía que de 7 miembros del mentado Consejo, Balaguer contaba con la fidelidad de sólo uno. La de él mismo.

Los responsables del caso dominicano a orillas del Potomac no se llamaban a engaño. Ellos sabían que la UCN y los residuos del trujillismo que encarnaba Balaguer iban a estar como perro y gato hasta que uno de los dos, confiaban los estadounidenses que la UCN, hiciera que el otro escapara de Santo Domingo, si es que podía, para salvar el pellejo. La táctica de los "americanos" fue apoyar públicamente a Balaguer mientras lo presionaban a que renunciara de la presidencia del Consejo de Estado , de manera que Bonelly pasara a presidirlo. Sin embargo, contrariando las expectativas del Vecino Mayor, el supuesto Muñequito de Papel se aferró al poder hasta que se convenció, como declarara a la prensa internacional después de escapar de Santo Domingo que "más vale un Presidente fugitivo que uno muerto".

Una semana después de la instalación del Consejo de Estado, huelgas de todo tipo y desórdenes callejeros azotaron múltiples ciudades dominicanas, siendo particularmente efectivas y violentas en la Capital, que meses antes había visto resuelto el agravio de llamarse Ciudad Trujillo y recobrado su nombre colonial de Santo Domingo de Guzmán. Las manifestaciones masivas en todo el país pedían como única reivindicación la renuncia inmediata de Balaguer. Al comenzar la tercera semana de enero de 1962 el país se encontraba paralizado en su mayor parte. Fue en esas circunstancias que se produjeron acontecimientos que lograron que Balaguer huyera para salvar su pellejo.

Alrededor del la sede nacional de la UCN situada frente al Parque Independencia, el más bello del país hasta que uno de los gobiernos posteriores de Balaguer lo mutilara estúpidamente, se creó una situación caótica que paralizó el tránsito en toda la zona colonial de la Capital, donde la población se tiró a las calles a clamar por la renuncia de Balaguer. Para conjurar esa alteración del orden público fue enviado un batallón del Ejército Nacional que actuó como si enfrentara una invasión extranjera y convirtió al Parque Independencia en una zona de combate disputada de un lado por más de un centenar de soldados que disparaban indiscriminadamente a una multitud formada por "cívicos" y "catorcistas" que respondían con algunas piedras y consignas ofensivas a Balaguer. La actuación salvaje de los soldados se saldó con cinco muertos y decenas de heridos y provocó el colapso del orden público en todo el país, lo que Balaguer trató de resolver decretando un Toque de Queda a nivel nacional. Los responsables estadounidenses en Santo Domingo le advirtieron al Presidente que no garantizaban su seguridad personal. Balaguer, empecinado en mantener al trujillismo en el poder aunque él tuviera que abandonar su puesto, promovió un golpe de Estado encabezado por uno de sus generales de apellido Rodríguez Echavarría. A continuación, sin haber renunciado, se refugió en la Embajada del Vaticano en Santo Domingo.

El golpe de Estado encabezado por Rodríguez Echavarría, quien mantenía secuestrados en una base militar a los Consejeros de Estado, excepto a Balaguer, fue rechazado de manera contundente por un pueblo que le había cogido un gustico a la poca democracia que había conocido desde que Trujillo fue ajusticiado. A las pocas horas del golpe de Estado, estaba claro que éste no iba a ningún lado que no fuera al fracaso de sus perpetradores, quienes, tras poner en libertad a Bonelly y el resto de los Consejeros secuestrados, salieron huyendo despavoridos sin destino conocido. Estando Balaguer más escondido que un documento confidencial en la caja fuerte de la Nunciatura en Santo Domingo, los seis miembros restantes del Consejo de Estado se reunieron y eligieron a Bonelly como su nuevo Presidente.

La elección de Bonelly, con apoyo irrestricto del gobierno de Estados Unidos, llevó al mundo entero la noticia de que el trujillismo había sido sacado por fin del Palacio Nacional en Santo Domingo. A los pocos días, beneficiado por un salvoconducto diplomático, Joaquín Balaguer, quien para refugiarse en la Embajada Vaticana había saltado su verja como todo un campeón olímpico de salto alto, se trasladó a Puerto Rico, desde donde se mudó en cuestión de días a Nueva York, que sería su morada permanente hasta que los astros de su suerte política se alinearon perfectamente unos cuantos años más tarde.

Que Dios las bendiga.

Papá

Las Piedrecitas en los Zapatos "Cívicos"

Saint Paul, MN, EE UU
17 de agosto 2012

Queridísimas Hijas:

Después que los "cívicos" obligaron a Balaguer a refugiarse en un gélido apartamento newyorkino, recuerden que fue en pleno invierno que el ex títere de Trujillo salió del Poder, sólo dos piedrecitas molestaban los pies del gobierno "cívico", al que los círculos de poder en Washington consideraban como invencible en las elecciones planificadas para agosto de 1962. En el pie izquierdo una piedrecita de apellido Bosch hablaba más de la cuenta en los programas de radio del PRD de iguales derechos para todos los dominicanos, sin importar el color de su piel, su condición económica y su nivel educativo. Al pie derecho le molestaba una piedrecita de apellido Balaguer, que desde que comenzó a sobrellevar los rigores del exilio organizaba con su proverbial paciencia a cuanto trujillista se le acercaba.

Durante los enfrentamientos entre Balaguer y los "cívicos" que tras seis meses de tira y jala concluyeron con el exilio del primero, Juan Bosch y su PRD mantuvieron una posición táctica muy inteligente hacia el trujillismo residual. El Profesor, dándose cuenta de que las raíces políticas del tirano recién muerto estaban implantadas firmemente en el corazón y la mente dominicanos, rechazaba con vehemencia las amenazas de la UCN de "destrujillizar" la sociedad dominicana tan rápidamente como fuera posible. Eso acercó a Juan Bosch a la mayoría del pueblo dominicano, trujillista por costumbre y conveniencia durante más de tres decenios que habían concluido abruptamente el 30 de mayo de 1961.

Quien hoy, retrospectivamente, se ponga en los zapatos de esos miles y miles de trujillistas de corazón, estómago y bolsillo, y se enfrente a una UCN predicando el odio contra todo lo que oliera a Trujillo por un lado, y escuche a Juan Bosch por el otro haciendo continuos llamados a la reconciliación entre todos los dominicanos y a olvidar los odios que pudieron haberse creado durante la Era de Trujillo, tendría que haber sido loco o descerebrado para alinearse con la UCN en las elecciones por venir.

Además de apoyarse en una interpretación correcta de la sociedad dominicana en 1962, Bosch trajo en su equipaje en octubre de 1961, cuando pudo regresar al único país del mundo donde no era extranjero, dos armas muy efectivas durante un proceso electoral. La primera de esas armas era la experiencia política acumulada en Cuba durante el decenio de 1940, cuando estuvo en contacto con la élite gobernante, particularmente durante los gobiernos de Prío y Grau, con los cuales tenía coincidencias ideológicas y programáticas que facilitaron la ayuda cubana al antitrujillismo exiliado y que usaron los servicios profesionales de Bosch, uno de los mejores prosistas caribeños, como corrector de estilo. De Cuba Bosch se mudó a Costa Rica cuando se produjo el golpe de Estado a Carlos Prío en 1952. Allí trabajó muy de cerca con José Figueres, quien organizó una escuela de Ciencias Políticas en la que las jóvenes promesas de la izquierda moderada que Figueres, Betancourt y Bosch representaban abrevaron hasta que El Profesor regresó a Santo Domingo. Esa experiencia política de Bosch contrastaba con la completa ignorancia de los dirigentes de la UCN en ese campo. Los "cívicos" contaban con cuadros dirigentes honestos, inteligentes, graduados universitarios, pero en cuanto a experiencia política, en un ambiente encarado a unas elecciones que se les venían encima en cuestiones de meses, eran poco menos que ignorantes.

La segunda arma, tal vez la más efectiva de las que trajo Bosch en su faltriquera, fue la capacidad inmensa del Profesor de comunicar ideas complicadas en un lenguaje sencillo que pudiera ser asimilado por las grandes masas dominicanas, inteligentes en demasía, pero carentes de educación formal e ignorantes en la misma medida. A esas masas, el hombre a quien por su cabeza grande cubierta de pelo lanoso y canoso sus enemigos llamaban peyorativamente El Ovejo, se les metió en el cerebro y el corazón, convirtiendo en boschistas rabiosos a centenares de miles de dominicanos que no sabían quién diablos era Juan Bosch unos meses antes.

Al promediar la primavera de 1962 el desconocido de apariencia extraña para la mayoría de los dominicanos, de ojos azulitos que penetraban el alma de los miles de infelices que iba conociendo en sus recorridos por toda la geografía dominicana, se había convertido en el favorito del pueblo dominicano pobre. Y no era el favorito de los desamparados por su linda cara; lo era porque les hizo descubrir a esos olvidados de Dios, y de los poderosos, el valor intrínseco que implica el pertenecer a la raza humana, y la existencia de los Derechos Humanos que nunca fueron reconocidos a los pobladores del primer asentamiento europeo en el Nuevo Mundo. Con esa relación inefable que estableció Juan Bosch con los pobres de Santo Domingo era que la UCN tendría que luchar para convalidar a la buena lo que había quitado a la mala a Balaguer y al trujillismo residual.

Que Dios las bendiga.

Papi

El Engaño "Patriótico" de los Cívicos

Saint Paul, MN, EE UU
17 de agosto 2012

Queridísimas Hijas:

El significado etimológico del término Esquizofrenia es el de "entendimiento dividido"; es decir, el de un individuo que tiene problemas para conectar correctamente su masa cerebral con la realidad. Eso fue más o menos lo que le ocurrió a la UCN durante el período que medió entre su nacimiento en julio de 1961 y febrero de 1962, cuando ya los "cívicos" controlaban los Poderes Ejecutivo y Legislativo dominicanos.

La UCN hizo su debut como entidad política el 17 de julio de 1961, doce días después que los mensajeros de Juan Bosch que prepararon la llegada del Profesor a Santo Domingo arribaron a un país donde la sangre de un tirano que había sojuzgado a los dominicanos por más de una generación estaba todavía fresca en el pavimento de la carretera de la Capital a San Cristóbal. En su Declaración de Principios, la UCN hacía constar que no era ni sería nunca un partido político sino una agrupación patriótica formada por ciudadanos de todas las ideologías con el único fin de completar la caída de un régimen tiránico moribundo. Esa virtud cardinal de la UCN fue repetida hasta el cansancio en pueblos, campos y ciudades dominicanos durante meses en los más distintos eventos. Ese apartidismo fue el imán que convirtió a la UCN en la entidad política dominante desde su fundación en julio de 1961 hasta la caída aparentemente definitiva del trujillismo en enero de 1962.

La cabeza más visible del liderato de la UCN fue desde que salió a la arena pública la del Dr. Viriato Fiallo, un dominicano que ejemplificaba como nadie las persecuciones de Trujillo a sus adversarios políticos; en adición, Viriato Fiallo tenía una hoja de servicios ciudadanos amplia e impecable.

Viriato Fiallo fue desde muy joven lo que en Santo Domingo se conoce como una "estrella", es decir, un individuo dotado de facultades reservadas a una reducida élite de una determinada sociedad. Estudiante brillante, médico cirujano, filósofo, dirigente de sociedades profesionales. Además de todas esas cualidades, Viriato pertenecía a una familia de gran prestigio profesional e intelectual, muy querida por la sociedad capitaleña y admirada en todo el país.

Pero Viriato tenía un grave defecto. No se doblegó ante Trujillo y tuvo hacia él una actitud antipática. Eso Trujillo no se lo perdonó, condenándolo a no ejercer su profesión de Médico para lo cual necesitaba de un Exequátur que el Jefe, quien nunca se sentó en un pupitre universitario, le negó de manera obstinada.

El carácter "patriótico" de la UCN le permitió hacer una verdadera sangría a organizaciones como el 14 de Junio, el Partido Revolucionario Social Cristiano y en menor grado al PRD. Numerosos militantes de esos partidos fueron invitados a pertenecer a la UCN y disfrutar de las regalías que su pertenencia a ese grupo "patriótico" arrastraba en el tiempo en que el antitrujillismo estaba en el tope del cielo político dominicano. Pero en la medida en que la UCN enseñó las uñas de su ambición de poder, su imagen en la estima pública se fue desdibujando y su popularidad entre los futuros electores fue descendiendo.

El ejemplo más señero de esta realidad fue la serruchadera de palo que los "cívicos" le hicieron a Manolo Tavárez y a su 14 de Junio en pleno Departamento de Estado. Los "catorcistas" figuraban en primera fila para realizar movilizaciones que contribuían a magnificar las manifestaciones públicas de la UCN; pero a la hora de hablar con la gente que sabía por donde el agua iba a entrarle al coco del poder político en Washington dejaron a Manolo y sus muchachos oliendo donde guisaban. A ese viaje Manolo y Viriato salieron amiguitos de Santo Domingo y regresaron enemiguitos desde las orillas del Potomac.

El plantón que le propinó el Departamento de Estado a Manolo y su 14 de Junio con la asistencia de la UCN enturbió para siempre las relaciones entre esas dos organizaciones políticas. A partir de ese incidente la militancia catorcista desapareció de las actividades masivas de la UCN, causando una erosión en la popularidad de los cívicos en las capas medias de las zonas urbanas donde el 14 de Junio tenía gran incidencia.

La tirantez entre las dirigencias catorcista y cívica provocó una crisis de consideración a nivel de la dirigencia nacional de los catorcistas, que desembocó en la renuncia de un apreciable número de importantes dirigentes nacionales catorcistas encabezados por el Dr. José Fernández Caminero, destacado médico y luchador antitrujillista que era hasta el momento de su renuncia el segundo a bordo en la nave política guiada por las manos carismáticas de Manolo Tavárez.

Los dirigentes cívicos creyeron en ese momento que su organización estaba creciendo cuantitativa y cualitativamente con la división catorcista. Cincuenta años después de esos acontecimientos, hay consenso entre los analistas políticos dominicanos en el sentido de que la sangría oportunista de catorcistas por parte de la UCN en el Poder, contribuyó a desinflar la mentira "patriótica" sobre la que se infló la burbuja de la UCN. El 27 de febrero de 1962, los mismos individuos que habían anunciado llenos de fervor "patriótico" que la UCN "nunca" se convertiría en un partido político, dejaban saber con bombos y platillos al pueblo dominicano que llevarían a Viriato Fiallo como candidato del Partido Político UCN a las elecciones supuestas a ser organizadas en agosto de ese año por un Gobierno dominado de pies a cabeza por la ex patriótica UCN.

Menos de un año tardarían los prestantes dirigentes cívicos en darse cuenta de que el pueblo dominicano, que ellos habían engañado haciéndole creer que su interés en poner término al gobierno trujillista de Balaguer no era político sino patriótico, el pueblo integrado por los que Don Viriato Fiallo, en medio de su torpeza política, llamó varias veces "mis negritos", ese pueblo maltratado por todos los que lo habían gobernado, era un pueblo mal educado pero inteligente, que ya había identificado en un cuentista vegano el instrumento para demostrarle a la oligarquía antitrujillista que el apoyo del gobierno más poderoso del mundo no era suficiente para comprar la voluntad popular de hombres que habían entendido el consejo de Juan Bosch en el sentido de que cogieran todo los que el Gobierno cívico les diera en el intento de comprar su voto y que votaran por el favorito de su corazón ; porque, a la verdad del Profesor, un corazón nunca engaña a su dueño.

Que Dios las bendiga.

Papi

250

Tener el Ampaya no Era Suficiente para Ganar

Saint Paul, MN, EE UU
18 de agosto 2012

Queridísimas Hijas:

Uno de los anglicismos más comunes del habla dominicana es ampaya, que es usado para connotar a quien se ocupa de arbitrar un juego de beisbol. La palabra de la variante estadounidense del inglés que describe esa ocupación es umpire, que se pronuncia de manera parecida. Por cierto, el término beisbol no es más que la dominicanización de baseball, el deporte rey en Santo Domingo, Cuba, y en menor grado en Puerto Rico. A todos estos países el beisbol llegó acompañando a los fusiles y bayonetas que trajeron los interventores estadounidenses que se ocuparon de cuidar el patio trasero geopolítico estadounidense durante los finales del siglo XIX y comienzos del XX. En fin, un ampaya es el pobre hombre que se pone detrás del cátcher para cantar bolas y strikes en un juego de beisbol.

El ampaya de la pelota electoral dominicana era la Junta Central Electoral (JCE), organismo que dependía totalmente en 1962 del gobierno encabezado por la UCN. Esa JCE estaba encabezada por Don Emilio de los Santos, un hombre de probidad incuestionable a quien los azares de la política dominicana le tenían reservado un destino inmerecido, y completada por otros dos jueces electorales igualmente honestos. Los tres, sin embargo, eran simpatizantes de la UCN.

Con ese ampaya a favor, y con la ayuda del poderoso Caballero Don Dinero que le suministraba una comunidad internacional interesada en la celebración de elecciones incuestionables en Santo Domingo, los cívicos juraban que siendo ley, batuta y constitución de los dominicanos, tenían las elecciones planeadas para agosto de 1962 en el bolsillo chiquito de su pantalón. El entusiasmo cívico era muy justificado; con el control del ampaya, las bolas, los bates y los guantes de un juego de beisbol, para perder hay que ser muy mal jugador. El único problemita que tenían los cívicos, cuyo uniforme era azul claro, era que el manager del PRD, que también era el pitcher de ese equipo, Juan Bosch, tiraba bolas de humo político que los cívicos no podían conectar, y que el público que llenaba el estadio electoral dominicano estaba a todas luces a favor del equipo blanco del PRD.

Los dos candidatos con opción al triunfo electoral en Santo Domingo en 1962 eran Viriato Fiallo y Juan Bosch; estos no podían ser más diferentes. Viriato había nacido en una familia "rica", de las que se conocían en Santo Domingo en ese tiempo como "de primera". En realidad esos "ricos" no pasaban, en la gran mayoría de los casos, del nivel de la clase media, pero, subjetivamente, ellos juraban que eran "mejores" que la gente "de segunda", como por ejemplo Juan Bosch y Joaquín Balaguer, con muchos méritos políticos e intelectuales acumulados durante largas carreras, pero carentes de la "prestancia" que se atribuían los individuos, como Viriato, "de primera". La hoja de servicios ciudadanos de Viriato no era segunda de la de nadie en su generación; era un hombre probo, con dos títulos universitarios, perseguido como el que más por Trujillo. Con todas esas virtudes, Viriato arrastraba deficiencias que lo limitaban para competir con Bosch. Fiallo era un político sin brillo personal, sin carisma, distante de las masas cuyos votos iban a decidir las elecciones. Pero el defecto que más limitaba a Viriato en la política era su ignorancia en cuanto a esa ciencia. Un hombre puede completar grados universitarios en medicina y filosofía, como era el caso de Viriato, y ser un completo ignorante de las sutilezas de la actividad política. La política es una actividad muy específica, que necesita practicarse por años, como lo habían hecho Bosch y Balaguer, antes de ser candidato a la Presidencia de un Estado con posibilidades de ser elegido.

Bosch era una línea paralela a Viriato Fiallo. Era un hombre "de segunda" producto de la unión de un pequeño comerciante catalán y una dama puertorriqueña que se habían refugiado en los campos de La Vega para vadear la miseria que predominaba en sus tierras de origen a comienzos del siglo XX. Bosch nunca realizó estudios universitarios, lo que no impidió que su brillantez como escritor atrajera la atención del mundo literario en Santo Domingo y el resto de latinoamérica. Todo el carisma que le faltaba a Viriato, el Creador lo multiplicó por diez y se lo entregó a Bosch, quien lo administró tan bien que antes de un año de haber participado en la fundación del PRD era el presidente de ese partido. Y el magnetismo de su figura lo convirtió, sin ninguna duda, en el líder del exilio dominicano antitrujillista.

El desnivel del conocimiento de la política que existía entre los candidatos se reflejaba en la posición que asumieron hacia el pueblo trujillista. Mientras Viriato cada vez que abría la boca soltaba rayos y centellas contra Balaguer y los restos del trujillismo, Bosch le ofrecía a esa misma gente su mano amiga y le prometía un borrón y cuenta nueva de llegar a la Presidencia.

En esas circunstancias, al llegar el mes de mayo de 1962, los cívicos se hicieron cargo de la idea, como también lo hicieron sus patrocinadores extranjeros, de que en las elecciones programadas para ese agosto Juan Bosch llevaba las de ganar. Por eso comenzaron desde el Poder a enturbiar las aguas electorales dominicanas para hacer imposible la celebración de esas elecciones, como veremos, si Dios quiere, un día de estos.

Que Dios las bendiga.

Papi

Tres Trampas Cívicas que Fracasaron

Saint Paul, MN, EE UU
19 de agosto 2012

Queridísimas Hijas:

Cuando los cívicos que controlaban los poderes Ejecutivo y Legislativo, y a la Junta Central Electoral supuesta a arbitrar las elecciones generales programadas para agosto de 1962 se convencieron que no tenían posibilidades de ganarlas limpiamente, comenzaron a colocar obstáculos destinados a evitar que el líder del PRD participara en esos comicios, y a evitar que el sufragio fuera de naturaleza universal, como es en todos los países del mundo donde existe la democracia representativa. A continuación les describo las tres trampas con las cuales la UCN pretendió manipular las primeras elecciones libres modernas en Santo Domingo.

La Constitución Dominicana vigente al momento de la muerte de Trujillo requería que los candidatos presidenciales hubieran residido en suelo dominicano de manera consecutiva los cinco años anteriores a unas elecciones generales. Además, cuando Trujillo identificó a Juan Bosch como el líder del exilio que en el futuro podía retar su dominio sobre la sociedad dominicana, hizo que su Congreso Nacional títere pusiera como condición sine qua non que los candidatos presidenciales, además de haber nacido en Santo Domingo, tuvieran, por lo menos, a uno de sus progenitores dominicano por nacimiento. Y resultaba que Bosch era hijo de un catalán y una puertorriqueña, lo cual sacaba al Profesor de la lista potencial de candidatos presidenciales durante la Era de Trujillo y en el momento en que se celebraban las elecciones generales de 1962. Esa manipulación constitucional de Trujillo venía como anillo al dedo a los planes de la UCN de no tener que enfrentar a Juan Bosch frente al Soberano que decidiría quién sería el Presidente dominicano tras las elecciones organizadas por el Consejo de Estado.

La segunda trampa electoral de la UCN era la limitación de la capacidad de votar solamente a los ciudadanos dominicanos alfabetizados. Según los cívicos, quienes estaban en mejor capacidad de saber quién le convenía a los dominicanos como Presidente eran los dominicanos que sabían leer y escribir. Los analfabetas, si no podían leer su propio nombre mucho menos podrían determinar quién debía ser el presidente de la República Dominicana. Esa propuesta está documentada en múltiples artículos de intelectuales de la UCN que, como todo lo que se escribe, han quedado como dedo acusador dirigido a los propulsores de esa maniobra antidemocrática, a quienes no viene al caso identificar en esta carta.

Por último, los cívicos decidieron un buen día que en el país no había suficiente tinta de los distintos colores que identificaban a los partidos participantes en el proceso electoral, por lo cual todos los votos serían blancos. Es de notar que el color del voto perredeísta era el blanco. Esa medida hubiera convertido en un verdadero "arroz con mango" las elecciones generales, cuando la gran mayoría de los dominicanos, analfabetas de arriba abajo, echara en las urnas electorales uno de los muchos votos blancos que les dieran en su colegio electoral para expresar su voluntad libérrima.

El plan cívico de armar una Babel electoral que invalidara las elecciones generales y les permitiera continuar disfrutando un poder usurpado, provocó una gran crisis en la naciente democracia dominicana, que necesitó de la asistencia del poder estadounidense para convencer a los que se habían encariñado con la costumbre de mandar, de que unas elecciones sin Juan Bosch, la figura dominante del momento político dominicano, sin el voto universal que caracteriza a todas las elecciones democráticas del mundo, y sin la logística que permitiera a los analfabetas, que formaban la gran mayoría del electorado dominicano, votar por quien ellos quisieran, no serían aceptadas como elecciones limpias por una comunidad internacional que vigilaba estrechamente la transición dominicana hacia la democracia, ni por un gobierno estadounidense empeñado en que el ejemplo de Cuba no cundiera en todo el mapa americano. En esos momentos Washington demostró quién era el verdadero dueño de la vaca democrática dominicana.

Para resolver la inhabilitación constitucional de Juan Bosch para ser candidato presidencial, el poder estadounidense obligó a sus apadrinados de la UCN en el Consejo de Estado a que, actuando en su calidad de Legislativo, enmendara la Constitución Dominicana con un artículo provisional que liberaba a Bosch de ese sambenito.

La limitación del voto a los analfabetas fue ignorada como una especulación de algún intelectual cívico trasnochado, y para resolver la logística del entintado de las boletas electorales el Superman del Norte trajo, con la capacidad única del gobierno más poderoso del mundo, mucha más tinta que la que necesitaba un pueblo muerto de hambre de comida y de libertad para identificar su boleta electoral favorita y dar su primer pasito democrático.

A cambio de aceptar que sus tres propuestas hacían inviables las elecciones y deponer su actitud de boicot al proceso, la UCN consiguió retener el poder por cuatro meses adicionales, lo cual fue aceptado por Juan Bosch, quien estaba consciente de que en Santo Domingo, como en cualquier otro país, hambre que espera hartura no es hambre.

Que Dios las bendiga.

Papá

Queridísimas

Queridísimas

Fabio Valenzuela Sosa

Hijas

Hijas

Un Alumno de Juan Bosch

Mi Friero era Alumno de Juan Bosch

Saint Paul, MN, EE UU
31 de agosto 2012

Queridísimas Hijas:

Cuando comenzó mi sexto año de Escuela Primaria, encontré una desagradable sorpresa justo antes de comenzar la tanda vespertina que comenzaba a las 2 de la tarde; Ramón, el friero que hacía su agosto en cualquier mes en la acera del parquecito situado frente a la Escuela Parroquial, sin avisarle a nadie, había desaparecido.

Ustedes, que nunca probaron el Frío-Frío de Ramón, que endulzaba la vida de nosotros justo antes de someternos a dos horas y media de tortura académica a la hora en que el bochorno dominicano ataca con intensidad hasta en un pueblito relativamente fresco como San Juan, nunca podrán entender la tragedia que representó ese día la ausencia de Ramón, quien mandó a un hijo a sustituirlo; pero el muchacho no tenía ni la décima parte de la habilidad de su papá en eso de hacer Frío-Frio, pues no sabía guayar el hielo, ni mucho menos mezclarlo con la frambuesa que nos hacía la boca agua de sólo verla. Toda una tragedia infantil para un grupo de tigueritos que se propuso averiguar qué diablos le pasaba a Ramón, que nos había abandonado de repente antes de nuestra tanda vespertina.

Poco tardamos los muchachos del sexto de Primaria en saber la causa de la ausencia de Ramón en el parquecito. El, junto con un grupo de unos diez venduteros, billeteros y buscavidas del pueblo, se arremolinaban en torno a un radio portátil colocado en el banco bajo la sombra de un laurel gigantesco situado en el solar del edificio del Ayuntamiento, donde escuchaban con reverencia, en total silencio, a un hombre de voz pastosa, pronunciación correcta y ritmo pausado, que parecía desde lejos estar en medio de una cátedra. ¿Ramón, un analfabeta, escuchando una cátedra por la radio? ¿Y tenernos abandonados en manos de un muchacho que no sabía preparar el Frío-Frío que teníamos años comprándole? Eso, definitivamente, no era justo y había que corregirlo.

Al día siguiente de darnos cuenta de la causa de la traición friera de Ramón, un grupito de muchachos del Sexto se acercó a él como a la una y media de la tarde, cuando ya nuestro ex friero estaba embelesado escuchando el maldito radio portátil. Al escuchar la queja del "muchacherío", Ramón rio de la manera en que sólo saben hacerlo los dominicanos de la clase más pobre, sin ningún tipo de control. A continuación, se comprometió a prepararnos el Frío-Frío siempre que viniéramos antes de la una y cuarenta y cinco, porque, según él, a esa hora en punto, "Juan Bo habla y yo tengo que oírlo".

Esa tarde de finales de septiembre de 1962 yo me di cuenta quién iba a ganar las elecciones que habían hecho olvidar a los dominicanos por un año la rivalidad entre Licey y Escogido, que habían sustituido por la rivalidad entre Juan Bosch y Viriato Fiallo. Para mí, que había escuchado en Radio San Juan a Don Raúl García Bidó, el inspirado poeta azuano residente en San Juan que había despedido el duelo por la muerte de mi papá el 10 de septiembre de 1960, pedir un minuto de silencio en memoria de José Vetilio Valenzuela Bautista antes de comenzar una manifestación regional de la UCN el mismo día que se cumplían dos años de la muerte de Papacito, esa no era ciertamente una buena noticia. Si Ramón y su grupo de amigos pobres estaban con Juan Bosch, me dije, a los cívicos no los salva nadie.

Tal vez ustedes no crean que a mis diez años y ocho meses yo pudiera estar tan empapado en los asuntos políticos dominicanos. Si no lo creen, cometen un grave error de cálculo. Los niños dominicanos, durante el despertar democrático de 1962, estábamos completamente zambullidos en la piscina política en que se había convertido Santo Domingo después de la caída del trujillismo. En mi casa no escuchaba hablar mucho de política, pues La Viuda tenía ocho muchachos por quienes vivir para estar perdiendo el tiempo en política, pero en la calle, en un año sin pelota, la política era reina absoluta.
El programa que acaparaba la atención de cientos de miles de Ramones en todo el territorio dominicano era Tribuna Democrática, que dedicaba sus quince minutos finales a una charla política a cargo de Juan Bosch. En esa charla El Profesor disecaba un problema como se descompone un rompecabezas en muchas partes y se arma de nuevo. Esas charlas eran verdaderas cátedras con las que Bosch enseñó a los dominicanos pobres por primera vez conceptos como los de Estado, Democracia, Congreso, Municipio y Elecciones Democráticas, entre otros. De esa forma los dominicanos pobres, acostumbrados desde que el mundo fue mundo a ser la nalga en la cual la correa del poder golpeaba cuando le venía en ganas, descubrieron, bajo el hechizo de la voz cálida de uno de los mejores cuentistas americanos, que ellos también tenían derechos, que ellos eran hijos de Dios que merecían disfrutar de las cosas que nunca tuvieron. El lenguaje limpio y refrescante de Bosch, guiado por su interpretación correcta de la realidad dominicana post Trujillo, diciendo cosas que elevaban la autoestima de un pueblo maltratado por la historia, fue el factor decisivo en las elecciones que la UCN veía escaparse de las manos con el paso de los días.

De las charlas de Bosch en Tribuna Democrática surgieron términos como Carros Pescuezo Largo, Tutumpote, Hijo de Machepa, Las Tres Calientes, que le dieron un giro de 180 grados al discurso político dominicano, antes de Bosch caracterizado por el florilegio y el ditirambo. A partir de esas charlas, quien quiso aspirar a cualquier puesto, aunque fuera de alcalde de un pueblo pequeño, tuvo que hablar de las necesidades del pueblo y dejarle la poesía a los poetas y declamadores.

La semilla que plantó Bosch en esas charlas cayó en el terreno fértil de las mentes y corazones de cientos de miles de Ramones, que produjeron los votos que apabullaron electoralmente a la UCN gobernante y a sus padrinos nacionales y extranjeros. Esa semilla se convirtió en un gobierno cuyo destino fue un golpe de Estado, el más fatal que pueda tener cualquier proyecto político; de manera que por mucho tiempo pareció que la semilla de Tribuna Democrática había muerto para siempre víctima de los impulsos antidemocráticos de la oligarquía dominicana. Pero las máximas bíblicas que rezan que "En el Principio fue el Verbo", y "Conoceréis la Verdad y la Verdad os Hará Libres", más temprano que tarde se combinarían para hacer que los hijos, y los hijos de los hijos de muchos Ramones transformaran al pueblo dominicano, hasta convertirlo en uno de hombres ambiciosos, con la estima propia más saludable del planeta, que no se sienten limitados por su origen, y que nunca, desde que escucharon por primera vez la voz pastosa de Juan Bosch en Tribuna Democrática, han llevado a un oligarca, riquito u "hombre de primera" a la presidencia de la República sobre los hombros poderosos de la voluntad popular.

Que Dios las bendiga.

Papá

La Propaganda del PRD Venció la Publicidad de UCN

Saint Paul, MN, EE UU
1 de septiembre 2012

Queridísimas Hijas:

Como les decía hace un par de días, la UCN consiguió posponer las elecciones generales inicialmente planificadas para agosto de 1962 hasta diciembre de ese año pensando que esos cuatro meses le darían oportunidad, basándose en el uso intensivo de los recursos estatales, para remontar la ventaja que tenía el PRD a mediados de ese año en el electorado dominicano.

La táctica de los cívicos se revirtió en su contra gracias a la efectiva propaganda del PRD entre los trujillistas dominicanos que eran amenazados continuamente por boca de su candidato, el Dr. Viriato Fiallo, quien como político continuaba demostrando que era un excelente médico y filósofo, materias en las cuales tenía títulos universitarios.

Probablemente, algo que desfavorecía a Viriato era el no haber estado expuesto lo suficientemente a un merengue muy de moda durante la campaña electoral titulado "¿Y Dónde Están los Compadres del Compadre que Mataron?" Aunque el coro del merengue respondía a esta pregunta con un "Yo no sé", en Santo Domingo entero se sabía que la respuesta correcta a la jocosa pregunta era "Por dondequiera".

Lo crean ustedes o no, Trujillo tenía cientos de miles de compadres y ahijados regados en todo el territorio dominicano. Una de las maniobras más efectivas del astuto gobernante para mantener el favor de los dominicanos de todas las clases sociales fue el ofrecerse como padrino de cualquier niño cuyos padres solicitaran formalmente el "honor" de tener al Jefe como compadre. Trujillo era representado en la mayoría de esos miles de bautizos por funcionarios de su gobierno, desde Secretarios de Estado hasta Alcaldes Pedáneos, dependiendo del rango social y económico del nuevo ahijado del Jefe. El regalo del Padrino, invariablemente en efectivo, era también proporcional al rango social de los afortunados ahijados. Pues bien, a esos compadres, comadres y ahijados Viriato y su UCN les ofrecían en la publicidad oficial del partido del voto azul Siete Látigos que acabarían para siempre con todo lo que oliera a Trujillo. Mientras tanto, Juan Bosch continuaba ofreciéndole a ese montón de trujillistas un Borrón y Cuenta Nueva total y arrancar desde cero en la construcción de la democracia dominicana.

¿A quién que hubiera sido compadre, comadre o ahijado de Trujillo se le hubiera ocurrido preferir los Siete Látigos de la UCN al Borrón y Cuenta nueva del PRD ? Obviamente que cualquiera en su sano juicio se hubiera decidido "a la franca" por la oferta perredeísta. Desde el punto de vista religioso, el votar en contra de la memoria de un compadre o padrino bautismal era simplemente inaceptable. Eso, y no otra cosa, era lo que tenía a Juan Bosch en la cima de la popularidad electoral faltando unas cuantas semanas para el juicio popular que decidiría quién se sentaría en la silla de Trujillo en el Palacio Nacional. Sólo a los Tutumpotes (así le llamaba Juan Bosch a los oligarcas) de la UCN se les hubiera podido ocurrir que amenazando a la mayoría del pueblo dominicano con Siete Látigos podían ganar los votos de los Hijos de Machepa (así le llamaba Juan Bosch a los pobres de solemnidad) que necesitaban para ganar las elecciones de la misma forma que los seres humanos necesitan oxígeno para vivir.

La ventaja de la UCN en los medios de comunicación era realmente abrumadora. Para comenzar, los cívicos contaban con el 100 por ciento de la programación del canal de televisión oficial, el único con alcance nacional. Había un canal privado perteneciente a un allegado de Trujillo que apenas cubría el territorio de la Capital. En las emisoras de radio la situación era parecida. La música de los merengues cívicos se oía por todas partes y a todas horas. En la prensa escrita diaria, limitada a dos periódicos de circulación nacional, El Caribe y La Nación, pasaba lo mismo. Si era por el nivel de publicidad, la UCN llevaba, con mucho, las de ganar.

Pero sucede que Juan Bosch conocía perfectamente la diferencia entre Publicidad, forma de comunicación comercial que intenta incrementar el consumo de un producto o servicio a través de los medios de comunicación; y Propaganda, que es la difusión de ideas políticas, sociales, morales o religiosas sin objetivos meramente económicos. El Profesor había vivido 3 procesos electorales libérrimos en Cuba en 1940, 1944 y 1948, durante los cuales se hizo un "taco" (experto en el lenguaje coloquial dominicano) en el tema de la propaganda electoral. Por eso la ventaja del PRD sobre la UCN en propaganda política era igual de grande que la de la UCN sobre el PRD en publicidad política.

La consigna electoral principal de la UCN fue BASTA YA, expresión tomada del discurso de presentación pública de Don Viriato Fiallo en el Parque Independencia de la Capital en julio del 1961. Esa consigna tuvo impacto en las clases media y alta (Tutumpotes) de las dos o tres poblaciones dominicanas que podían llamarse ciudades para el año 1962, pero le pasaba lejos al corazón y al cerebro de los Hijos de Machepa.

Por otra parte, la consigna bandera del PRD fue VERGÜENZA CONTRA DINERO, que Juan Bosch copió de Eduardo Chibás, malogrado líder populista cubano quien en base a esa consigna había conseguido proyectar a su Partido Ortodoxo como favorito a finales del gobierno de Carlos Prío antes de suicidarse en medio de un programa de radio en La Habana en 1951. Recuerden por cierto que en el sepelio de ese líder, Eduardo Chibás, uno de los principales oradores fue un joven abogado cubano llamado Fidel Castro, quien tras el golpe de Estado de 1952 reescribió la historia de Cuba hasta el día de hoy.

VERGÜENZA CONTRA DINERO describía fielmente el enfrentamiento entre el PRD y la UCN. Los cívicos contaban con todo el dinero del mundo, proveniente del Estado Dominicano y de las clases adineradas que respaldaban a Don Viriato, un hombre "de primera" en oposición a Bosch, quien era "de segunda". Entre las clases adineradas Bosch era considerado un demagogo barato que estaba tratando de "robar" el Poder que la UCN había "ganado" después de una lucha ciclópea contra Balaguer y el trujillismo residual. Los Tutumpotes tenían el DINERO sin lugar a dudas, y Juan Bosch les enseñó a los HIJOS DE MACHEPA que ellos tenían algo cien veces más importante para ganar unas elecciones que el DINERO, que era, simplemente, su VERGÜENZA, que en el contexto dominicano significa la DIGNIDAD. Ese lenguaje clasista de Juan Bosch llegó hasta el tuétano de las clases populares dominicanas que esperaban con ansiedad la oportunidad de tirar en las urnas electorales los papelitos blancos que contendrían esa VERGÜENZA que El Profesor les había ayudado a descubrir en ellas mismas, para con esos papelitos blancos poner en la silla de Trujillo al nuevo amigo que ellas necesitaban en el Palacio Nacional.

Pero todavía la UCN no había usado su última y más efectiva arma, que era una mezcla del anticomunismo exacerbado por la reciente Crisis de los Cohetes en Cuba, mezclado con altas dosis de manipulación religiosa por parte de un sector importante de la curia católica dominicana. De ese episodio estelar de la historia electoral dominicana les contaré, si Dios quiere, un día de estos.

Que Dios las bendiga.

Papi

La Última Mentira de la UCN la Hunde aún Más

Saint Paul, MN, EE UU
2 de septiembre 2012

Queridísimas Hijas:

La Crisis de los Misiles de Octubre de 1962, que explotó unos dos meses antes de las votaciones en Santo Domingo poniendo al mundo al borde de la Tercera Guerra Mundial entre Estados Unidos y la Unión Soviética, ambos estados poseedores de todo tipo de armas nucleares, le vino como anillo al dedo de la UCN, que veía con horror cómo su cataclismo electoral se acercaba empujado por las manecillas del reloj.

Resulta que Juan Bosch tuvo en Cuba una segunda patria donde pasó un poco más de la mitad de su exilio antitrujillista en medio de una actividad política y literaria que lo convirtió en el dominicano más destacado fuera del territorio dominicano. La llave que podía abrir las puertas de una sorpresiva victoria electoral cívica era encontrar algo que oliera a comunismo mientras el Profesor residió en la que él denominó La Isla Fascinante (título de uno de sus ensayos) entre 1939 y 1952. Como ustedes recuerdan, en 1952 Bosch, quien había sido un cercano colaborador del derrocado presidente cubano Carlos Prío, tuvo que hacer sus maletas y trasladarse a Costa Rica, donde encontró refugio solidario facilitado por José Figueres, uno de los líderes fundamentales de la izquierda democrática latinoamericana.

Encontrar una prueba creíble del "comunismo" de Juan Bosch requería de una imaginación novelesca, además de mucho optimismo. Nadie en su sano juicio iba a creer que un político de la escuela de Pepe Figueres y Rómulo Betancourt, y que estaba usando una consigna copiada de Eduardo Chibás, anticomunista convencido, Vergüenza Contra Dinero, como bandera propagandística, podía ser etiquetado como "comunista" con algún grado de credibilidad. Pero después de tanto buscar la UCN la conexión entre Juan Bosch y el comunismo y no encontrarla, a algún genio de su equipo político se le ocurrió fabricar esa conexión mezclando al fanatismo anticomunista predominante en ese momento de tensiones internacionales y el odio de buena parte de la jerarquía católica al Hostosianismo de Bosch (recuerden que Juan Bosch fue el autor de la biografía mejor acreditada de Eugenio María de Hostos, al mismo tiempo que recopilador oficial de las obras completas del gran pensador puertorriqueño durante el primer año de su exilio antitrujillista). Esa mezcla venenosa de fanatismo anticomunista y fanatismo religioso, bendecida desde los púlpitos más altos de la Iglesia Católica dominicana, se convirtió en la última esperanza de una victoria electoral de la UCN.

Unos cuantos días antes de las votaciones programadas para el 20 de diciembre de 1962, el sacerdote católico español Láutico García, quien tenía estrechos nexos de amistad con la alta dirigencia cívica, basándose en un artículo publicado por Bosch en la revista de análisis político Renovación, acusó al candidato presidencial del PRD de tener una ideología comunista. La acusación fue brillantemente desarrollada por el Padre García en varios artículos en el periódico de circulación nacional La Nación que fueron leídos y releídos hasta el cansancio por comentaristas cívicos de radio y televisión, y reproducidos en volantes distribuidos a mano y hasta lanzados por helicópteros y avionetas sobre todo el territorio dominicano. Recuerdo vivamente haber recogido varios de esos volantes lanzados desde el aire en el amplio patio de la residencia de los Valenzuela Sosa en San Juan un par de días antes de las votaciones supuestas a estrenar la democracia dominicana cuando el 1962 agonizaba.

La intromisión curial católica no se detuvo en la pluma aguda de un cura extranjero. La tapa al pomo de la última mentira de campaña de la Unión Cívica Nacional llegó el domingo 16 de diciembre de 1962, menos de cien horas antes de que se abrieran los colegios electorales dominicanos, cuando numerosos sacerdotes católicos pidieron a Dios durante las misas del Día Santo de la semana que protegiera a los dominicanos de elegir a un comunista como Presidente cuatro días más tarde. El reperpero político que armó esa injerencia de la Iglesia Católica a favor de la UCN en el tramo final de la campaña electoral fue de una magnitud tal que poco faltó para que la nave democrática dominicana se hundiera antes de salir del puerto de la voluntad popular.

El mismo día que los curas convirtieron sus púlpitos en bocinas de propaganda de la UCN, Juan Bosch anunció al país y a la comunidad internacional que se retiraría de las elecciones a menos que el Padre Láutico García retirara la acusación de "comunista" que había puesto sobre sus hombros. El anuncio de Bosch provocó un verdadero terremoto político y social en la sociedad dominicana, que veía cómo su esperanza de iniciar un proceso democrático era amenazada por la intolerancia de un partido gobernante convencido de que sin usar argumentos sucios tenía perdidas las elecciones, y que buscaba, con la ayuda de sacerdotes violadores del Octavo Mandamiento, revertir una tendencia electoral ya fija en el corazón y la mente de los dominicanos.

La crisis política que puso a las elecciones al borde del fracaso fue resuelta con la mediación del comentarista de televisión Salvador Pittaluga Nivar, quien logró que el Padre Láutico García y Juan Bosch aceptaran debatir frente a las cámaras de la televisión nacional la acusación del primero. De esa manera, dos días antes de las votaciones, se verificó un debate de alto vuelo intelectual entre un hombre de la Iglesia Católica y un librepensador. Ningún evento en la historia de la televisión dominicana se ha acercado en televidencia porcentual a esa discusión. La cámara de mi memoria conserva fresca las imágenes del canoso "Ovejo" y del cura español, ambos de hablar pausado y respetuoso, metidas en la mágica caja en blanco y negro de la sala de mi casa en San Juan, discutiendo asuntos de los cuales la mayoría de los televidentes no entendíamos ni "papa".

El debate entre Bosch y García se concentró desde su inicio en la oración del artículo publicado por Bosch en la que calificó a Vladimir Illich Lenin como "el arquetipo del político" . De manera sistemática y calmada, Bosch desmontó en su lenguaje elegantemente sencillo el argumento del Padre Láutico, mientras leía repetidamente el meollo de su artículo en Renovación y la definición de ARQUETIPO en el Diccionario de la Real Academia de la Lengua Española, demostrando claramente que no había en su planteamiento ni simpatía ni antipatía hacia Lenin, sino la afirmación de que Lenin había logrado la meta más importante de cualquier político, que era mantener el poder. Haciéndose cargo de la realidad de que la base de su acusación había estallado frente a su cara como una pompa de jabón, el Padre García, en un gesto que honrará su memoria mientras la democracia dominicana exista, admitió su error de interpretación y retiró el calificativo de "comunista" que había lanzado sobre Bosch.

A la hora en que García, cumpliendo con el mandato del Divino Rabí de Galilea en el sentido de "No levantarás falso testimonio", aceptó su equivocación y liberó al candidato presidencial del PRD de su injusta acusación, ya hasta los chinos de Bonao que pertenecían a la UCN sabían que Juan Bosch iba a ser el primer Presidente dominicano del post trujillismo elegido democráticamente. El Profesor acababa de demostrar la certeza de unos de sus refranes favoritos, "el cojo y el mentiroso nunca llegan lejos" . Las calles de los barrios inundados de Hijos de Machepa en San Juan y en todo el suelo dominicano celebraban por anticipado en medio del calor de un Pri-Pri sureño o de un Perico Ripiao cibaeño, y entre tragos de ron o de triculí, una pela electoral histórica que mantenía a Viriato Fiallo y compartes más asustados que un caballo en un balcón estrecho y alto.

Que Dios las bendiga.

Papi

Los Dominicanos Bailan el Merengue Democrático

Saint Paul, MN, EE UU
7 de septiembre 2012

Queridísimas Hijas:

Las votaciones del 20 de diciembre de 1962 y el conteo de los votos por parte de la Junta Central Electoral (JCE) que permitió al mundo conocer la voluntad soberana de los dominicanos, que marcaron el ingreso de la república concebida por Juan Pablo Duarte durante el cuarto decenio del siglo XIX al concierto de los estados democráticos, constituyeron un verdadero merengue electoral.

Durante los meses que siguieron a la muerte del Jefe, manchados por la represión sangrienta encabezada por Ramfis Trujillo, en el concierto de las naciones americanas prevaleció la duda de que un pueblo pobre y sin antecedentes democráticos, que había sido domado como un mulo mañoso por un jinete cruel que lo había abusado por más de treinta años, fuera capaz de montar el escenario de una contienda democrática en la que eligiera limpiamente a gobernantes que lo sacaran del oprobio de la tiranía. A esos que pensaron, con razón, así, los dominicanos los hicieron quedar muy mal.

Ese 20 de diciembre tan esperado, alrededor de un millón de dominicanos en capacidad de ejercer su derecho al voto, como lo hubiera hecho el ejército más disciplinado del mundo, se dirigió a los colegios electorales instalados en oficinas gubernamentales, escuelas, hospitales y otros edificios públicos, para expresar en urnas limpias su voluntad soberana. Ese día no se reportaron incidentes que hubieran podido comprometer la limpieza del cómputo electoral. Después de ejercer su voto, como si hubieran sido veteranos en el arte de elegir presidentes, legisladores, alcaldes y regidores, dominicanos de todas edades, razas y clases sociales, se retiraron a sus casas para aprovechar el feriado electoral y en muchos casos para darse sus traguitos y esperar "en familia" que la JCE hiciera su trabajo.

A las 6 de la tarde ya el conteo de los votos había comenzado en la mayoría de las mesas de votación, y a las 8 de la noche la televisión y radio oficiales, con todas las emisoras privadas en cadena obligatoria, comenzaron a transmitir los resultados parciales, los cuales desde el primer boletín proyectaban una abrumadora victoria del Partido Revolucionario Dominicano (PRD). Ya a las 9 de la noche hasta los gatos sabían que el nuevo presidente de la República Dominicana se llamaba Juan Bosch y los Hijos de Machepa pudieron disfrutar tranquilos de una fiesta que se prolongó hasta el amanecer en muchos barrios populares.

El sol mañanero del 21 de diciembre de 1962 vio al mapa dominicano teñido de la pintura blanca del PRD, con parches azules de la UCN en las provincias de Santiago, Puerto Plata, Espaillat y Duarte. El PRD había obtenido una supermayoría de más de las dos terceras partes de las curules en el Senado, y había rozado esa supermayoría en la Cámara de Diputados. El balance de poder en el ámbito municipal era muy similar. En pocas palabras, la VERGÜENZA del PRD se había impuesto de manera aplastante al DINERO de la UCN. En su tumba en La Habana, los huesos del populista Eduardo Chibás estaban de fiesta. Y pensar que catorce meses antes menos de un uno por ciento de los Hijos de Machepa dominicanos hubieran reconocido la cabeza blanca de Juan Bosch, y mucho menos hubieran estado en capacidad de pronunciar su nombre.

Varias reflexiones se imponen al recordar las votaciones del 20 de diciembre de 1962. La primera es que esas fueron las elecciones más limpias que se hayan celebrado en la historia dominicana. Es decir, que a pesar del pueblo dominicano carecer de experiencia en el ejercicio del voto, de la logística computacional con que hoy cuenta y de los instrumentos que permiten el conteo electoral rápido, ese despertar democrático no estuvo salpicado por el lodo de los fraudes masivos que se produjeron en la mayoría de nuestros procesos electorales siguientes.

En mi opinión, a la transparencia total y la ausencia de violencia en el proceso electoral que concluyó con la victoria del PRD el 20 de diciembre de 1962 contribuyeron varios factores. Uno de esos factores fue la existencia de un organismo estatal encargado de la organización electoral, la Junta Central Electoral (JCE) que se mantuvo al margen de los intereses partidarios y actuó de manera imparcial durante el proceso electoral sirviendo al pueblo votante y no a uno de los partidos contendientes. Ya les he dicho que la JCE de ese tiempo estuvo encabezada por Don Emilio de los Santos, un sanjuanero de conducta intachable, quien se vería envuelto sin él buscarlo, por una de las ironías que abundan en la historia dominicana, en el proceso que llevó a la muerte y sepultura de la democracia que fue producto del limpio conteo de votos que él encabezó aquel luminoso 20 de diciembre.

La comunidad internacional, que es casi lo mismo que decir el gobierno estadounidense, contribuyó de manera decisiva al éxito de la democracia en Santo Domingo. Lo mismo se puede decir del Consejo de Estado encabezado por Don Rafael F. Bonelly que, a pesar de ser adversario radical de Juan Bosch, supo controlar su apetito de poder cuando vio que su patrocinada UCN se dirigía a una derrota segura.

Parte del mérito del éxito electoral dominicano en 1962 tiene que ir necesariamente a los candidatos presidenciales principales, Don Viriato Fiallo y el Profesor Juan Bosch. Menciono a Don Viriato primero, porque siendo el favorito del Consejo de Estado que gobernaba en el momento de las elecciones no reaccionó con el pataleo típico de los Jaliscos electorales que si pierden tratan de arrebatar. En cuanto al Profesor, hay que elogiar la inteligencia y la paciencia que exhibió durante las elecciones para enfrentar las jugarretas políticas de la UCN, llevando a la práctica política dominicana la vieja sentencia que reza que "más vale maña que fuerza".

Por último, y no menos importante, el pueblo dominicano demostró en las elecciones generales del 1962 la inteligencia y astucia colectivas que lo han caracterizado a través de su historia. Muchos otros pueblos más educados formalmente y mejor tratados por el destino que el dominicano, no han sido capaces, en circunstancias similares a las que se vivieron en Santo Domingo en 1962, de aprender a caminar sin saber gatear. La inteligencia natural que abunda entre los dominicanos les permitió, superando su falta de instrucción escolar, asimilar en cuestión de días las cátedras políticas de Juan Bosch y ponerlas en práctica como si hubieran sido políticos veteranos, mientras seguían el consejo del más grande pedagogo político dominicano de todos los tiempos, quien durante las últimas semanas de su campaña electoral victoriosa les martillaba el cerebro con la consigna "Dominicano, coge todo lo que te den, y vota por quien te diga tu corazón; que un corazón nunca engaña a su dueño".

En resumen, los dominicanos bailaron el 20 de diciembre de 1962 un merengue electoral limpio y alegre que a la vuelta de 50 años, (después de haber vivido in situ las deficiencias de las elecciones presidenciales estadounidenses, en las que continuamente se producen manipulaciones de todo tipo que han alterado el resultado de la voluntad popular, verbigracia, las elecciones presidenciales estadounidenses del año 2000, cuando la Suprema Corte de Estados Unidos tuvo que designar al ganador en medio de un tollo electoral verdaderamente vergonzoso para la cuna de la democracia representativa), lucen, a mis ojos ya añosos, como una verdadera epopeya electoral de la cual los dominicanos debemos estar hoy orgullosos.

Que Dios las bendiga.

Papi

Queridísimas Hijas

Fabio Valenzuela Sosa

La Cara del Independentismo
Boricua Pacifista

Muñoz Marín se Come el Melón Independentista

Saint Paul, MN, EE UU
8 de septiembre 2012

Queridísimas Hijas:

Durante su ejercicio de doce años como primer Gobernador colonial de Puerto Rico bajo el paraguas del Estado Libre Asociado (ELA) entre 1952 y 1964, Luis Muñoz Marín fue un verdadero Dictador con Respaldo Popular que aprovechó el dominio omnímodo que tenía sobre los poderes Ejecutivo, Legislativo y Judicial de Puerto Rico para echar hacia adelante su proyecto colonial. En esos años el Vate hizo y deshizo a su antojo en Borinquen, como si la Isla del Encanto hubiera sido una finca de su propiedad de 100 millas de largo por 35 millas de ancho (esas son las dimensiones de Puerto Rico), dando un giro de 180 grados a la forma en que los boricuas comían, bebían, trabajaban, dormían, paseaban, y hasta a la forma en que disponían de sus excrementos.

Cuando Muñoz Marín encendió los motores de su carro nuevecito del ELA en 1952, ya había desmantelado la mayor parte de la estructura insurreccional del independentismo encabezada por Pedro Albizu Campos, pero tenía que lidiar todavía con el Partido Independentista Puertorriqueño (PIP), el cual, abjurando de la vía violenta para alcanzar su objetivo independentista, había alcanzado en las elecciones coloniales de 1952 la segunda posición tanto en el voto popular como en el número de legisladores en el Congreso colonial.

El PIP se fundó a mediados del decenio 1940 como desprendimiento del PPD de Muñoz Marín, cuando un nutrido grupo de políticos puertorriqueños encabezados por Gilberto Concepción de Gracia aprovechó el alejamiento definitivo del Vate de cualquier vía hacia la independencia para tratar de nuclear un partido político no insurgente que aglutinara las ansias independentistas en medio del fracaso del Partido Nacionalista de Albizu Campos en integrar al pueblo boricua a esa causa.

Gilberto Concepción de Gracia fue un prestigioso abogado de inclinación independentista que desde muy joven se dio a conocer como uno de los defensores de Pedro Albizu Campos y sus compañeros nacionalistas que en 1936 fueron juzgados y condenados por las cortes federales de Estados Unidos. Después de hacer eso, Concepción se mudó a Estados Unidos, donde militó en varias organizaciones independentistas, regresando a Puerto Rico en la primera parte del decenio 1940, cuando ya era evidente que Muñoz Marín había borrado de su ideario la palabra independencia.

La primera vez que el PIP participó en unas elecciones lo hizo en 1948, cuando obtuvo alrededor de un diez por ciento en las elecciones coloniales. En 1952, en las primeras elecciones coloniales bajo el paraguas institucional del ELA, el PIP alcanzó poco menos del 20 por ciento, es decir, casi duplicó su votación porcentual en comparación a cuatro años antes. Esto auguraba un crecimiento de la militancia independentista no insurgente en las elecciones siguientes, dado el desgaste natural que el PPD estaba supuesto a experimentar a medida que se prolongara su ejercicio gubernamental.

Pero en las elecciones coloniales de 1956 el PIP no solo no aumentó su porcentaje del electorado sino que lo redujo desde un 19 por ciento en 1952 hasta un 13 por ciento. Y en las elecciones de 1960 y 1964 siguió desgastándose hasta llegar a la condición de irrelevancia electoral como opción de poder, cediendo el segundo lugar al partido promotor de la Estadidad para Puerto Rico, quedando relegado el PIP a la penosa misión de contribuir con sus Melones a la causa del partido de Muñoz Marín. Y en este punto tengo que detenerme a explicarles que el melón puertorriqueño, muy sabroso por cierto, es verde (color del PIP) por fuera y rosado (color del PPD) por dentro. El voto Melón es el de simpatizantes de la independencia que se han visto obligados a votar por el partido del traidor al independentismo, Muñoz Marín, para evitar la victoria del partido estadista que buscaba, y sigue buscando hoy con el nombre de Partido Nuevo Progresista, la conversión de Puerto Rico en el Estado 51 de los EE UU.

El responsable mayor del desgaste independentista fue el líder del PPD, quien usó la llamada Ley Mordaza, puesta en vigor en 1948, que prohibía cualquier propaganda a favor de la independencia puertorriqueña, hasta la que pudiera hacerse en una conversación hogareña. Las invito a que observen la triste paradoja política puertorriqueña entre 1948 y 1957, tiempo en que estuvo vigente la Ley Mordaza. Durante ese período se celebraron elecciones en 1948, 1952 y 1956, y en esas elecciones participó como protagonista importante el Partido Independentista Puertorriqueño; pero en ese mismo tiempo estaba absolutamente prohibido promover la independencia de Puerto Rico hasta en conversaciones privadas, y quienes lo hacían corrían el riesgo de ir a prisión. Todo esto configura un cuadro colonialista surrealista que parece sacado de una novela del realismo mágico latinoamericano.

Esto ocurría en un territorio cuya mayoría de habitantes disfrutaba la ciudadanía estadounidense, que de acuerdo a la Constitución de Washington, Jefferson, Adams, Madison, Franklin y Hamilton, vigente para ese tiempo en Puerto Rico, garantizaba a todos los ciudadanos de Estados Unidos una completa libertad de expresión. Culpa del colonialismo patrocinado por la cuna de la democracia representativa era, no de un pobre pueblo que buscaba la libertad, mientras cargaba su pobreza arrullado por los cantos de sirena metropolitanos, que daban alimento a su estómago sin alimentar su alma y su cerebro. Sólo en el mundo surrealista del colonialismo puertorriqueño pudo producirse un "tollo" nacional de esta categoría.

Aunque los pipiolos (así se llaman los miembros del PIP) nunca se asociaron a la lucha insurgente que promovía el Partido Nacionalista encabezado por Pedro Albizu Campos, fueron perseguidos sin misericordia por los gobiernos de Muñoz Marín y su PPD. Esa persecución ha quedado documentada de manera incontrastable en documentos oficiales del gobierno estadounidense que al cabo de cincuenta años, en cumplimiento de una ley, ha desclasificado miles de páginas de documentos oficiales de ese gobierno, que demuestran la persecución sistemática que victimizó a los pipiolos durante los gobiernos de Luis Muñoz Marín. Esa persecución se aceleró en 1954, cuando el Partido Nacionalista protagonizó un acto terrorista contra el Congreso estadounidense, en el cual el PIP no tuvo absolutamente ninguna participación. A partir de ese hecho terrorista, que analizaremos, si Dios quiere, en una próxima carta, los pipiolos vieron cerradas sus oportunidades de avanzar hacia la independencia por la vía pacífica.

En 1957, cuando ya se veía al PIP descendiendo por la pendiente enjabonada del deterioro electoral que redujo a sus militantes a la condición de MELONES, Muñoz Marín, para mejorar la apariencia de su tinglado colonial (ELA), promovió la desactivación de su Ley Mordaza en los tribunales coloniales dominados por su PPD. A partir de ese momento los puertorriqueños pudieron disfrutar de la primera enmienda de la Constitución de los Estados Unidos, que todos los ciudadanos estadounidenses no colonizados habían disfrutado por más de ciento cincuenta años.

Así se comió Muñoz Marín, como a un rico MELON boricua, al independentismo puertorriqueño durante la Dictadura con Respaldo Popular que encabezó entre 1952 y 1964. Y se lo comió sin siquiera eructar los sueños independentistas que él había proclamado tener durante los primeros veinte años de su carrera política. Todo un monumento a la simulación ideológica validado por un pueblo hambriento.

Que Dios las bendiga.

Papá

273

Las Naciones Unidas
se Burlan de Puerto Rico

Saint Paul, MN, EE UU
9 de septiembre 2012

Queridísimas Hijas:

Desde su fundación en San Francisco de California en 1945, la Organización de las Naciones Unidas (ONU) se trazó como una de sus metas fundamentales el descolonizar el planeta Tierra, es decir, el promover procesos supervisados por ella, la ONU, por medio de los cuales territorios coloniales que distintas metrópolis, particularmente Inglaterra y Francia, habían ocupado por siglos convirtiendo al Mapamundi en un rompecabezas colonial, pudieran soberanamente decidir su estatus político, mientras sus "madres patrias" se levantaban del amasijo de escombros en que la Segunda Guerra Mundial había convertido a Europa.

Al terminar la Segunda Guerra Mundial con Francia, Inglaterra, Alemania e Italia convertida en enormes colecciones de escombros incapaces de administrar las colonias que poseían en distintos lugares del mundo, la ONU hacía un favor a estas naciones facilitando la transición de territorios coloniales a países independientes, territorios asociados, o integración de esos territorios a las metrópolis. Para esos fines la ONU creó un Comité de Territorios que se ocupaba del seguimiento de los procesos de descolonización de cuanta colonia pudiera existir en el mundo.

Ese proceso de descolonización representó para Estados Unidos un dolor de cabeza diplomático en el caso de Puerto Rico, su colonia enclavada en la entrada noreste del Mar Caribe, su patio geopolítico trasero. Era engorroso para los representantes estadounidenses en los más diversos foros internacionales escuchar el sonsonete sostenido de aliados y enemigos recordándoles que los puertorriqueños, sus colonizados, no habían resuelto su situación de soberanía mientras ellos, los Estados Unidos, se presentaban al concierto de las naciones como los campeones mundiales de la libertad.

A la embarazosa cara colonial de Puerto Rico los Estados Unidos, con la complicidad de la ONU, le pasaron una capa de barniz de mala calidad con brocha gorda a finales de 1953, cuando a todo vapor el máximo organismo de la diplomacia mundial evacuó la resolución 748, mediante la cual relevó a los Estados Unidos de la obligación de presentar anualmente un reporte sobre el estado de situación de la trayectoria de Puerto Rico hacia la soberanía. La resolución 748 validó el proceso que concluyó con la fundación del Estado Libre Asociado (ELA) en julio de 1952 como uno que satisfacía los requisitos de una consulta soberana sobre estatus político.

Por una "casualidad", horas después de que la ONU diera su bendición al ELA como opción soberana, aprobó los criterios que definían en detalle las condiciones que debía llenar un proceso descolonizador para ser válido. Sorprendentemente, el proceso que había concluido con la proclamación del ELA no llenaba la gran mayoría de esos requisitos. Pero ya era tarde; ya la ONU le había puesto un cinturón de castidad soberana a Puerto Rico que tardaría más de 20 años en retirarle; y cuando finalmente la presión internacional logró que el caso de Puerto Rico fuera devuelto al Comité de Territorios de la ONU, ya el independentismo había sido comido y digerido como un sabroso melón boricua por Luis Muñoz Marín y su PPD, y contaba con menos del 3 por ciento del apoyo en las elecciones coloniales de Puerto Rico.

La estafa cometida contra Puerto Rico en la ONU levantó un clamor de indignación que no se limitó a la grey independentista en la Isla. Personalidades del nivel de José Trías Monge, muñocista entusiasta y uno de los arquitectos del ELA junto con Muñoz Marín, sintieron su dignidad nacional e intelectual ofendida. En la constitución del ELA se declaraba taxativamente que Puerto Rico seguiría siendo regido por la Clausula Territorial de la Constitución de los Estados Unidos, siendo su propietario y administrador inmediato el Senado de la gran nación del norte. Además, como dije más arriba, el proceso que parió al ELA no cumplía con los requisitos puestos por la ONU horas después de haberle quitado el peso colonial de Puerto Rico a los hombros del prestigio internacional de los Estados Unidos.

De nada valieron los escrúpulos y el remordimiento de Trías Monge y otros muchos intelectuales de valía que habían sido embaucados por la magia de Muñoz Marín y que trataron de convencer al Vate de su traición a Puerto Rico. El capricho y la conveniencia imperiales de Estados Unidos se habían cumplido y Puerto Rico seguiría siendo hasta bien entrado el siglo XXI una colonia revestida de una supuesta soberanía en la que la mayoría de los puertorriqueños, incluyendo muchos herederos políticos de Muñoz Marín, no cree. José Trías Monge eventualmente llegaría a la Presidencia de la Corte Suprema de Puerto Rico, donde tendría una ilustre carrera; al retirarse como juez de la Suprema, dedicaría la mayor parte de sus energías intelectuales a desnudar la mentira del ELA, lo cual hizo en varios ensayos dedicados al tema que les recomiendo leer, en los cuales destruye conceptualmente el aparato colonial que él ayudó a montar en los 1950. Pero, para esa época ya Puerto Rico se había, sin remedio, resignado a no ser soberano por los siglos de los siglos.

Que Dios las bendiga.

Papi

Terrorista y Patriota

El Terror Nacionalista Ataca el Capitolio

Saint Paul, MN, EE UU
14 de septiembre 2012

Queridísimas Hijas:

La ópera bufa montada por las Naciones Unidas para salvar el embarazo colonialista de los Estados Unidos exacerbó las pasiones en las filas del minoritario Partido Nacionalista encabezado para comienzos de 1954 por un Pedro Albizu Campos con la salud minada por los rigores de una prisión de alrededor de decenio y medio en cárceles estadounidenses y puertorriqueñas, contando las distintas caídas de su Vía Crucis que terminaría con su muerte en 1965. Albizu había sido inteligentemente indultado por Luis Muñoz Marín en vísperas del conocimiento del caso colonial de Puerto Rico en las Naciones Unidas en 1953, y desde su reclusión en la vivienda de partidarios en el Viejo San Juan puso en marcha un plan terrorista que llevó la sangre al augusto recinto de la Cámara de Representantes de Estados Unidos, la más genuina expresión de la democracia estadounidense.

La afirmación contenida en la última oración del párrafo anterior está sustentada en las estipulaciones relativas a los distintos Poderes del Estado (Ejecutivo, Legislativo y Judicial) contenidas en la Constitución estadounidense, que repasaremos a continuación. El Ejecutivo de Estados Unidos, que consta de un presidente y un vicepresidente, no es elegido de manera enteramente democrática, ya que su elección se verifica por la vía indirecta de un Colegio Electoral. Por su parte el Legislativo se divide en dos ramas, el Senado y la Cámara. El Senado lo componen 100 senadores, dos por cada estado independientemente de la población de esos estados, más el vicepresidente de Estados Unidos, quien es protocolarmente el presidente del Senado, además de decidir con su voto un empate en la mayoría de las votaciones. La Cámara está compuesta por 435 representantes que se distribuyen proporcionalmente entre los cincuenta estados de la Unión de acuerdo a su población. El Poder Judicial lo forman nueve jueces propuestos por el presidente del Ejecutivo que necesitan de la confirmación senatorial. Si analizan la estructura del Estado estadounidense antes descrita, se cae de la mata la conclusión de que la Cámara es, con mucho, el organismo más democrático del esqueleto de la primera y menos imperfecta democracia representativa del mundo.

Fue a la sede de la expresión máxima de la democracia estadounidense, que los pupilos de Albizu Campos, bajo su dirección política, atacaron el 1 de marzo de 1954, cuando un comando suicida de cuatro miembros dirigido por Lolita Lebrón, obrera puertorriqueña de la aguja y dirigente nacionalista en Nueva York, se apersonó al augusto local en medio de una sesión ordinaria y comenzó a disparar hacia los representantes hiriendo a tres de gravedad y a otros dos levemente.

El ataque a la Cámara se convirtió en la noticia más importante de ese día no sólo en los Estados Unidos sino en todo el mundo, muy particularmente en América Latina, donde de repente millones de latinoamericanos repararon en que tras más de cincuenta años de ocupación estadounidense, en Puerto Rico todavía latían algunos corazones independentistas. En distintos foros se llamó la atención en cuanto al carácter latinoamericano de los puertorriqueños y a la orfandad de soberanía que padecía la benjamina de las Antillas Mayores. Esos planteamientos fueron respondidos indirectamente por el presidente Eisenhower, quien escribió una carta a Luis Muñoz Marín ofreciendo a Puerto Rico su independencia inmediata. La oferta del héroe de la Segunda Guerra Mundial, como era de esperarse, fue rechazada por el creador del ELA. En Puerto Rico, donde todavía estaba vigente la Ley Mordaza que prohibía hasta emitir opiniones favorables a la independencia boricua en círculos privados, el ataque terrorista a la Cámara provocó la inhibición total de las actividades de los partidos independentistas, incluidos el PIP que no favorecía ningún tipo de acción armada. Horas después del ataque, Albizu Campos fue detenido y regresado a la prisión que para aquella época era una especie de "estado natural" para el Mandela Caribeño.

Como ya dijimos, los puertorriqueños que atacaron la Cámara estaban encabezados por Lolita Lebrón, que inicialmente no estaba supuesta a participar en el hecho, pero a quien su fervor nacionalista le hizo, al momento de entregar las armas a sus compañeros, continuar con ellos hasta el sitio que estaba supuesto a ser el escenario de una muerte segura en aras de la independencia de Puerto Rico; el comando terrorista lo completaban Rafael Cancel Miranda, Irvin Flores y Andrés Figueroa Cordero, tres jóvenes obreros puertorriqueños residentes en Nueva York. El grupo se libró de la muerte gracias a la profesionalidad de los agentes encargados de la seguridad de la Cámara, que determinaron que los atacantes se habían quedado sin municiones después de vaciar las cuatro pistolas que llevaban.

Unos cuantos meses después del ataque terrorista nacionalista, los cuatro atacantes fueron procesados judicialmente en la capital estadounidense. Lolita Lebrón leyó un documento durante el juicio, en el que denunció la situación colonial de Puerto Rico y estableció claramente que los cuatro nacionalistas no habían comprado boleto de regreso desde Washington a Nueva York, por tener la seguridad de que no iban a salir vivos de su empresa suicida. El juicio contra los nacionalistas llegó a su término de manera rápida siendo condenados todos a largas condenas de prisión que debían ser cumplidas en territorio estadounidense. Tras cumplir la mitad de esas condenas, los nacionalistas recibieron la oferta de libertad, condicionada a que hicieran una solicitud de puño y letra en la que prometieran que jamás iban a cometer actos violentos contra la presencia estadounidense en Puerto Rico. Estas ofertas fueron rechazadas de forma unánime por los frustrados suicidas de la Cámara, quienes vieron pasar un cuarto de siglo en prisiones estadounidenses en medio de campañas internacionales que pedían a múltiples presidentes estadounidenses la liberación incondicional de los cuatro nacionalistas. Con la llegada de James Carter a la presidencia de Estados Unidos en 1976 las condiciones de vida de los famosos presos se vieron aliviadas, y le fue permitido a Lolita Lebrón asistir al sepelio de su madre en Puerto Rico. En el año 1978 Andrés Figueroa Cordero recibió el perdón presidencial de Carter y regresó a su Patria donde murió al poco tiempo de un cáncer terminal. Al año siguiente Lebrón, Cancel Miranda y Flores fueron liberados incondicionalmente en lo que se consideró un canje de prisioneros disfrazado. Por "pura coincidencia", unas horas después de la liberación de los nacionalistas puertorriqueños, se produjo la salida desde una prisión cubana de máxima seguridad de varios supuestos agentes de la CIA que cumplían penas de prisión en la Isla Fascinante.

Si alguien me pregunta qué opino sobre el ataque terrorista nacionalista a la Cámara en 1954, mi respuesta sería mixta. En ninguna instancia yo, que nunca he matado ni a una vaca, atacaría a mansalva a representantes que no eran responsables de la situación colonial de Puerto Rico. Por otra parte, aún sin apoyar la acción, creo que hay espacio para entenderla en el contexto en que se produjo. Si George Washington o Benjamín Franklin o Thomas Jefferson , o James Madison, o Alexander Hamilton hubieran residido en Londres mientras los Estados Unidos desarrollaban su guerra de Independencia durante el octavo decenio del siglo XVIII, y hubieran tenido fácil acceso a la Cámara de los Comunes del Reino Unido, alguno de ellos se pudo haber sentido tentado a hacer algo parecido a la acción terrorista de Lolita Lebrón y sus compañeros de suicidio fracasado.

En cuanto a efectividad de la acción terrorista a la Cámara, los hechos demostraron que fue una victoria propagandística momentánea, pero que a largo plazo fue contraproducente, no sólo para la causa del partido de Albizu Campos que se fue debilitando cada vez más, sino para todo el independentismo puertorriqueño. La mejor muestra de esa afirmación es que entre 1952 y 1956 los votos independentistas en vez de aumentar se redujeron sensiblemente. Ya es muy tarde para ablandar habichuelas, pero creo que una resistencia pacífica activa tipo Gandhi hubiera dado mejor resultado que un choque frontal de unos cuantos militantes suicidas con el poder militar más grande de la historia.

Que Dios las bendiga.

Papá

Las Cinco Patas
de la Mesa Colonial

Saint Paul, MN, EE UU
16 de septiembre 2012

Queridísimas Hijas:

Como les he dicho anteriormente, tuve la suerte de vivir dos años y pico en Puerto Rico entre 1978 y 1980 durante los cuales, además de hacer muy buenos amigos y conocer uno de los pueblos más fascinantes del mundo, completé estudios de Maestría en Física en la Universidad de Puerto Rico, recinto de Río Piedras.

Durante mi estadía en Puerto Rico, para poder conocer los intríngulis del Estado Libre Asociado imperante en la Isla del Encanto y al mismo tiempo reducir el estrés que lógicamente causaba a un individuo como yo acostumbrado a vivir en un ambiente de relativa soberanía nacional el vivir en una colonia, se me ocurrió, fuera de mi currículum académico en Física, leer sobre historia política de Puerto Rico y construir mi explicación que justificara el triunfo del ELA como modelo de dominación colonial. El producto de mis lecturas y observaciones es lo que he llamado Las Cinco Patas del ELA.

Yo concebí a comienzos de 1980, y todavía lo creo válido hoy, al ELA como una mesa sostenida por cinco patas: La Transculturación, La Emigración, El Cambio de Modelo Económico, la Persecución Política y el Mantengo. Ahora comienzo a describirles esas cinco patas.

Transculturación es un concepto creado en los años 1940 por el antropólogo cubano Fernando Ortiz que hoy en día es definido por la Real Academia de la Lengua Española como "Recepción por un pueblo o grupo social de formas de cultura procedentes de otro que sustituyen de modo más o menos completo a las propias".

En el caso puertorriqueño, el proceso de transculturación comenzó desde el momento en que las tropas estadounidenses tomaron control, sin disparar un tiro de escopeta o fusil, del territorio boricua en 1898. Después que se secó la tinta de los documentos del Tratado de París por medio del cual España cedió a Estados Unidos entre otros territorios coloniales a Cuba, Las Filipinas, Puerto Rico y Guam, todos los documentos oficiales del gobierno de Estados Unidos describían a Borinquen como "Porto Rico" en vez de

Puerto Rico. Ese nombre es el que aparece en la Ley Foraker, mediante la cual el Senado Estadounidense estableció cómo la nueva colonia debía gobernarse. El nombre Porto Rico resultó chocante y ofensivo para la gran mayoría de los puertorriqueños, forzando a los colonizadores a retomar el nombre de Puerto Rico en la Ley Jones de 1917 con la que los Estados Unidos, sin preguntarle a ningún puertorriqueño, convirtieron a todo el que viviera en Puerto Rico en ese momento, excepto a los que rechazaran la oferta documentalmente, en ciudadano estadounidense, unos meses antes de involucrarse en la Primera Guerra Mundial en la que morirían miles de boricuas.

La transculturación invadió el sistema educativo puertorriqueño desde los albores del predominio estadounidense sobre la Isla. Puerto Rico fue "bilingüe" antes de que el uno por ciento de su población hablara pobremente el inglés. Los intelectuales y maestros de escuela puertorriqueños enfrentaron ese "bilingüismo" en una lucha a muerte que si bien no mató al inglés de los puertorriqueños lo dejó mal herido; tan mal herido que en el 2012, ciento catorce años después de la ocupación estadounidense, menos de un diez por ciento de los puertorriqueños que no han vivido nunca en Estados Unidos son capaces de hacerse entender en el idioma de Shakespeare. La epopeya lingüística de los puertorriqueños fue reconocida por el novelista español Camilo José Cela en una conferencia magistral dictada en Puerto Rico en el año 1979, en el Ateneo de Puerto Rico, donde, quien unos diez años más tarde recibiría el Premio Nobel de Literatura, sorprendió a todos los presentes demostrando con un mapamundi al lado cómo Puerto Rico era el único país de habla hispana que no tenía nativos que no entendieran el idioma español.

Pero el poderío de los medios de comunicación con una propaganda martilleante que durante más de un siglo ha ido desplazando a los Reyes Magos por Santa Claus, al seis chorreado por el pop, a la danza por el jazz, ha logrado despegar al puertorriqueño común cada vez más de su historia, sus tradiciones, su religión, su música, su comida, y los otros ingredientes que conforman la cultura puertorriqueña. Recuerdo, en ese sentido, que en 1978 asistí a un Concierto de canciones puertorriqueñas que tenía como estrella máxima a Antonio Cabán Vale, El Topo, el más insigne cantautor boricua de todos los tiempos y compositor de Verde Luz, himno emocional de los puertorriqueños, que tuvo una asistencia de menos de 300 personas en un local habilitado para 15,000 personas: todo esto en un fin de semana sin lluvias. Recuerdo como El Topo, casi llorando, antes de interpretar su primera canción, no pudiendo contener su frustración exclamo: "Carajo, a este tajo no vamos a llegar lejos". Es decir, que a pesar de haber logrado mantener vivo al español en medio de la presión neocolonial, y de los esfuerzos de una comunidad artística que ha "echado el resto", como dicen en Puerto Rico, defendiendo su cultura, la transculturación ha logrado que la gran mayoría de los puertorriqueños vivan en un limbo cultural donde lo criollo no es importante, o no es tan bueno como lo "americano".

La segunda pata del ELA fue la emigración masiva hacia Estados Unidos de una gran cantidad de puertorriqueños durante el decenio 1950, que contribuyó a mantener artificialmente bajo el índice de desempleo en Puerto Rico mientras Muñoz Marín montaba la mesa del ELA. Los números hablan más que las palabras en este aspecto.

Hay consenso entre los diferentes analistas sociales en el sentido de que unos 450,000 puertorriqueños se trasladaron a Estados Unidos, fundamentalmente a Nueva York, en el decenio 1950. Esto representaba entre 20 y 25 por ciento de la población total de Puerto Rico. Esa sangría poblacional, además de esconder el estado real de la economía boricua mandando a casi medio millón de pobres a tratar de sobrevivir en el frío de la Gran Manzana, desactivaba la bomba independentista que anunciaba el segundo lugar del Partido Independentista Puertorriqueño en las elecciones neocoloniales del 1952.

La tercera pata del ELA lo constituyó la Operación Manos a la Obra (OMO) que transformó el modelo económico de Puerto Rico desde uno basado en la industria agrícola y la ganadera a otro basado en la concesión indiscriminada de exenciones fiscales a todo empresario estadounidense que quisiese establecer una fábrica de lo que fuera en territorio puertorriqueño. Este plan, encabezado por Teodoro Moscoso, hábil farmacéutico y lobista, uno de los delfines de Muñoz Marín, llevó a la ruina la industria azucarera puertorriqueña, mientras se instalaban cientos de plantas industriales de todo tipo incluyendo textiles, farmacéuticas, químicas y electrónicas. Toda la materia prima que usaban esas plantas llegaban desde el extranjero, hacia donde se exportaban sin pagar impuesto en Estados Unidos los productos terminados, construidos por la mano de obra puertorriqueña que era varias veces más barata que la de los Estados Unidos. Ese modelo provocó el colapso agrícola de Puerto Rico, que tuvo que comenzar a comprar casi todos los alimentos que consumía. De esa manera Puerto Rico pasó desde ser uno de los principales productores de azúcar y café del mundo a tener que cerrar todos sus ingenios azucareros y reducir su producción cafetalera al mínimo. Pero, visto superficialmente, la OMO fue un resonante éxito macroeconómico, hasta el punto de que la mundialmente prestigiosa revista inglesa The Economist llegó a catalogar la OMO como "El Milagro Puertorriqueño". Obviamente, el tal "milagro" que no logró reducir el desempleo en Puerto Rico a pesar de ser la Isla el país del mundo en los 1950 con un mayor índice de emigración, fue promovido por Muñoz Marín como uno de sus grandes logros que le permitió debilitar cada vez más las bases que hubieran podido sostener una economía nacional que promoviera un proceso independentista.

La cuarta pata del ELA, la persecución política intensa de Muñoz Marín a los independentistas boricuas basándose en una Ley Mordaza que violaba palmariamente la Primera Enmienda de la Constitución de los Estados Unidos que ha garantizado la libertad de expresión desde finales del siglo XVIII a todos los ciudadanos de esa gran nación, ya la hemos analizado con cierto detalle. Vale la pena completar la información que ya les he dado con el tema de Las Carpetas. El verbo carpetear en puertorriqueño significa mantener una carpeta o folder con información de personas que discrepen políticamente con quien organiza ese folder o carpeta. Se ha demostrado hasta la saciedad que desde que la colonia estadounidense se organizó en Puerto Rico los gobiernos estadounidenses y puertorriqueños han carpeteado a muchos dirigentes opositores, en especial a muchos dirigentes independentistas.

El carpeteo ha sido tipificado en distinto foros jurídicos como una labor de espionaje que viola el derecho de privacidad de las personas. Los funcionarios implicados en carpeteos han intentado justificar su delito diciendo que lo han hecho para "prevenir delitos". Esta excusa podría ser usada para que en la sociedad estadounidense nos carpeteáramos unos a otros para "prevenir delitos", lo cual sería, indudablemente, una violación a la privacidad de las personas y una presunción de culpabilidad del carpeteado desde antes de cometer un eventual delito. Si quieren encontrar abundantes casos que demuestran la sistematización del carpeteo en Puerto Rico, les recomiendo leer la obra Cien Años de Carpeteo en Puerto Rico de José E. Martínez.

Está claro que la Espada de Damocles del carpeteo que se colocaba sobre el cuello de cualquier aspirante a independentista en Puerto Rico representaba un disuasivo poderoso que contribuyó a debilitar a todo lo que oliera a independencia en Borinquen durante la consolidación del ELA durante los 1950. Sin poder hablar con libertad (Ley Mordaza), y siendo espiado todo el tiempo a los niveles federal y local, se hacía muy difícil que la flor de la independencia creciera en el jardín riqueño. Esto explica las razones por las cuales el independentismo no insurgente del PIP pasó de rozar el 20 por ciento de los votos de las elecciones neocoloniales en 1952, cuando obtuvo el segundo lugar, hasta el 3 por ciento que obtuvo en las elecciones de 1960, cuando ya se había convertido en un MELON electoral.

La quinta y última pata del ELA la constituyó el Mantengo. Los puertorriqueños llaman Mantengo al conjunto de ayudas federales estadounidenses que incluyen cupones de alimentos, becas estudiantiles y un sinnúmero de otros beneficios que ofrece el gobierno de Estados Unidos a sus ciudadanos menesterosos.

Es difícil cuantificar la cantidad de puertorriqueños que están afiliados al Mantengo. Al respecto, puedo atestiguarles que viviendo en Puerto Rico entre 1978 y 1980 no conocí a un puertorriqueño que no recibiera algún tipo de ayuda federal. Ciertamente, yo estaba limitado en Rio Piedras al ambiente de una universidad estatal, pero no creo que fuera casualidad que la mayoría de los boricuas que conocí, todos los cuales en una medida u otra estaban conectados al parasitismo del Mantengo, no pasaban hambre, estaban en continua fiesta desde los jueves al caer la tarde hasta el domingo en la noche, vestían con elegancia y la mayoría tenía carro privado en buenas condiciones.
Un país conectado mayoritariamente a un Mantengo como el de Puerto Rico desde 1952, está sometido a una situación de anestesia social y política que lo incapacita para que en su seno exista la utopía necesaria para alimentar el proceso de renovación social sin el cual no es posible un proceso soberanista.

Lo peor del Mantengo es que las ayudas sociales que lo componen le permiten a un desempleado vivir en mejores condiciones que alguien que trabaje por un sueldo mínimo, lo cual es una promoción a la vagancia que convirtió a Puerto Rico desde comienzos de los años 1950 en un paraíso para los vagos. Solamente quien haya vivido en Puerto Rico puede entender lo que les describo en esta carta. Un testimonio que puedo darles para ayudarlas a digerir este tema es el de los clientes del sitio donde me desayunaba con un par de huevos fritos, 4 tostadas y un chocolate caliente antes de mi primera clase de Física a las ocho de la mañana en la Universidad de Puerto Rico. Sin falta, a las siete y quince minutos, cuando comenzaba mi "ligero desayuno" de lunes a viernes, vi durante dos años y pico los mismos individuos sentados cómodamente acompañados de varias botellas de cerveza ya vacías y otras en proceso de vaciado, fumando, con un periódico lleno de hechos sangrientos en la portada, y una discusión política que casi siempre giraba sobre lo bien que vivían los puertorriqueños en comparación a los infelices latinoamericanos que se habían negado a ser "amigos" de los Estados Unidos. Espero que ese ejemplo les haga entender qué era, y todavía es, el Mantengo en Puerto Rico, y su influencia perniciosa en el desarrollo político de la Tierra del Encanto.

En conclusión, sentado frente a la mesa del ELA sostenida por las patas fuertes de la Transculturación, la Emigración, la OMO, el Carpeteo y el Mantengo, Don Luis Muñoz Marín, muerto de la risa, se pasó el decenio de los 1950 encabezando un "milagro" que era admiración del mundo entero, mientras se comía como un MELON los sueños independentistas que pudieron haber tenido Betances, Hostos, Albizu, Concepción y cualquier otro "tonto" que hubiera rehusado encabezar una colonia que el Estado más poderoso del mundo estaba dispuesto a mantener a cualquier costo para garantizar su dominio sobre su patio trasero caribeño.

Que Dios las bendiga.

Papi

Muñoz Cierra con Broche de Oro su Carrera

Saint Paul, MN, EE UU
21 Septiembre 2012

Queridísimas Hijas:

A partir de 1956, mientras Santo Domingo comenzaba a enfrentar la crisis económica y financiera en que lo metió Trujillo con la celebración de las Bodas de Plata de su tiranía, y Cuba comenzaba a sentir los efectos de la agitación política y social que trajo Fidel Castro con su guerrilla a la Sierra Maestra, Luis Muñoz Marín, después de comerse el melón independentista en las elecciones de ese año, se dispuso a consolidar su ELA y llevarlo a su época de oro.

Les he contado cómo Muñoz consiguió dominar completamente la sociedad puertorriqueña montando la mesa del ELA sobre las cinco patas de la transculturación, la emigración puertorriqueña masiva hacia Estados Unidos, el cambio de su modelo económico por medio de la Operación Manos a la Obra, la persecución sistemática del movimiento independentista y el Mantengo. El recuento que les hice en mi carta anterior no pretendió, de manera alguna, negar la portentosa obra de gobierno de Muñoz Marín en algunos aspectos, obra que lo convirtió en el personaje más importante, para bien o para mal, de la historia puertorriqueña.

El día que Luis Muñoz Marín durmió por primera vez en La Fortaleza, la mansión que sirve de residencia oficial al Gobernador colonial de Puerto Rico, tras convertirse en la primera persona elegida por voto popular a ese cargo, Puerto Rico era un país pobre de solemnidad. Un amigo español que conocí en Texas en el año 2000, quien se dirigía a Cuba en barco huyendo de la miseria franquista e hizo una escala de dos días en San Juan, me describió lo que vio en ese corto tiempo en la capital puertorriqueña. Me contaba mi amigo español que San Juan no tenía una calle asfaltada que se pudiera transitar cómodamente en automóvil, y que la casi totalidad de las residencias eran casuchas donde lo único que abundaba era la miseria.

El país miserable que era Puerto Rico en 1948 a la llegada de Muñoz, se había convertido para finales de los 1950 en el más pujante de los tres vértices del triángulo caribeño hispánico. Las casuchas del Viejo San Juan fueron sustituidas por viviendas de estilo colonial que convirtieron a la capital puertorriqueña en un verdadero museo colonial escoltado por los castillos de San Cristóbal y El Morro. En adición a eso, en Santurce surgió una zona turística, El Condado, donde comenzaron a surgir como por arte de magia hoteles de categoría mundial como el Caribe Hilton. A Santurce le seguían Hato Rey, donde se construyó una zona bancaria que se conocería como La Milla de Oro con edificios bancarios que daban la impresión de haber sido importados desde Manhattan, y en las vecindades de Hato Rey, en Río Piedras, la Universidad de Puerto Rico experimentó un crecimiento vertiginoso que la llevó en unos años desde una población de unos cuantos miles de estudiantes a una de más de veinte mil.

Es decir, que sobre la famosa mesa de cinco patas del ELA que les describí en mi carta anterior Muñoz Marín montó un proyecto de contrainsurgencia impresionante que multiplicó muchas veces el producto interno bruto de Puerto Rico e hizo que el nivel de vida de los puertorriqueños mejorara dramáticamente. Y es que a un pueblo inteligente como el puertorriqueño no se le podía apagar la llama independentista con palabras bonitas dichas por la voz de barítono del Vate, que era un verdadero encantador de serpientes políticas; tenía que haber, y las hubo, realizaciones que los puertorriqueños palparon con sus manos y disfrutaron plenamente. Esas realizaciones convirtieron al Jibarito pobrísimo del que Rafael Hernández cantaba sus penas en 1929 en un ciudadano del mundo que comía, vestía, y disfrutaba de comodidades que muy pocos países latinoamericanos podían exhibir.

La bonanza relativa de Puerto Rico se incrementó con el deterioro de la situación política cubana. Los Estados Unidos, habiendo perdido la vitrina democrática cubana a manos de su rival a nivel mundial, la Unión Soviética, les dieron un impulso descomunal a su ayuda a Puerto Rico en la medida en que Cuba se fue integrando cada vez más a la órbita soviética. El clímax del apoyo estadounidense a Puerto Rico se verificó con la llegada de John F. Kennedy a la presidencia de los Estados Unidos el mismo mes en que Muñoz Marín comenzaba su último período como Gobernador colonial, enero de 1961. Kennedy proyectó en toda Latinoamérica a Puerto Rico como el modelo a seguir para lograr que esos países progresaran en los aspectos social, económico y político. Para esos fines Kennedy promovió la fundación de la Alianza para el Progreso, organismo que promovía el desarrollo latinoamericano basándose en la empresa privada. Para dirigir esa Alianza para el Progreso Kennedy nombró a Teodoro Moscoso, el coordinador de la Operación Manos a la Obra que transformó a la economía puertorriqueña desde una basada en la agricultura y la agropecuaria hasta una basada en la industria ligera. En pocas palabras, Kennedy, con su Alianza para el Progreso, quería "puertorriqueñizar" a los países latinoamericanos.

Kennedy no se quedó en simples enunciados en su lucha por "puertorriqueñizar" a sus vecinos del sur de América. A finales del año 1961 emprendió una gira por América Latina cuya primera escala fue Puerto Rico, siendo el primer presidente estadounidense en hacer una visita oficial a Borinquen en varias generaciones.

Durante su visita de dos días a Puerto Rico Kennedy durmió en La Fortaleza, residencia oficial del Gobernador colonial puertorriqueño, donde Muñoz Marín lo introdujo a lo más granado de la oligarquía comercial que se había creado sostenida sobre las cinco patas del ELA.

Esa relación de amistad estrecha entre Kennedy y Muñoz Marín se hizo evidente cuando Kennedy recibió a Muñoz Marín en la Casa Blanca con un protocolo reservado para los jefes de Estados soberanos. Esa actitud amistosa de Kennedy cimentó una simpatía hacia el carismático presidente estadounidense que todavía beneficia al Partido Demócrata en las elecciones estadounidenses, en las que tradicionalmente los puertorriqueños residentes en tierra firme estadounidense votan en proporción de tres contra uno a favor de los demócratas. Amor con amor se paga.

Muñoz aprovechó su relación de amistad personal estrecha con Kennedy para tratar de mejorar las condiciones neocoloniales del ELA que limitaban, y todavía limitan, el crecimiento de Puerto Rico. A mediados de 1962, con motivo del décimo aniversario del ELA, el Vate le dirigió a su Presidente una comunicación pidiéndole al hombre más poderoso del mundo que lo ayudara a iniciar un proceso en ese sentido. A esa carta Kennedy contestó con otra de la que me permito presentarles mi traducción libre.

Querido Gobernador Muñoz:

He recibido su carta notificándome de la celebración el próximo 25 de julio del décimo aniversario del Estado Libre Asociado de Puerto Rico. Sin dudas, ésta es una gran ocasión. Los avances del pueblo puertorriqueño durante este corto período de tiempo son notables. Puerto Rico ha dado un ejemplo al mundo de los beneficios que pueden alcanzarse con la estrecha colaboración entre comunidades grandes y pequeñas en el marco de la libertad y el mutuo acuerdo. Estoy confiado de que hablo en nombre del pueblo de Estados Unidos y de su gobierno al expresarle mi orgullo y placer por los logros de Puerto Rico.

Estoy consciente, sin embargo, de que, como usted apunta en su carta, la relación del Estado Libre Asociado no es perfecta y no ha alcanzado todavía su pleno potencial y le doy la bienvenida a su intención de abrir un proceso en el que el pueblo de Puerto Rico se mueva en ese sentido. Yo tengo plena simpatía por ese proceso, y no veo razón para que ese proceso de perfeccionamiento del ELA no se dé. Estoy de acuerdo de que éste es el momento adecuado para iniciar ese proceso de consulta al pueblo puertorriqueño de manera que pueda expresar libremente su preferencia en cuanto a su estatus político, incluyendo la independencia, si es que así lo desea.

John F. Kennedy

En esta carta que traduzco en el espíritu, no en el texto palabra por palabra, Kennedy reconoce que el ELA necesitaba perfeccionarse, y también abre la posibilidad de que los puertorriqueños voten por la independencia como su destino político. Lo que no decía Kennedy en esa carta es que los procesos para promover la soberanía de todas las colonias del mundo desde que se fundaron las Naciones Unidas han sido supervisados por la ONU, excepto en el caso de Puerto Rico donde los Estados Unidos se supervisaron a sí mismos mientras promovían un verdadero "cruce de maco con cacata" que parió el Estado Libre Asociado, que analizado en detalle no es un Estado porque no fue producto de la expresión de la soberanía de un pueblo, ni es Libre porque cuando se adoptó estaba en plena vigencia la Ley Mordaza que no permitía la libertad de expresión a quienes promovían la independencia como estatus político, ni tampoco Asociado, porque asociación supone un estado de relativa igualdad entre los Estados Unidos y Puerto Rico que sería risible desde cualquier punto de vista.

La carta de Muñoz Marín al presidente estadounidense, en vísperas del décimo aniversario de la fundación del ELA, demostró que el problema de la soberanía frustrada de los puertorriqueños no desapareció de la mente del Vate desde que renunció con sus hechos al ideal independentista. La respuesta de Kennedy, por otro lado, es una prueba documental de que el gobierno de Estados Unidos en todo momento quiso nadar las aguas coloniales de Puerto Rico sin mojar su uniforme metropolitano; por eso Kennedy dejó abierta en su misiva la opción independentista que fue combatida a sangre y fuego por los administradores de la colonia caribeña de Estados Unidos. Pero ni Kennedy, ni Muñoz, ni nadie estaba en capacidad de superar la barrera que le impuso Lincoln a los engañapueblos cuando sentenció que es posible engañar a todo el mundo por un tiempo, o a parte del mundo todo el tiempo, pero que no es posible engañar a todo el mundo todo el tiempo. Y a sesenta años y pico de la fundación del ELA, la dura realidad es que una mayoría considerable de puertorriqueños, tanto estadistas, como independentistas, como muchos estadolibristas, consideran que el estatus actual de

Puerto Rico es uno colonial al que hay que buscarle una salida; salida que el gobierno de Estados Unidos de tiempo en tiempo promete promover pero que nunca encuentra la oportunidad de hacerlo.

Volviendo al último período de Muñoz Marín como Gobernador colonial de Puerto Rico, es de simple justicia consignar que durante ese tiempo Puerto Rico experimentó un crecimiento macroeconómico notable, ayudado en parte por el desvío de los capitales que se invertían en Cuba antes de la llegada de Fidel Castro al poder. Una parte importante de los capitalistas que vieron nacionalizadas sus empresas en Cuba volvieron sus ojos a la nueva vitrina democrática caribeña que con el auspicio de Estados Unidos hacía competencia al modelo revolucionario castrista.

Otro beneficio que el despelote migratorio cubano de finales de los 1950 y comienzo de los 1960 reportó al Puerto Rico de los finales del "reinado" de Muñoz Marín, fue el traslado de cientos de familias cubanas de clase alta y media a la Isla del Encanto. Esas familias convirtieron a Borinquen en su asilo permanente por varias generaciones, formando grupos empresariales de gran importancia, sobre todo en lo relativo a ventas de todo tipo de artículos al por mayor, restaurantes y supermercados, donde los exiliados cubanos demostraron el ingenio y laboriosidad que siempre ha caracterizado al pueblo de Martí. Recuerdo mi asombro cuando llegué a Puerto Rico y encontré la Avenida Roosevelt, una de las principales de Hato Rey, llena de comercios cubanos de todo tipo, pertenecientes a exiliados que habían llegado a Borinquen menos de 20 años antes "con una mano atrás y otra adelante".

El broche de oro de la carrera política de Luis Muñoz Marín llegaría a principios del año 1963, cuando el presidente Kennedy le otorgó la Medalla Presidencial de la Libertad en su más alto grado junto a personalidades de calibre mundial. Esa medalla la recibiría Muñoz de manos del Presidente Johnson después que un atentado aleve todavía envuelto en las brumas de una supuesta conspiración misteriosa que no ha encontrado a nadie con el poder suficiente para investigarla, ni para negarla concluyentemente, tronchara la vida del presidente estadounidense más popular entre los latinoamericanos. Para un amante de la libertad como el escritor de estas líneas sería impensable ensalzar la figura de alguien que como Muñoz Marín se presentó disfrazado del cordero indefenso que aparece en el Escudo de Puerto Rico soñando con la independencia, y acabó mostrando los colmillos de un lobo colonialista que persiguió sin contemplaciones ni piedad a todo el independentismo boricua. Pero a veces me pongo en el lugar de Muñoz y me siento tentado a comprender cómo a finales de los 1930, ya aplastado a sangre y fuego el nacionalismo de Albizu Campos, un joven con aspiraciones políticas como Muñoz viera cerrado el camino real independentista de su pueblo muerto de hambre y se transara por la vereda de la colonia que a largo plazo pudiera evolucionar en una asociación soberana con los Estados Unidos, superpotencia mundial que no estaba dispuesta a ceder su enclave colonial más valioso.

El renunciar a la independencia pudo haber sido un cálculo de buena fe del personaje más importante de la historia puertorriqueña, quien prefirió ver a sus jíbaritos abandonar la miseria que inspirara el Lamento Borincano de Rafael Hernández a finales de los 1920, y convertirse en ciudadanos del primer mundo. La negativa de Muñoz Marín a invertir su existencia en el mundo de los vivos tratando de alcanzar el sueño que ni Betances, ni Hostos ni Albizu Campos pudieron realizar, siempre será motivo de discusión. Lo que nadie discutirá nunca es que lo bueno y lo malo que hoy tiene Puerto Rico se debe mayormente a un encantador de pueblo sin paralelo que prefirió renunciar al poder de la gloria para disfrutar de la gloria del poder mientras promovía el avance material de sus coterráneos ayudado por la metrópoli más poderosa de la historia.

Que Dios las bendiga.

Papá

(1952-1962)= Vértigo Político en el Caribe Hispánico

Saint Paul, MN, EE UU
22 de septiembre 2012

Queridísimas Hijas:

Durante el período 1952-1962 los vértices del triángulo escaleno formado por La Habana, Santo Domingo de Guzmán y San Juan de Puerto Rico fueron testigos de cambios que lucían imposibles al comenzar ese trecho estelar de la historia política mundial. Hagamos un repaso de esos cambios.

El sol del día de Año Nuevo de 1952 encontró a Cuba viviendo un sistema político que daba vida a la definición que hizo Winston Churchill de la democracia en el sentido de ser "el menos malo de los sistemas políticos". Con todos los lunares sociales que tenía la Antilla Mayor, disfrutaba de una de las Constituciones más avanzadas del mundo, y exhibía indicadores de todo tipo que la colocaban entre los países más desarrollados de América. Un golpe de Estado dirigido por Fulgencio Batista, uno de los forjadores de la Constitución del 1940, y patrocinado por los Estados Unidos, interrumpió la continuidad democrática representativa y sumergió a Cuba en la ilegalidad e ilegitimidad políticas, cuando todo indicaba que el Partido Ortodoxo de orientación centroizquierdista tenía ganadas las elecciones programadas para 1952. De las filas del Partido Ortodoxo surgió un líder, Fidel Castro, que se alzó en armas, y aunque inicialmente fue derrotado y deportado a México, eventualmente regresó a territorio cubano a finales de 1956, organizando una guerrilla en la Sierra Maestra que logró aglutinar en su derredor la gran mayoría del pueblo cubano, y tras dos años de lucha armada rural y urbana, depuso cuando moría el año 1958 a Batista e instaló un gobierno revolucionario que promovió reformas radicales que afectaron los intereses estadounidenses. La gran potencia del Norte reaccionó económica, política y militarmente contra la revolución

291

castrista, mordiendo el hasta ese momento invencible imperio el polvo de la derrota militar en Bahía de Cochinos en abril de 1961. El imperio herido impuso un bloqueo que colocó a la revolución cubana al borde del colapso. Fidel se aferró al clavo caliente del comunismo internacional, que acogió gozoso su primer aliado incondicional en el continente americano. Ese hecho exacerbó las tensiones entre los dos poderes militares más grandes del planeta Tierra y puso al mundo a un tris de la Tercera Guerra Mundial en octubre de 1962.

El Año Nuevo de 1952 encontró a los dominicanos en un estado de completa indefensión rendido a los pies de un tirano sanguinario sin ejemplo llamado Rafael Trujillo. Durante ese año, Trujillo se hartó de administrar directamente el día a día de la finca en que había convertido a su país y puso a un hermano como Presidente títere, mientras él paseaba por el mundo tratando de lavarle la cara a su régimen de oprobios. Para celebrar las Bodas de Plata de su tiranía, Trujillo dedicó una parte considerable del Presupuesto Nacional durante los años 1955 y 1956 a la organización de La Feria de La Paz en la capital dominicana, la cual fue un fracaso estrepitoso en todos los sentidos y que, combinada con la recesión que afectó a la economía mundial a partir de 1957 y con la lucha guerrillera en Cuba, comenzó a erosionar las bases del régimen trujillista. Temiendo que el ejemplo cubano se propagara por todo su vecindario geopolítico, los Estados Unidos se fueron alejando de Trujillo y comenzaron a presionarlo para que aceptara un dorado exilio como su destino de ancianidad; pero el Jefe se paró bonito y hubo que sacarlo, con la ayuda política de la comunidad internacional y con el sacrificio de un grupo de valientes dominicanos, a sangre y fuego del mundo de los vivos en mayo de 1961. La muerte de Trujillo dejó huérfano a su régimen, que, tras unos seis meses y pico de pataleo, colapsó a comienzos de 1962 y dio paso a un Consejo de Estado formado por oligarcas antitrujillistas que organizó unas elecciones libres que esos oligarcas pensaron iban a ganar de calle. La emergencia en el escenario político dominicano de Juan Bosch, el líder más importante del exilio dominicano, quien supo interpretar la realidad del momento político dominicano trayendo al pueblo trujillista un mensaje de reconciliación, hizo imposible que los oligarcas antitrujillistas pasaran el examen del Soberano en diciembre de 1962, cuando Bosch y su Partido Revolucionario Dominicano, aliados tácticamente al trujillismo residual encabezado por el último Presidente títere de Trujillo, Joaquín Balaguer, arrasaron electoralmente con la Unión Cívica Nacional, organización que encarnaba los intereses del Consejo de Estado respaldado por los Estados Unidos. A menos de dos semanas de que el 1962 muriera, los dominicanos abrían las anchas puertas de su democracia representativa.

El 1952 comenzó en Puerto Rico en medio de los afanes de una Asamblea Constituyente que se había trazado desde el año anterior la meta de sacar a la Isla del Encanto de la condición colonial que la afligía desde que los españoles llegaron a ella en 1493. El proceso de búsqueda de la soberanía boricua fue contaminado por la influencia de la metrópoli colonial, los Estados Unidos, que maniobraron para que los puertorriqueños adoptaran un estatus político mixto que no satisfacía los estándares internacionales definidos por la Organización de las Naciones Unidas (ONU), que se hizo cómplice silenciosa de esa burla a su Carta Constitutiva. Ese nuevo orden político, el Estado

Libre Asociado (ELA), presentó credenciales en julio de 1952 bajo la dirección de un renegado del ideal independentista, Luis Muñoz Marín, quien encabezó un plan de contrainsurgencia que incluyó la persecución sistemática de todos los puertorriqueños de cualquier tendencia ideológica que tuvieran anhelos independentistas. Con el apoyo irrestricto del gobierno de Estados Unidos, Muñoz Marín consolidó su ELA, convirtiéndolo en la nueva vitrina "democrática" que podía hacer frente a la ola de agitación política desencadenada en toda América por la revolución cubana. En la medida en que la situación de enfrentamiento entre la Unión Soviética y Estados Unidos se agravó, a principios de los 1960, como consecuencia de la integración de Cuba a la órbita comunista, la situación económica puertorriqueña fue mejorando y al promediar su último mandato como Gobernador colonial de Puerto Rico, Luis Muñoz Marín se había convertido en un "Campeón de la Democracia" reverenciado en los Estados Unidos, hasta el punto de serle concedida a principios de 1963 la Medalla Presidencial de la Libertad, basándose esa concesión en Muñoz haber sido el arquitecto del Estado Libre Asociado y el creador del Puerto Rico moderno.

Observen los zigzags que dieron las patrias hermanas que componen el Caribe Hispánico entre 1952 y 1962. La mayor de las Antillas Mayores se movió desde la democracia representativa hacia una dictadura derechista que asesinó una de las Constituciones más avanzadas del mundo, y tras una insurrección popular pasó a ser gobernada por una dictadura de extrema izquierda integrada a la órbita comunista. La Antilla Mayor mediana se movió desde una tiranía salvaje que la había organizado a la fuerza, a un régimen conservador promovido por los Estados Unidos que organizó unas elecciones libres que fueron ganadas arrolladoramente por un representante de la izquierda democrática americana. La benjamina de las Antillas Mayores, bajo la influencia de la metrópoli más poderosa del mundo, sancochó un proceso supuestamente destinado a sacarla de la penosa situación de ser colonia a mediados del siglo XX, para convertirse en un "arroz con mango" colonial que desencadenó la persecución sistemática del independentismo puertorriqueño y sumió a los jibaritos de Rafael Hernández en un ambiente de esquizofrenia nacional que todavía en pleno siglo XXI tiene dos himnos y dos banderas, al mismo tiempo que metía a Puerto Rico de lleno en el siglo XX desde el punto de vista material.

En pocas palabras, el período 1952-1962 fue un tiempo en el cual el vértigo político se adueñó del Caribe Hispánico.

Que Dios las bendiga.

Papi

Algunas Reflexiones Finales; por Ahora

Saint Paul, MN, EE UU
23 de septiembre 2012

Queridísimas Hijas:

Después de haberles escrito unas cuantas docenas de cartas en las que he puesto en blanco y negro reflexiones personales en cuanto a Política, especialmente sobre el Caribe Hispánico, espacio geográfico y político representado por un triángulo escaleno que une los puntos en que se ubican en un mapamundi las capitales de Cuba, Santo Domingo y Puerto Rico, creo que es tiempo de que tome un merecido descanso en este soliloquio epistolar.

Espero que leyendo y releyendo estas cartas puedan captar la manera en que su padre concibe la historia del solar caribeño que nos vio nacer a los tres y de donde viene la mitad de la sangre que corre por las venas de su madre y que la vio crecer. Si acaso mi lenguaje desorganizado y plagado de dominicanismos les ha hecho difícil entender estas páginas, eso me alegraría mucho. No se puede ser enteramente dominicano sin dominar la ensalada lingüística que tenemos la suerte de hablar los hijos de una Patria que alberga en su suelo gente de todos los rincones del mundo que han contribuido a enriquecer el español " a la dominicana" que hablo y aspiro que ustedes también dominen.
Es pertinente recordarles que esta "rumba" de cartas no pretenden tener un carácter científico que pueda ser utilizado por ignorantes de los temas que trato en ellas para aprender desde cero. Son, simplemente, un vaciado de las opiniones de un enamorado de la libertad de expresión que no reclama, en ningún momento, tener el monopolio de la verdad. Las invito a leer sobre El Caribe Hispánico en muchas obras de valor científico y literario que sin aludir a ese concepto tratan la historia política de Cuba, Santo Domingo y Puerto Rico por separado.

Para profundizar en la historia política cubana moderna las invito a abrevar en las Memorias que han escrito protagonistas de esa historia como Fidel Castro, Eloy Gutiérrez Menoyo, Alina Fernández, Juanita Castro, Manuel Urrutia y escritores simpatizantes de la revolución cubana como Mario Benedetti y Ernesto Cardenal o adversarios de ella, como Carlos Alberto Montaner. Escuchar tonos de diferentes campanas ideológicas es la mejor forma de llegar a una aproximación justa sobre la realidad histórica de la que Juan Bosch bautizó como La Isla Fascinante y de sus hermanas caribeñas.
Para el caso dominicano, hay documentación abundante sobre los temas que trato. Joaquín Balaguer y Juan Bosch, dos de los protagonistas principales de la historia

dominicana moderna, fueron al mismo tiempo finos escritores que dejaron una cantidad considerable de páginas sobre historia, sociedad y política en Santo Domingo. Sobre Trujillo, el más importante y cruel personaje del siglo XX dominicano, se ha escrito hasta el cansancio. Entre los escritores cuyas obras vale la pena consultar están Bernardo Vega, Frank Moya Pons, Roberto Cassá y Euclides Gutiérrez Félix. No pierdan de vista cuando lean libros sobre historia dominicana contemporánea que los dominicanos somos apasionados por naturaleza y que nuestros intelectuales no son la excepción de esa regla. Hasta cierto punto, creo que ese no es un defecto a la hora de discutir la historia política de cualquier país. Es preferible una discusión franca con las cartas sobre la mesa que una revestida de una supuesta neutralidad en la que cada participante trata de arrimar con disimulo hipócrita la brasa a su sardina favorita.

En cuanto a Puerto Rico, si se leen los trabajos de José Trías Monge (Puerto Rico: The Trials of the Oldest Colony in the World, publicada por Yale University Press), José Emilio González (Vivir a Hostos), José Luis González (El País de Cuatro Pisos), Antonio Pedreira (El Insularismo) , Luis Rafael Sánchez (La Guaracha del Macho Camacho) y René Marqués (La Carreta, El Puertorriqueño Dócil), tendrían una buena idea de las bases históricas, puertorriqueñas y exógenas, que dieron estabilidad a la Mesa Colonial del ELA.

Con respecto a estampas de mi niñez que les he escrito entre reflexiones políticas, tómenlas como una contribución mía al proceso de su descubrimiento, porque ustedes, sin saber de dónde vienen, nunca podrán saber quiénes son, ni qué ruta tomar para llegar a las metas luminosas que merecen. Para escribir esas estampas, de nuevo les aclaro, la única fuente de información ha sido la sala de cine de mi memoria. Ninguna otra persona es responsable del componente subjetivo de esos recuerdos y apreciaciones que he puesto por primera vez en blanco y negro.

Si algún curioso me hace el favor de leer estas cartas de un padre amoroso a las mejores hijas del mundo y concluye que en todos o en alguno de los temas que trato estoy desinformado o equivocado, lo invito cordialmente a que haga uso de su libertad de expresión y me contradiga por escrito. Ese choque de argumentos podría enriquecer estas reflexiones escritas con la franqueza que da la humildad.

Ojalá pueda en el futuro continuar reflexionando en blanco y negro con ustedes sobre los avatares políticos del Caribe Hispánico. Eso obligará a mis dos queridísimas hijas a concentrarse a ratos en la historia de sus raíces caribeñas. Si leyeran a conciencia unos cuantos de los libros que menciono más arriba, ustedes habrían cubierto un buen trecho de la tarea pendiente. Creo que a medida que conozcan mejor esas raíces se irán haciendo más dominicanas; y hacerse más dominicanas es una suerte que ustedes merecen.

Que Dios las bendiga siempre.

Papi (para Consuelo Helena)

Papá (para Fabiola Teresa)

Queridísimas

Fabi Valenzuela Sosa

Hijas